田径训练中教与学的系统实践研究

谭　政　杨战广　郑　佳◎著

吉林人民出版社

图书在版编目 (CIP) 数据

田径训练中教与学的系统实践研究 / 谭政 , 杨战广 ,
郑佳著 . -- 长春 : 吉林人民出版社 , 2020.10
ISBN 978-7-206-17583-1

Ⅰ . ①田… Ⅱ . ①谭… ②杨… ③郑… Ⅲ . ①田径运
动 – 教学研究 Ⅳ . ① G820.2

中国版本图书馆 CIP 数据核字 (2020) 第 192319 号

田径训练中教与学的系统实践研究

TIANJING XUNLIAN ZHONG JIAO YU XUE DE XITONG SHIJIAN YANJIU

著　　者：谭　政　杨战广　郑　佳

责任编辑：王　丹　　　　　　　　封面设计：陈富志

吉林人民出版社出版 发行（长春市人民大街 7548 号）　邮政编码：130022

印　　刷：定州启航印刷有限公司

开　　本：710mm×1000mm　　　　　　1/16

印　　张：19　　　　　　　　　　字　　数：330 千字

标准书号：ISBN 978-7-206-17583-1

版　　次：2020 年 10 月第 1 版　　　印　　次：2020 年 10 月第 1 次印刷

定　　价：79.00 元

如发现印装质量问题，影响阅读，请与印刷厂联系调换。

前　言

　　当今田径运动迅猛发展，要想在竞争日益激烈的世界田径舞台上占有一席之地，必须使田径训练走上科学化、系统化的发展道路。田径训练的科学化具有丰富的内涵。多学科知识不断地渗透到田径训练活动中来，这在客观上要求更多的专业人员加入田径训练实施者的队伍中，即田径训练的科学化发展要求不断提高运动训练的专业化程度。

　　田径运动涉及力量、速度、耐力、柔韧、灵敏等各项素质，但每项运动的侧重点又不相同，所以对走、跑、跳和投专项的教学和训练具有特殊的要求。从这点来看，田径运动技术的教学与训练体现了综合性和专门性的统一。为了丰富和发展田径运动教学与训练理论和实践，把握田径运动教学与训练的发展趋势，开阔学生的视野，最大限度地满足学生学习田径运动的需求，本书从发展角度，多视野地对田径运动教学与训练进行探讨，不断丰富田径运动教学与训练理论，力争把握当前田径教学与训练的前沿，注重理论与实践的结合，突出实用性，更好地帮助学生运用田径运动教学训练理论与方法解决教学、训练中遇到的问题，使田径运动在学校体育和全民健身中发挥作用。

　　本书从田径课程设计、竞走、短跑、中长跑、跨栏跑、接力跑、跳高、跳远、三级跳远、标枪、铅球以及铁饼训练方面对田径运动教学进行详述，力求言简意赅，将田径训练中教与学的内容以较为完整的面貌展现在读者面前。本书由谭政、杨战广、郑佳三位老师共同撰写，其中谭政负责撰写第二章、第十四章至第十七章，共计 11 万字；杨战广负责撰写第一章、第三章至第六章，共计 12 万字；郑佳负责撰写第七章至第十三章，共计 10 万字。在撰写过程中，坚持以实用为指导思想，借鉴与创新相结合，重点突出应用性与可操作性，并注重理论与实践的密切结合，能使学生更好地解决学习中遇到的实际问题。同时，本书还对运动员体能训练、田径运动训练团队等方面进行深入分析，从而全面提高了田径训练的质量，将田径训练中教与学的科学化工作真正落到了实处。本书可作为田径专业学生的参考资料，也可作为田径运动爱好者的参考读物。

由于笔者时间和精力有限，书中难免存在不足之处，敬请广大读者批评指正。

目 录
Contents

第一章　田径运动训练概述

第一节　田径运动训练的发展脉络

一、世界田径运动训练发展的几个阶段

（一）自然发展训练阶段

自然发展训练阶段是 1896 年第 1 届奥运会前后。那时，人们对田径运动训练过程的规律认识是很肤浅的，开始认识到，通过训练能产生效果，多练可以提高成绩。

（二）新技术、新方法训练阶段

新技术、新方法训练阶段是 20 世纪 20 ～ 30 年代。鉴于不同运动员从事同一项目训练，取得的成绩不同，人们认识到运用新技术和新方法训练对提高运动成绩的重要性。例如，跳高，开始采用的跨越式过杆技术，后来又相继采用滚式、剪式、俯卧式等，每一项新技术的出现与推广都促进了跳高成绩的提高。随着现代奥林匹克运动的发展和科技的进步，人们为在奥运会的田径赛中夺得桂冠，开始重视对运动训练实践经验和教训的总结，注意并加强了对训练过程客观规律的探索。这个时期，人们开始注意对田径运动项目技术的研究和改进，力求通过技术的改进和创造提高运动成绩，并取得了

一些成就。20 世纪 20 年代后期，教练员开始采用一些与自己运动项目表面看来只存在间接联系的训练内容，如短跑运动员参加长跑训练来增加耐力，这种训练法称为"辅助训练法"。20 世纪 30 年代这种训练方法演进为按奥林匹克竞技周期安排耐力、力量、速度和灵敏性等身体素质训练的所谓"螺旋训练模式"。同一时期，拉乌里·皮卡尔拉在其《田径手册》中论述了训练负荷和休息问题。后来，德国人凯什莫列尔在这一理论基础上创造了"间歇训练法"。这种训练法是把整个训练过程分为若干段，各段作业之间严格按照规定的作息时间进行。这种方法对提高速度和速度耐力、增强呼吸和心血管系统的机能有明显效果。他后来采用该训练法培养出男子 1 500 米跑世界冠军芭捷尔。

（三）大运动量训练阶段

大运动量训练阶段是 20 世纪 40 ～ 50 年代。20 世纪 40 年代，捷克斯洛伐克著名运动员爱弥尔·扎托皮克采用了加大训练量的方法——超量训练法。他在一系列世界大赛中 19 次分别打破了 5 000 米、10 000 米和马拉松跑的世界纪录，并在 1952 年芬兰的赫尔辛基第 15 届奥运会上获得 5 000 米、10 000 米和马拉松跑三项冠军。从 20 世纪 50 年代初开始，各国长跑运动员，甚至其他体能类项目的运动员也开始用扎托皮克的训练方法，并取得了良好效果。至今，科学的大运动量训练方法仍是获得优异成绩的基本方法。这一时期，瑞典长跑家创造了"法特莱克"训练法，曾培养出 1 500 米、5 000 米跑世界纪录创造者戈·赫克。20 世纪 50 年代以后，新西兰、澳大利亚和德国等一批世界一流优秀长跑选手也都采用了这一训练方法。同时，德国人缪勒尔和赫延格尔研究出的肌肉对抗训练法，为运动训练提供了有效的辅助练习形式。后来鲍勃·霍夫曼提出了等长性练习，进一步发展了肌肉对抗练习的理论。

（四）不断加强科学化训练阶段

不断加强科学化训练阶段从 20 世纪 60 年代至今。随着田径运动水平的不断提高、国际竞赛活动的频繁举办以及世界科学技术的飞速发展，人们更加认识到只有广泛地运用现代科学技术研究成果指导田径运动训练，才能获得理想的训练效果，在大赛中取胜。这一时期，特别是由于运动生理学、运动心理学、运动生物力学及运动医学等学科的发展，人们对运动员有机体在运动训练和比赛中表现出的各种奥秘的揭示，对运动员训练客观规律的认识更加深刻，在田径训练中通过加大运动负荷取得效益和提高成绩也更加显著。人们还纷纷向新理论、新思想、新科学技术、新的场地器材、新的方法和手段探求提高田径运动成绩的途径，从系统论、控制论、信息论等在体育科学领域中的应用方面加强田径运动的科学化训练。

1960 年，在意大利罗马举行的第 17 届奥运会上，埃塞俄比亚运动员阿贝贝在马拉松跑比赛中夺得冠军后，人们才开始认真研究高原环境对人的生理及运动成绩的影响。1968 年，在墨西哥城举行的第 19 届奥运会上，长期生活和训练在高原上的埃塞俄比亚、肯尼亚和突尼斯运动员夺得长跑和马拉松项目金牌，其刮起的"黑旋风"，终于促成了"高原训练法"的诞生。

这一时期，运动成绩迅速提高，现代科学技术研究成果不断被移植和运用到田径运动训练中来。在此基础上，苏联、英国等一些田径运动训练研究专著和教材相继问世。

后来，念动训练与放松训练合用，不但起着恢复体力和放松精神的作用，而且开始被作为提高运动成绩的积极有效手段来应用。此外，还出现了一种"无形训练法"。这种训练法对运动员训练以外的生活作息制度、社会关系进行分析研究，以帮助解决训练中的有关问题。

这一时期，田径教练员已清楚认识到最好的训练形式是竞赛，合理的竞赛制度与竞赛安排已成为田径训练中十分重要的组成部分。

近期，利用电脑分析技术动作已取得重大发展，已利用电子解析仪器对技术动作进行了三维空间分析，并绘制成连续的动作图，以帮助人们改进和完善技术动作。

在现代竞技运动中，为提高运动成绩，各国教练员和体育科研人员在运动员选材、训练、比赛和恢复等方面进行探索，并取得了可喜的成果。其中，苏联奥卓林的"现代训练体系"、纳巴特尼柯娃的"运动训练远景规划"及马特维也夫的"运动训练分期问题"等，至今都对运动训练有着重要影响。

二、我国田径运动训练发展的几个阶段

（一）20 世纪 50 年代初期是学习、引进、初创训练阶段

这一时期，主要是学习、引进和推广苏联的田径运动技术、教学和训练理论与方法。苏联格·瓦·华西里耶夫和尼·格·奥卓林主编的苏联体育学

院《田径运动》，以及在青岛、大连举办的田径教练员训练班，对我国田径运动教学和训练产生了重要而广泛的影响。广大田径教练员结合我国实际也逐步积累了一些教学训练经验，如我国田径教师、教练员徐宝臣编著的《跨栏》、李荣国编著的《三级跳远》、陈家齐编著的《推铅球》、李世荫编著的《掷标枪》等著作相继出版。我国著名跳高运动员郑凤荣以 1.77 米的优异成绩打破世界女子跳高纪录。

（二）20 世纪 50 年代后期至 60 年代中期是总结发展形成训练理论的阶段

1958 年至 1966 年上半年，我国田径运动训练工作广泛开展起来，训练质量提高很快，田径成绩迅速提高，跨栏、跳高、铁饼等数项成绩达到世界水平，积累了比较丰富的训练经验，理论研究得以深入发展。20 世纪 60 年代中期提出了从难、从严、从实战出发、大运动量训练的"三从一大"的训练要求，这一理论虽不够严谨，也有争议，但是它对当时乃至如今的田径运动训练都发挥了积极的作用。这一时期，我国一些体育科技工作者也进行了训练理论的讨论。1964 年，步润生发表了关于"周期性运动项目训练负荷与运动成绩的关系"的论文，同时，《新体育》和《体育文丛》杂志开展了关于"运动训练周期性问题"的学术讨论。

（三）20 世纪 70 年代末至今是逐步实施科学化训练阶段

改革开放以来，我国田径运动员频繁参加国内外比赛，学习交流机会增多，运动成绩不断提高，男子跳高、女子竞走、铅球、中长跑等项目创造了数次世界纪录并夺得一些世界冠军，积累了不少先进理论知识和丰富的训练经验与方法。同时，我国与田径相关的基础学科在不断深入发展，先进仪器设备进一步使用，学术研究和书刊增多，不断吸收国外田径信息，我国已经逐步实施了科学化训练。

中国体育田径史上，110 米栏运动员刘翔是亚洲田径史上第一个集奥运会、室内/室外世锦赛、国际田联大奖赛总决赛冠军和世界纪录保持者多项荣誉于一身的运动员。2004 年雅典奥运会男子 110 米栏，他以 12 秒 91 的成绩追平了由英国选手科林·杰克逊创造的世界纪录夺冠。2006 年瑞士洛桑田径超级大奖赛男子 110 米栏，他以 12 秒 88 的成绩打破了保持 13 年的世界纪录夺冠。2007 年世界田径锦标赛，他夺得男子 110 米栏冠军。2012

年国际田联钻石联赛尤金站男子 110 米栏，他以 12 秒 87 的成绩夺冠。

刘翔的成功离不开教练孙海平的培养。孙海平教练采用的训练方法注重开发和调动大脑中枢兴奋和冲动并迅速传递骨骼与肌肉的作用，通过轻重、快慢结合等练习，既能增粗肌肉横断面，又能使更多肌纤维参与快速活动，最终达到肌肉快速收缩的目的。在发展肌肉力量，改进专项技术训练方面具有一定的科学性和创新性。除了刘翔，孙海平还培养出了陈雁浩、谢文骏等优秀运动员。

刘翔的例子是我国田径事业蒸蒸日上的一个缩影。得益于科学的田径训练方法，我国运动健儿近年来在世界田径赛场上大放异彩。2004 年，田径中长跑运动员邢慧娜夺得雅典奥运会田径女子 10 000 米跑金牌。2009 年，第 12 届田径世锦赛上，白雪以 2 小时 25 分 15 秒的成绩获得女子马拉松冠军。2012 年，陈定夺得伦敦奥运会男子 20 公里竞走冠军，成为我国田径史上第二位男子奥运会冠军。2015 年世界田径锦标赛上，男子 4×100 米接力决赛中，中国队选手莫有雪、谢震业、苏炳添和张培萌以 37 秒 92 的成绩获得银牌，并创造了新的亚洲纪录，仅次于博尔特领衔的牙买加队。2016 年里约奥运会，中国田径包揽了男女 20 公里竞走冠军。王镇夺得里约奥运会男子 20 公里竞走冠军，成为我国田径史上第三位男子田径运动员冠军；刘虹则夺得里约奥运会女子 20 公里竞走冠军。2019 年，巩立姣夺得多哈田径世锦赛女子铅球金牌。

虽然我国田径运动员在一些项目上取得了令世人瞩目的佳绩，但也要承认我国田径运动总体水平还有待提高，某些项目上仍需努力突破。我们必须努力学习和提高田径训练理论知识水平，加强对田径运动员进行科学化训练，争取获得更辉煌的成绩。

第二节　田径运动训练的任务目标

一、田径运动训练的任务

运动员训练水平的提高、各阶段训练任务的完成、达到提高专项成绩的目的，无不依赖于科学有效的训练。田径运动训练是为培养运动员良好的思想道德品质、全面发展身体素质、提高专项运动成绩等进行的专门教育过程。所以，认清田径运动训练的任务，有助于田径运动员和田径教练员开展工作。

（一）提高运动员身体素质，挖掘运动员身体机能潜力

身体素质是运动员提高运动成绩的前提，身体素质训练和技术训练相辅相成，有密切的联系。良好的身体素质是运动员承受大负荷训练和高强度比赛的基础，是运动员在训练和比赛中保持稳定心理状态的基础，良好的身体素质有助于预防伤病，延长运动寿命。所以，在训练中要应用各种手段和方法，改善运动员的身体形态，提高运动员的机能水平，促进健康和发展运动员的身体素质。

（二）传授田径运动的基本理论知识，提高运动员竞技能力

基本理论知识能够更好地帮助运动员把握本专项竞技特点，对本专项训练理论的理解更为准确，对所采用练习方法的体验更深刻，运动员在训练中更能正确理解教练员的训练意图，能够以自觉的行为配合教练员高质量地完成训练计划，从而更好地提高运动员竞技能力，保证在竞赛中出色地发挥自己的竞技水平，取得优异的运动成绩。因此，在训练中教练员要有计划地向运动员传授田径运动基本知识。

（三）提高专项运动技术水平和运动成绩

专项技术是决定运动员竞技能力的重要因素。不同的项目运动员需要学习和掌握不同项目的技术，各专项技术动作都应符合人体运动力学、运动生理学原理的要求。这些技术除了强调正确、规范外，还要体现个人特点。合理的技术是有效发挥机体能力创造优异成绩的保证，因此，在训练中要重视提高运动员的专项技术。

（四）培养运动员顽强的意志品质

培养运动员刻苦、自觉的训练精神，严格训练和严格要求的作风，养成良好的体育道德风尚。刻苦、自觉的精神对克服训练和比赛中的困难起到决定性作用。在训练中，有针对性地对运动员实施思想教育，提高其思想觉悟和道德品质水平，有利于培养运动员以优异的运动成绩为集体争光的意识，

对加强训练和比赛中的组织纪律性有促进作用。

（五）培养运动员从事训练和比赛必须具备的心理素质

运动员个性特征对所从事的专项竞技活动起到重要的作用。例如，多血质和黏液质的运动员比抑制质、胆汁质的运动员更容易在比赛中表现出较高的竞技水平。运动员的心理特点对运动训练过程和竞赛行为同样起到巨大的作用。在训练中必须培养运动员良好的心理素质。

二、田径运动训练目标控制理论

（一）关于项目总体目标控制方法的研究

在对项目总体目标控制方法的研究过程中，德尔贝克（Dellbecq）和范德温（Niels Van de Ven）发明了目标控制矩阵图，其研究思想：在分析基础上按照每个目标的重要程度进行等级排列，然后通过"头脑风暴会议"辨别关键战略来达到已确立的目标。这种矩阵图使目标与战略建立了紧密联系，并可以反复用于确立低层次目标、低层次战略以及最终使用的战术和手段。诺里斯（Norris）等人在研究过程中指出，目标控制过程实质上就是对不同阶段和层次的目标进行提炼和分类，按重要性等级对目标进行排序，从而建立目标和战略之间的联系，并使之能应用于各个层面的目标控制。梁世连等人经过研究后指出，目标控制过程主要包括三个步骤：制订预期达到的目标控制标准、衡量预期目标的执行结果、采取措施纠正目标偏差。

（二）关于目标的时间进度控制研究

在对目标的时间进度控制研究过程中，亨利·甘特（Henry Laurence Gantt）发明了甘特图，其基本原理是以横轴为时间跨度，以纵轴为各项子目标的具体内容，在每项具体子目标的对应横轴上画出一个条形，代表完成该项子目标内容所需的执行时间，甘特图中的每个子目标都是总目标中的基本单位，各子目标之间有可能在时间上存在交叉，这也是甘特图的局限性所在。针对这一问题，其他研究人员在此基础上又发明了关键路径法，即采用额外的记号来强调某一关键时间，以此确定完成该子目标内容所需要的最短时间，并把这些最短时间通过活动链的形式依次突出出来。

（三）关于目标的成本控制研究

在对目标的成本控制研究中，国内外学者所从事的研究内容较为宽泛，研究成果也较多，目前比较成熟的成本控制方法有四种：偏差控制法、成本分析表法、进度—成本同步控制法、施工图预算控制法。在上述四种控制方法中，研究人员基本上是采用计划成本与实际成本相比较的方法，以此确定偏差上限和偏差下限的基数，其总体思想是尽量减少目标偏差。在对目标的质量控制理论研究过程中，研究人员还相继发明了直方图法、巴雷特法、因果分析图法、相关图法。其中，直方图法在质量控制过程中的运用最为广泛，它是把项目或产品的质量频率分布状态用直方图来表示，根据直方图的分布形状和公差界限的距离来观察质量分布规律。而巴雷特法则是由一个横坐标、两个纵坐标、几个长方形和一条曲线组成。左侧的纵坐标是频数，右侧是累计频率，横轴是因素，按因素频数大小顺序在横轴上自左而右画长方形，其高度为频数，再根据右侧的纵坐标画出累计频率巴雷特曲线。因果分析图法是将造成质量问题的因素按照大小顺序进行排列，分别用主干、大枝、中枝、小枝来表示，并以此为依据制定相应的对策。相关图法是利用直角坐标系将两个变量之间的函数关系表达出来。

综上所述，尽管国内外学者对目标控制的内容和方法进行了广泛而深入的研究，而且许多相对成熟的目标控制方法已经成功运用于机械、工程、医疗、教育、航天、气象、军事等各个领域，但在体育领域还很少有人对训练目标控制理论进行相对系统的研究，对田径运动训练过程中的训练目标控制理论研究更是罕有问津。毫无疑问，田径运动训练的核心是提高竞技能力，但是要做到科学有效地提高竞技能力，其前提则是对训练目标控制系统进行科学的分析和确定。从目前所能查阅到的有关训练目标控制理论的研究成果来看，国内外学者对训练目标控制理论的研究还处于极其薄弱的地位，存在的问题主要有以下3个方面：

第一，训练目标始终没有被放到整个目标系统的轴心位置来看待，这也导致训练计划的制订往往不是以训练目标为导向，而是以训练目的、培养目标和训练经验为依据的，主观随意性较大。

第二，在认识方面，有些教练员甚至是著名教练员也只是将训练目标的控制问题视为理论工作者的研究对象，而忽视了训练目标对训练计划的指导和调整功能。

第三，对训练目标的定位不够清晰，一些人将训练目标、培养目标和训练目的混合在一起，造成了概念不清的混乱现象，给训练目标控制理论的研究和确定带来诸多不便。

因此，本研究试从训练目标的定位入手，进而对训练目标控制理论进行系统研究。

三、田径运动训练目标定义的界定

田径运动训练过程目标控制理论是以《项目管理学》中目标控制理论为基础建立起来的。关于项目的概念，目前人们还很难给它下一个清晰、准确、完整的定义，因为项目本身就是多种多样、变化多端的，一个项目既可以是一两个人在几天或几周内通过努力完成的，也可以是数十人乃至上百人通过几年的工作才能完成的。项目差别如此之大以至于很难对其进行定义，也正是项目定义的不确定性为人们从多角度对项目的定义、内容、方法、原理等领域进行广泛研究提供了可能性。

随着人们对项目管理理论研究的不断深入和发展，从 20 世纪 90 年代开始，国内外学者对项目管理中目标控制理论研究给予了高度重视，一些著名学者也对目标的定义和本质进行了更为深入的研究。我国著名项目管理学专家周三多教授认为，目标是某个组织或个人在未来特定时限内完成任务程度的标志，并指出没有目标人们就难以拟定未来的活动方案，评价和比较这些方案就没有了标准，对未来活动效果的检查也就失去了依据。惠恩才和梁世连等著名学者也提出，目标的控制过程实质上是对多个目标的选择过程，没有目标的选择就没有目标的控制，而要能有所选择就必须提供可以相互替代的多种方案。劳里·凯勒指出，为了实现相同的目标，人们可以参加多种不同的活动，这些活动在内容方式、可能的结果等方面均有所不同，因此，不但有选择目标的可能，而且有选择目标的必要。美国项目管理学会标准委员会在《项目管理知识体系指南》中指出，目标是指人们在活动过程中运用专门的知识、技能、工具和方法，使活动能够实现甚至超出组织者的需要和期望。此外，其他一些学者也从不同角度对目标进行了广泛定义。

从上述目标的定义不难发现，尽管不同学者对项目的定义理解不是完全相同的，但他们对项目的理解都包括三个最基本的要素，即目标要素、时间要素、范围或内容要素，也就是说任何一个项目都有一个特定的目标，围绕这一特定目标形成其约束条件，并在约束条件下完成目标，而且这一约束条件通常包括限定的时间和限定的内容。据此本研究结合田径运动训练的特点，将田径运动训练目标定义为训练主体在田径运动训练过程中严格遵照时间约束条件，运用专门的知识、体能、技能、器械和方法，使训练活动能够实现预期需要的目的。它主要包括以下三个方面的含义：第一，训练目标是为了达到某种预期目的而需要采取的行动，它具有层次性和阶段性。第二，训练目标是受时间要素和内容或范围要素制约的。第三，训练目标是相对于训练过程而言的，它不仅具有指导性作用，还具有检查或评价的作用；它既是训练过程的出发点，也是训练过程的最终归宿。

四、田径运动训练目标的地位与作用

（一）田径运动训练目标的地位

训练目标是训练计划的设计、实施和评价的重要指导原则。对教练员来说，训练目标是指导训练的依据；对运动员来说，训练目标是引导训练的指南；对管理人员和社会其他人员来说，训练目标是评价训练质量的准绳。人们通常认为，训练目的在先，战略目标在其次，然后是培养目标和训练目标，最后才是计划目标。事实上，以上 4 个概念之间不应是一种先后关系，也不是并列关系，而是一种包容关系，是概念和属概念的关系，即总概念是战略目标，其他 3 个概念都是战略目标的一种，是不同层次上不同类别的目标。特别地，训练目的也应属于战略目标中的一种。从词义学角度来看，目的是想要达到的结果，目标却含有"目的"和"标准"的意思，二者之间仍属于包容关系。那么，为什么有人把训练目的放在首位呢？这是因为训练目的含有方向性的总体目标和最高目标，是任何一名竞技田径运动人才培养的终极目标，同时它是田径运动训练过程的起点和终点，也关系到把运动员培养成为什么样的社会角色和具有什么样素质的根本性问题。所以，人们习惯把训练目的放在以上几个概念的首位。但是，尽管训练目的如此重要但它仍应被视为战略目标的一种，为了突出其地位也可将其称为一级战略目标。

培养目标是对各训练阶段各年龄层次运动员的具体培养要求，它是根据训练目标制订的，但又高于训练目标，我们可将其视为二级战略目标。训练目标是指导训练计划制订的准则，也是指导训练实践的重要准则，它的制订是以训练目的和培养目标为依据，并体现训练目的与培养目标的意图，可称为三级战略目标。计划目标是四级战略目标，它是培养目标和训练计划目标的具体化，是指导、实施和评价训练过程的重要依据。以上概念之间的关系可用图 1-1 表示。在关系图中，战略目标是一个高度概括的集合概念，它的内涵是一个体系，是一个由各级各类目标构成的有机整体。培养目标表明了训练的社会价值，具有较强的方向性和概括性，内涵、外延有大小之分，大到可指国家对田径运动员的培养目标，小到各省级、市级田径队对运动员的培养目标。训练目标是全部训练内容和训练实践活动的直接目标，有训练总目标和单位训练目标之分，训练总目标与培养目标是一致的，它对单位训练目标具有指导作用，是训练总目标的具体化。从纵向看，训练目标分为多年、年度、阶段、单元、周、日、课次等形式的训练目标。从横向看，训练目标分为运动素质、机能、技术、心理、形态、智能等内容的训练目标。计划目标是教练员和运动员训练活动的最直接、最清晰的目标，是每个单元、每次课甚至是每项练习内容应达到的具体目标，具有较强的灵活性和可操作性。

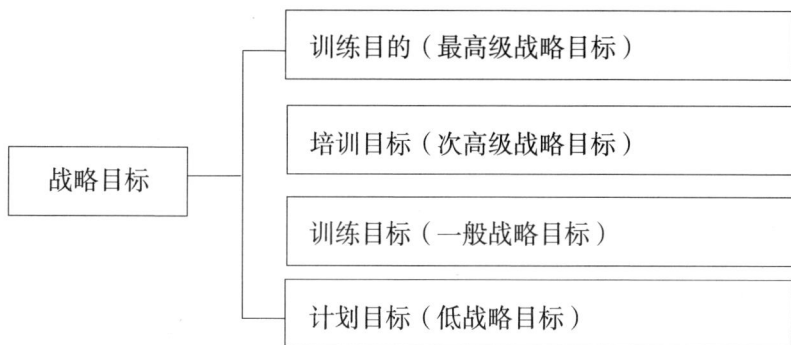

图1-1 训练目标定位关系图

从以上分析可以看出，战略目标是对整个训练过程的总体设计和规划，培养目标、训练目标和计划目标实际上是它的子目标，3个子目标既是上下关系，又具有交叉关系，而训练目标恰恰处于3个子目标的轴心位置上，它上接培训目标，下承计划目标，是起着桥梁和纽带作用的中介目标。因而具有极其重要的地位和作用。

（二）田径运动训练目标的作用

1.为训练计划的制订与评价指明了方向

确定了明确的训练目标，就可以建立竞技能力模型，把竞技能力指标分解为分别反映各种能力特征而又彼此紧密联系的一组具体指标，使教练员能够更有目的地、有序地设计和组织训练过程，并在不同阶段对运动员各方面的发展程度做出准确的评价，从而对训练过程实施进行有效控制。

2.对运动员起到了激励作用

目标的确定使运动员有了奋斗目标，使之在自觉或不自觉状态下根据训练目标来调整自己的努力程度，从而起到了激励作用。

3.为运动员的行为提供了规范标准并起到了沟通作用

目标的确定不仅为运动员在训练过程中的行为提供了规范标准，也使之明确了该做什么。同时，它为教练员与运动员之间以及教练员与运动员家长之间的沟通找到了一种联络方式。

第三节　田径运动训练的自身特点

一、突出专项关键技术，围绕专项来设计训练内容

田径运动包括走、跑、跳、投以及由跑、跳、投部分项目组成的全能五大类项目。田径运动训练是人体向走、跑、跳、投等素质极限进行挑战的一个过程。过去重视从速度、力量以及技术的角度来考虑各个项目训练内容，因而使某个项目的训练内容与其他项目区别不大，针对性不强，训练效果不高，成绩不够理想。现代高水平田径运动的训练主要是围绕专项需要的素质来设计训练内容的，从而突出关键技术进行训练。例如，跑的训练主要是围绕动作速率和速度力量；跳跃训练主要是围绕快速助跑与快速起跳紧密结合的能力及助跑的准确性；投掷训练主要围绕快助跑或旋转中的器械出手速度与力量来安排训练。田径运动各个项目的训练内容的安排，更早、更多地突出了专项训练的要求。

二、坚持身体机能储备，突出专项训练强度

田径运动训练的实质就是运动员机体承受运动负荷的过程，而运动负荷由负荷量和负荷强度组成。过去的训练，主要追求大运动量，目前训练负荷量的安排几乎达到了时间的极限，想要进一步加大训练负荷量的可能性已不大，所以应将注意力转到大强度训练方面，人们越来越重视训练强度，尤其是专项强度。为了适应比赛中的高强度，人们在训练中强调突出负荷强度要求，主要表现在以下几个方面：负荷量保持不变，加大强度；大负荷量和大

负荷强度结合；同时增加，同时达到最大值。在对高水平运动员的训练中主要安排更多的是专门练习，使练习更直接地适应比赛动作的需要。专项练习手段选择应遵循少而精和最优化的原则。同时，训练过程应坚持不断加大运动负荷，加深对运动员有机体的刺激，提高运动员身体机能，使其适应训练和比赛要求。在加大运动量的过程中，认真处理好量与强度的关系。充分认识在训练诸多因素中负荷强度为第一，训练次数为第二，间歇时间为第三，训练时间为第四。一般认为，大负荷训练适合于任何年龄、任何水平的运动员，但关键在于如何理解这个"大"字：大负荷是相对而言的，并不是绝对的，要适合于训练对象的具体情况；不同项目运动员所承受的大负荷的构成因素应是不同的，高水平运动员所进行的大负荷训练中，其负荷的构成因素也不同。一般要根据项目的特点，训练及比赛任务的要求确定该时期的负荷强度，然后在保证强度要求的前提下安排达到负荷要求的数量；对于高水平运动员来说，改进技术的训练也必须在较高强度的情况下以完整的形式进行。现代训练以逐步加大运动员的训练负荷，尤其是以逐步提高训练专项负荷强度为最突出的特征。

三、以完整技术练习为主，突出运动素质优先发展

田径运动项目基本上是属于体能项目，其技术与其他运动项目相比并不复杂，在学习技术的过程中，传统的由易到难，由简到繁，由分解到完整的练习方法把复杂的技术有意分割，破坏了技术的完整性，不利于掌握完整的技术。因此，技术训练越来越强调以完整练习为主，以保持技术的协调、适用和有效性。田径运动中不管是跑的、跳的还是投的项目都是向人类运动极限挑战的身体活动，对身体素质的要求特别高。在训练中要求身体素质要先于技术发展，即在学习一项先进技术时，首先要求具备这项技术所需要的身体素质，特别是在运动的高级阶段，专项身体素质的要求更加突出，专项身体素质的高低决定着技术水平的高低。因此，训练安排上要根据技术发展的需要有针对性地加强运动员各项素质的训练。身体素质不仅是掌握先进技术的基础，还是保持良好竞技状态的重要基础。把身体素质训练与专项技术的改进密切配合，做到素质训练技术化。

四、从实战出发，注重心理训练

田径运动训练的重点就是运动成绩的表现性，平时训练的效果必须在比

赛中能创造出优异成绩才能体现出训练的价值。当前田径运动水平越来越高,竞争越来越激烈,比赛越来越紧张,运动员的心理压力也越来越大。如果不对运动员进行针对性的心理训练,运动员没有具备比赛所需要的心理素质和个性心理特征,即使身体素质再好,技术再完善甚至竞技状态再出色,也不能取得理想的成绩。心理训练的主要任务就是使运动员在比赛时有一个稳定的心理状态,以便适应比赛的各种环境,能在发生突发事件时做出心理应激保证比赛的正常发挥。在以往的心理训练中较注重运动员心理品质的发展,对比赛时的心理特征重视不够。

心理训练是训练科学化的重要环节,它和身体、技术、战术训练共同构成现代运动训练的完整体系。当今田径运动的比赛使人们越来越深刻地认识到田径运动比赛,不仅消耗很大的体力,还消耗很大的心理能量,特别是在竞争激烈的重大比赛中,运动员良好的心理素质对其竞技能力的发挥,取得比赛的胜利起着关键性作用。在当今的田径运动训练中,从开始选才就要注重运动员的心理品质,力求筛选出个性心理特征和心理过程稳定符合专项需要的运动员。目前,国内外高水平的运动队都配有专门的心理专家,通过心理诊断、咨询选用针对运动员个性心理特征和心理过程特点的有效训练方法和手段进行各种心理训练,提高应对重大比赛的心理能力,形成良好的比赛心态。

五、将比赛作为训练的重要组成部分,突出"以赛代练"特征

田径运动训练就是为了创造优异的运动成绩,而优异的运动成绩只有通过比赛才能体现。一年参加多次高水平的田径比赛,不仅能不断提高运动员的参赛能力,积累丰富的比赛经验,还能使运动员经常保持较高的竞技状态。运动员在重大比赛中发挥出自己水平的能力是十分重要的,这种能力只有通过多参加比赛才能获得,因此越来越多的教练员在力所能及的条件下安排队员参加各种比赛,运动员也乐意积极参加各种比赛或测验来提高自己的竞技能力。

田径比赛的特点之一是不受季节、气候、场地条件的影响,即使是严冬也可在室内进行比赛。另外,在竞技体育商品化和运动员职业化的影响下,现在的比赛次数比以往成倍地增加。自1995年国际设立每年15场的田径系列的大奖赛以来,运动员每年的比赛机会大大增加。特别是将世界室内和室外锦标赛改为每两年一届,再加上四年一届的奥运会,这样世界规模的田径比赛更为频繁,为运动员提供了更多的参与夺取世界冠军头衔的机会。国际田联在1994年又决定在原有15场大奖赛不变的基础上,再增加9场二级大

奖赛，以满足不同水平运动员的需求以及越来越多的比赛组织者希望承办大奖赛的愿望。与此同时，全世界范围内每年还有 10 余场国际田径强国举办的国际田径邀请赛等。

所以，从每年的 1 ～ 3 月和 5 ～ 9 月这两段时间内，运动员可按自己的计划随时在任何时间内选择要参加的任何比赛，在这样有利的条件下，能使优秀运动员的技术、战术水平，心理素质在大量的高水平比赛中得到提高，比赛内容更加丰富，可创造优异的运动成绩，使一批年轻选手脱颖而出。所以，比赛机会的增多，为各项田径水平的提高及整个田径运动的发展提供了极为重要的条件。

六、赛前大负荷训练

赛前训练对比赛能力与取得好成绩起到关键的作用。经过系统训练所获得的生物学适应，必须不断加以巩固，否则所获得的训练效果就会逐渐消退。运动员经过系统训练已适应较大的运动负荷，如果赛前较大幅度地降低负荷，就会使身体内环境的平衡遭到破坏，降低神经系统及肌肉的正常工作能力，生活规律都会受到影响，从而影响最佳竞技状态的形成和专项运动水平的发挥。因此，目前在国内外赛前训练中，已有不进行专门调整而在赛前照常进行大运动量、大强度训练的发展趋势。

七、高度重视训练后恢复

没有恢复就没有训练，国际上流行一个公式：艰苦训练 + 恢复 = 成功。这说明恢复和训练效果都是成功的重要因素。负荷后的恢复已成为田径运动训练不可缺少的内容，大负荷训练和紧张激烈的比赛后必然引起运动员身心疲劳，疲劳产生后必须及时采取有效措施使身心得以恢复，这样才能保证机体能更好地参加下一次的训练。否则，将造成过度疲劳，引发伤害事故的发生，造成训练中断，训练水平下降。在田径运动训练过程中，采用运动生理相关知识来判断运动员的疲劳和恢复程度，根据相关修正运动量和强度理论进行的安排，能有效避免过度训练。

目前，国外优秀运动员充分利用一切条件加速恢复过程。通过肌肉按摩、牵拉、桑拿浴等加快体内代谢物质的消除过程，解除局部肌肉的痉挛和僵硬，使多次收缩后的肌肉达到充分放松的状态。通过搭配合理的膳食以及有针对性地运用营养补剂快速补充体内营养物质的消耗，增加肌肉内 ATP、

ADP、CP 以及糖原的储备量。通过音乐和优美的环境，使神经系统和精神状态得以放松和恢复。

运动员体质的好坏除与先天遗传和后天训练有关外，还在很大程度上取决于后天营养的质和量，同时合理营养是使竞赛运动员保持良好训练和比赛状态的物质基础。现代营养学证明合理的营养对于运动员的机能状态、体力、运动能力、运动后的体力恢复起着十分重要的作用。如果运动员的营养状况差，运动能力会很快下降，也就难以接受大强度、大运动量的系统训练。如果营养过剩，也会导致运动员体重的不当增长，影响运动成绩。

因此，合理的营养是保证运动训练正常的基本条件，也是训练后恢复体能的主要因素。影响田径运动员营养需要的因素较多，如项目、运动量、强度等。速度型运动员需要营养素的全面与平衡，力量型运动员需要优质蛋白食物；耐力型运动员需要充分的糖、水、无机盐和维生素；混合型运动员要根据项目特点具体安排。

第四节　田径运动训练的意义与价值

一、田径运动训练的意义

（一）提升综合竞技能力的专项训练

专项训练，顾名思义，是在各个方面都进行标准的强化训练以增强运动员的综合素质和竞技能力。体育运动进入比赛当中都是进行极限突破，田径运动也是如此，以往的田径训练大多都是从运动员的身体素质出发，从身体素质上来寻求田径运动速度的强化。但是进入现代专项训练之后，在田径运动的各个细节方面都进行有效突破，同时在田径运动的相关技术细节上进行调整，这样从整体上提升运动员的竞技能力，为提高田径运动员专项运动成绩打下扎实的基础。

（二）缩短训练时间，增强训练效果

运动员训练的目的便是通过训练来增强自身的运动素质，但是以往的训

练基本都是通过大量的训练时间来进行运动能力的提升。但是田径运动训练的实质在于通过训练强度负荷来提升运动员的身体素质，以往通过时间来寻求平衡的缺陷在于运动员每天的训练时间是有限的，换言之便是运动员每日的训练是有限制的，即使每天都进行满档期的训练也无法实现真正意义上的突破。增加训练负荷来增强训练难度，不断突破运动员的运动极限，这样可以有效地缩短运动员的训练时间，但却又能提升运动员的综合素质。

（三）提升运动员心理素质

运动员之间从身体素质上来讲存在着一定的差距，这是外部因素所形成的差距。另外，在体育竞技过程中，心理素质对于一个运动员来讲也是至关重要的，田径运动项目在赛事过程中好的心理素质有助于运动员及时地调整自己的身体状态，包括运动员的呼吸、投入比赛的精力等各个方面。运动员心理变化是一种微妙的变化，一般很难从表面观察到，在训练过程中要在各个方面提升运动员的心理抗压能力，在不同的比赛环境中能够保持同样的心态，在相应的时间段，可避免来自外界的干扰，让自身在某种程度上处于一个兴奋的状态。

（四）时刻保持良好的运动负荷

一部分人认为，赛前训练与之前的训练应该有所不同，如在赛前应适当地让运动员得到身体和心理的放松和短暂的休息，这样运动员才能够精力充沛地完成比赛，才会取得良好的比赛成绩。但事实却恰恰相反，赛前训练负荷或增或减都不利于比赛，在普通训练时间运动员已经适应了原有的训练负荷，如果在赛前改变往往会影响运动员的运动周期，甚至影响运动员的作息和饮食状况。因此，赛前运动员应适当保持原有的训练负荷。

（五）培养比赛训练技巧性

技巧训练对于任何运动项目来讲都是至关重要的一项训练，在田径比赛过程中，无论是哪种类型技巧都是决定成败的关键因素，如在赛前调整自身的呼吸，调整心理状态的技巧。另外，在日常训练过程中要注意训练动作的规范性和技巧性，技巧性好就会节省运动员的身体消耗，然后便能够从体力上来寻求比赛成绩的突破，另外训练以及比赛经验的技巧要及时地进行总结，相应的总结要进行合理的讨论，这样有助于进行不断地借鉴与整改，从而不断地提升我们的竞技水平。

（六）合理运用训练与比赛的关系

训练的最终目的是能力在相关重大赛事上能够得以展现，比赛能够取得理想的成绩的有效保障是日常合理的训练，因此训练与比赛之间拥有必然的关联。合理的训练能够提升运动员的竞技水平，使其在比赛当中更加充分地展现自己的能力，但是训练与比赛的相互关系需要得到很好的处理。近年来，随着田径运动赛事的不断增加，为田径运动员提供了更多展示自己的平台，但是与此同时也出现了诸多的问题，如比赛节奏的加快使运动员内心变得浮躁，日常训练节奏变得凌乱，以至于在比赛当中无法取得理想的成绩[①]。

二、田径运动训练的价值

（一）田径运动训练是为了提高运动员的竞技能力

运动员的竞技能力是由体能、技能、战术能力、心理能力和智能构成。这些因素以适当的发展水平，相对协调组合在一起，构成了运动员体现于专项竞技能力之中的综合竞技能力。各因素之间又是相互促进、相互制约、共同发展，其中优势因素还可以在一定程度上对发展滞后的因素产生补偿作用。运动员的竞技能力包括先天遗传性竞技能力和后天训练获得的竞技能力两部分。先天性的竞技能力必须通过科学的训练才能有效地发展运动员的综合竞技能力，并使先天性竞技能力得到充分的挖掘。如果没有科学训练，具有再好的先天性竞技能力的苗子也不可能成为优秀的选手。训练就是通过各种身体练习的方法和手段，最大限度地挖掘身体各器官系统的技能潜力，娴熟地掌握技能战术，具备创造优异成绩的条件。在现代的田径运动竞技中，运动员只有长时间接受系统的不间断的训练，才能在激烈的比赛中获胜。

（二）田径运动训练是为了形成运动员最佳竞技状态

最佳竞技状态的形成是一个连续的发展变化过程，必须通过运动训练才会获得。从竞技状态形成与发展的过程来看，它主要包含初步形成竞技状态

---

① 魏玉林. 浅析现代田径运动训练的特征与发展趋势 [J]. 当代体育科技,2015,5(11):41.

阶段，进一步发展和保持竞技状态阶段以及竞技状态暂时消失阶段。其中，第一个阶段的主要任务是运动训练，第二个阶段的主要任务是赛前训练和比赛，最佳竞技状态的形成和保持主要是通过这两个阶段来完成的。从竞技状态的构成因素来看，它主要由运动员承受最大运动负荷的体能潜力及其恢复速度，受神经肌肉的协调能力所支配的技能、心理、智能和运动员本身的神经控制能力等因素构成，而上述这些因素的形成、巩固和提高都是通过艰苦的运动训练来完成的。

（三）田径运动训练能实现田径运动的价值

为了帮助运动员突破人体运动极限，使运动员的运动竞技能力达到较高的水平，只有以运动训练这种形式进行着艰辛的准备。训练是实现田径运动价值的重要手段，主要通过运动训练实践来体现。训练实践过程是对运动员施加各种有针对性的训练手段，并以运动员运动形式反馈方法验证其有效性，训练效果的检测和鉴定通过运动竞赛完成。因此，田径运动训练的过程中体现了相应的科学价值。在某种程度上，田径运动训练是人们探索和认识生命过程的科学活动之一，人们就训练对改善身体各种机制和能力的探索属于科学研究的重要内容。现代科学技术方法直接介入田径运动训练过程，对田径运动训练过程中运动员的身体形态、运动素质、专项能力、心理变化等方面进行科学研究，有助于对运动员生命现象的科学认识，有助于在这种认识中提高生命质量，更有助于运动员竞技能力的挖掘与运动水平的提高。在实现田径运动的价值过程中，教练员安排的训练对运动员有指导性的作用，满足运动员科学地进行运动训练的需要，提高运动训练的质量，挖掘运动员的竞技潜能，从而更好地实现运动员的价值，为竞技体育的发展提供了坚实的基础。

第二章 田径运动训练的理论与原则

第一节 田径运动训练的基础理论

一、田径运动训练中的机体适应原理

（一）生物适应性原理

人体生物适应性是田径运动专门训练的理论基础，决定了田径运动在训练过程中的基本要求。田径运动训练的实质，就是对运动员身心实施有效刺激，以促使产生适应。田径训练把这个过程视为运动员对运动负荷进行适应的过程。人体的生物适应性的过程有：第一，给什么刺激产生什么样的反应；第二，多次刺激产生适应性；第三，适应性的过程是自动的、自发的；第四，长时间多次接受某种刺激，人体就会从反应到产生适应性，再从适应性到形成适应性结构。根据适应性规律的要求，在训练中应尽可能采用专门性练习手段组织训练，使运动员不断适应这种身体运动形式，并逐渐产生适应性变化，形成符合专项要求的神经肌肉适应性稳定结构。训练时只有给运动员足够的专门训练内容的刺激，足够的练习时间，才能使这种状态形成稳定的结构，以适应各种比赛要求，并创造优异成绩。因此，在训练过程中应充分认识生物性适应的意义，高度重视在训练中按比赛的需要去安排训练，使之建立与比赛相适应的身体素质结构。通过训练使运动员的适应性能力发

生重大的变化，形成适应性结构，达到稳定状态，实现训练的目的。

（二）运动生理学依据

田径运动训练的实质是以各种身体练习为手段，有目的有计划地对运动员机体施加刺激，达到运动员机体的应激和应答，逐渐使其产生训练适应的目的，从而提高运动员的竞技能力。在合理的范围内，运动负荷越大，机体受到的刺激就越深，应激和应答就越强烈，训练效果就越好。肌肉的生理特性是兴奋性和收缩性，两者是不同的生理过程。引起肌肉兴奋而产生收缩的刺激由刺激强度和刺激时间共同构成，强度越大，组织兴奋所需的作用时间就越短；刺激强度越小，所需作用时间就越长，刺激强度和作用时间是相互依存的。从运动生理学角度来说，田径运动训练目的之一是提高运动员机体专项运动时供能系统的能力，而运动中供能的速率和总量取决专项的项目特点，其中最重要的是专项活动的强度和时间。特别对周期性跑的运动员来说，如果在训练中长期保持专项技术、速度、强度不变，这样运动员的能量消耗就保持稳定，其生理适应也不会改变，运动员的竞技能力难于进一步提高。因此，在训练中要不断改变训练的强度、时间和肌肉活动方式，使专项相应的能量供应系统的能力不断得到加强，从而提高训练水平。

（三）超量恢复原理

超量恢复原理认为，机体在运动负荷的刺激下其能量储备、物质代谢以及神经调节系统的机能水平首先产生疲劳，然后在运动负荷消除后不仅可以恢复到负荷前的初始水平，还能够在短期内超过初始水平，达到"超量恢复"的效果。如果在超量恢复阶段再适时地给予新的运动负荷刺激，会出现"负荷—疲劳—恢复—超量恢复"的过程，而且可以不断地在高水平平台上周而复始地进行，由此使运动员的能力得到持续提高。训练过程中在合理的负荷条件下，机体的应激及随之产生的一系列变化都会保持在一个适度的范围内。不同负荷使机体产生的相应变化也就越明显，人体竞技能力提高得也越快。因此，在运动负荷安排时，应本着逐步加大的原则，按照"负荷—适应—再加大负荷—再适应"的原则安排训练。

（四）竞技状态形成的原理

竞技状态是指运动员通过相应的训练所形成的一种阶段性的运动状态。竞技状态主要的评价指标是运动员在竞赛中展示的运动成绩。运动成绩能够达到或接近最高水平运动成绩的次数越多，说明竞技状态越好。运动员良好的竞技状态主要表现有身体机能活动的节省化；恢复过程的缩短；专项所需的运动感觉显著提高；技术稳定，动作准确协调，用力效果好；情绪高涨，渴望比赛。竞技状态的形成往往经历3个交替变化的阶段，即：获得阶段、保持阶段和暂时消失阶段。竞技状态的形成主要是通过对训练过程的控制获得的。由此，训练周期也相应地分为3个时期：准备期——保证竞技状态形成；竞赛期——保持竞技状态以及在比赛中体现出已经获得的各种竞技能力；过渡期——保证活动性休息，将训练水平保持在一定水平上。运动员只有在比赛期达到最佳竞技状态时才会取得优异成绩，这也是运动训练的最终目标。

（五）身体素质转移原理

运动员所做的技术动作都是在中枢神经系统支配下实现的肌肉活动。运动技术的基本能力可以表现在很多方面，如肌肉收缩力量的大小，收缩速度的快慢，持续时间的长短，关节活动范围的大小以及动作是否灵敏和协调等。运动员身体素质的发展水平，不仅取决于肌肉本身的结构和功能特点，还与肌肉工作时的能量供应、内脏器官的机能以及神经系统的功能有关。更确切地讲，身体素质是人体各器官系统的功能在肌肉工作中的综合反映。从身体素质的生理机制来看，各项身体素质都与人体各器官系统的功能在肌肉工作中的综合反映有关，各运动素质在同一有机体中，彼此之间必然有着一定的联系，并相互影响。例如，力量素质的提高，与此同时速度、耐力素质也会不同程度地提高。

身体素质转移是多维的，即某一因子的发展，可影响另一素质及其因子的发展。身体素质多维转移是运动训练过程中客观存在的现象，这是因为身体素质中的各种基本素质，如力量、耐力、速度、柔韧素质并不是孤立存在和独立发展的。它们之间具有不同程度的联系，并相互影响，相互促进，相互制约。

身体素质的转移内容不同，效果也不同。在提高身体素质时，如果训练方法科学、手段得当，各运动素质之间，将出现相互促进的积极的一面。反之，则出现相互干扰的消极的一面。身体素质的转移分为直接转移和间接转移。直接转移是指一种身体素质的变化能直接引起另一种身体素质的变化。例如，腿部伸肌动力性力量水平的提高，可对跑的速度提高产生直接积极的影响。

由于某一身体素质的发展，直接地引起另一素质的发展。直接转移原理对运动训练具有重要的指导作用。强调运动员在进行专项身体训练之前，必须进行一般身体训练的目的，就在于利用这一原理为运动员专项运动素质的提高创造前提条件。在运动训练中，一般身体训练与专项身体训练的手段、负荷等安排，在很大程度上就是受直接转移规律所支配的。

间接转移是指一种运动素质的变化不能直接引起另一种运动素质的变化时，只能起间接作用。运动员某一素质的发展，不能直接引起另一素质的发展，但是由于这一素质的发展，却可以为今后发展另一种素质建立起必要的条件。例如，某一运动员腿部伸肌静力性力量水平得到发展后，虽然不能直接引起跑速的提高，但是如果在运动训练中能采用有效的方法手段去发展运动员腿部伸肌的动力性力量，那么原来所获得的静力性力量就会转化为动力性力量，从而使该运动员的速度素质得到提高。

当两种素质所需求的能量物质相同时，某一素质的变化提高就可以为另一素质的变化提高提供物质能量基础，促进另一素质产生良好转移。例如，跳远运动员练习百米跑，速度素质的提高会进一步促进腿部弹跳力的增长。如果两种素质所需求的能量物质不同，便不会在这两种素质之间产生转移。如以糖原供能的耐力素质的变化提高，并不会明显地促进以 ATP 供能为主的速度素质的变化提高。各运动素质都依赖机体器官，系统的功能水平，当两种素质对某些器官、系统的功能要求相同时，某一种素质得到提高了，这就可为另一种素质的变化提高提供条件，而产生良好转移。比如，耐力跑对心、肺功能的提高，会促进游泳运动员成绩的提高。动作的结构及肌肉工作特征相似的程度越大，其素质良好转移的可能性就大。因动作的结构及肌肉工作特征相似，通过训练变化了的素质就能相互促进、利用。相反，就难以在素质上互相促进、利用和产生良好转移。

二、运动技能的形成

（一）田径运动技能及其形成过程

田径运动技能就是指田径运动员通过不断反复地练习运动技术，结合体能和心理智能训练，整合运动潜能，达到一定的竞技实战水平，完成特定目标的能力。田径运动技能的形成是运动员通过反复练习田径运动技术，经过从低到高的几个阶段单向推进，从而达到较高运动技能水平，获得良好田径运动能力的过程。田径运动技能形成主要经历泛化、分化、巩固和自动化四个阶段。

（二）运动技能形成过程的基本规律

田径运动技术形成是经过初步学习、提高完善、实践应用、智能创新几个阶段逐层推进，从而最大限度地提高运动技能学习的绩效。任何运动技能形成都要经历几个不同的阶段，这是运动技能形成过程的普遍规律，田径运动技能形成过程也是这样。运动技能形成是通过知识学习或技能练习，促使技能表现不断优化的过程，理论上可以划分成若干阶段。阶段的推进是一个连续的过程，并无明显的界限，也无固定的时间长短，但从技能绩效的表现分析，有明显的阶段性特点，关键是学习者的内部变化，是人的生理与心理活动主动适应操作任务要求并实现有效控制的过程。

（三）田径运动技能形成的特点

运动技能学、运动心理学和运动生理学不同学科对于运动技能形成的研究成果，都证明了运动技能的形成经历逐渐进步，呈现不同特征的几个阶段，即任何运动技能的形成都具有阶段性特征。教练员根据生理功能的特点采用不同的训练方法，提出不同的要求，指导训练实践。泛化阶段强调掌握动作的主要环节；分化阶段对动作的细节提出要求，加强对动作的分析、思考，以促进分化抑制的进一步发展和提高；巩固阶段加强对动作理论和力学分析的探讨，加深对动作内在联系的理解；自动化阶段随着技术的巩固、发展而达到熟练程度，基本在无意识参与的情况下运用自如。

由于运动技能包含目标、学习、动作、感知觉和遗传基因等几个基本因素，田径运动技能的形成过程也不例外。感知觉在运动技能形成过程中始终起着非常重要的作用，尤其是运动本体感觉，更具有特殊意义，运动技能的形成过程，就是在多种感觉机能参与下同大脑皮质动觉细胞建立暂时的神经联系的过程，需要学习者反复练习，尽快形成正确的肌肉感觉，加速运动技能的形成。

三、预防和消除疲劳的理论与实践

（一）正确合理的技术动作对防止疲劳的作用

在进行训练时，正确合理的技术动作对防止疲劳具有很大的作用。在适宜的运动条件下，为了防止疲劳，可以采用符合生物力学的动作结构和肌肉收缩与放松的适宜交替来加大或减小用力。所谓动作不合理，就是运动员只知道肌肉的主动收缩，而忽视了对外力的合理使用，或者只注意用最大的力量去完成动作，而忽视保持正确的动作结构、合理的用力顺序和最大用力时机。在这种情况下，不仅由于多余的能量消耗使有机体很快产生疲劳，还由于动作的不合理造成身体受伤。因此，注意完成动作的准确性不仅是提高身体素质和运动成绩的必要条件，对防止疲劳和受伤也有积极的作用。

（二）经常改变训练环境对防止疲劳有积极的意义

经常在不同环境中进行训练，运动员有机体的高级神经活动能产生"转移"。在这种环境下，中枢神经活动的改变是由于外界环境刺激和远端分析器（视听和听觉分析器等）的兴奋作用引起感觉冲动、传导路线改变的结果。显然，这时中枢神经系统的兴奋与抑制过程也得到了改善。

当改变训练环境与肌肉活动的各种"转移"形成相结合时，训练的效果是良好的。在这种情况下，高级神经活动的各个方面都得到了有效的保存。

（三）加强身体素质训练对防止疲劳有积极意义

如果一个运动员在做动作时，缺乏必要的力量素质，那么肌肉的收缩强度是接近极限的。这样，运动员的肌肉不但不能做到协调收缩，反而可能会引起肌肉损伤。提高肌肉收缩的力量和速度有助于提高肌肉的协调能力，而提高协调能力又能更好地减少能量消耗。

运动员在掌握高度协调能力的基础上，利用改变跑的技术、节奏和速度，能够表现出良好的效果。这是因为在跑的过程中，运动员可以在保持肌肉收缩的强度和植物性神经活动水平的基础上，利用肌肉活动中协调的"转移"，达到减少疲劳的目的。

第二节　田径运动训练原则的运用

一、系统训练原则的运用

系统训练原则是指持续地、循序渐进地组织运动训练过程的原则。运动员优异成绩的取得要经历一个长时间、持续的训练过程，任何原因中止训练都会导致训练效果无法积累的结果。如果中止训练以后再恢复训练，运动员要取得好成绩就必须付出比原来更多的精力和体力。田径运动训练是一个多层次、多因素、结构复杂的系统工程。一个运动员的成长往往经历启蒙训练、专项初期训练、专项深化训练、创造或保持优异成绩等阶段，各个阶段依次有机衔接。因此，在运动员成长过程中必须是无间断的训练。

运动员的竞技能力是多种能力的综合表现，它不仅涉及生理、心理等各个方面的因素，还受先天和后天因素的影响。因此，人体机能的改变（包括中枢神经系统的改变）都需要长时间的训练才能奏效。训练对运动员竞技能力的影响必须通过人体的内部改变才能实现。运动员通过训练获得的竞技能力都是不断变化的，很不稳定。当训练出现问题或停止练习时，已获得的训练效应就会消退甚至消失，如力量、速度等素质，训练一旦停止就会消退得很快，特别是经过强化的力量手段获得的训练效应消退更明显。在训练中运动技能得到提高，表明运动员的中枢神经系统之间建立了良好的暂时性联系，这种神经联系支配着运动器官、肌肉和骨骼完成相应的技术动作。只有长时间反复给予负荷强化，这种暂时性的联系才能使技术动作的各个环节协调配合并避免技能的消退。

根据运动技能获得与消退的特点，想要获得良好的训练效果，避免技能、体能的消退，克服训练效果的不稳定性，有效地提高运动员身体素质，就必须坚持系统、不间断地进行训练。运动员竞技能力的内部结构表现为鲜明的层次性，某种竞技能力的高低受诸多因素的制约。例如，长跑运动员专项耐力的发展水平取决于其最大速度及一般耐力的发展水平，而影响其一般耐力发展水平的因素有运动员的有氧代谢能力、运动员的技术、下肢肌肉群的力量耐力和下肢各关节多次承受负荷的能力等。因此，必须充分应用系统训练原则有效地、层次性地发展运动员的技能。在训练内容的选择和训练手段的采用上，要根据训练过程的层次性、运动员训练程度的差异性等全面考虑安排训练内容，充分考虑它们的内在联系，以确保运动训练水平的不断提高。

二、适时恢复原则的运用

适时恢复原则是指及时消除运动员在训练中所产生的疲劳，并通过生物适应使机体产生超量恢复，提高机体能力的训练原则。运动员在训练中达到一定程度的疲劳时，教练员应该根据训练的计划，及时安排恢复性的训练，采用有效的恢复手段帮助运动员迅速恢复机能，提高训练效果。训练需要使运动员产生一定的疲劳，如果疲劳对运动员机体的刺激达不到必要的要求，只有一点疲劳就进行调整、恢复，这样难以取得理想的训练效果。相反，该调整时不调整，负荷过度又会引起运动员机能劣变，导致运动员在心理上和生理上受到伤害。

适时恢复原则的运用，掌握关键时机是非常重要的。练了多少该"歇"，疲劳到什么程度该"调"，只有准确把握，才能取得训练的成功。准确判定运动员的疲劳程度是适时进行恢复的前提。通常根据自我感觉和外部观察来进行判定，也可以通过生理和心理测试等方法来判定。教练员和运动员必须充分了解不同负荷性质产生的疲劳特征：速度性质的负荷刺激引起机体内消耗过多的 CP（磷酸肌酸），导致神经细胞缺氧产生疲劳；力量性质的负荷刺激引起机体消耗大量蛋白质导致 CP 恢复过慢产生疲劳；无氧耐力性质的负荷刺激引起机体代谢产物堆积，导致血乳酸消失过慢而产生疲劳；有氧耐力性质的负荷刺激引起机体消耗过多的肌糖原，能量补充不及时而产生疲劳；等等。同时，教练员和运动员要了解不同负荷强度产生疲劳的特征：中小负荷强度，持续时间长的负荷刺激，出现的是轻度疲劳，表现出疲倦、心跳加快的现象；极限负荷强度刺激出现急性疲劳，表现出脸色苍白，心率过速，有时尿中出现蛋白等现象。从疲劳发生的先后顺序特点看，应该注意在负荷训练中采用多种练习手段延缓神经疲劳的产生。在进行恢复训练时应先使神经疲劳得以解除，然后再采用有效方法来消除肌肉疲劳。从产生疲劳的生理机制看，应该根据负荷的性质，有针对性地消除产生疲劳的内环境障碍，补充体内最缺的物质，以便满足能源的需求。因此，在训练过程中应根据疲劳恢复的规律，安排适宜的恢复时间和方法，保证机体充足的恢复但不至于恢复过剩。安排接近极限负荷的训练，就要安排较长的恢复时间，使机体有充分的时间恢复工作能力。安排中等负荷强度的训练，则不必安排过长的恢复时间，以免失去恢复训练的意义。

运用科学的方法消除疲劳。适时恢复一方面可以通过变换训练内容和环境的方式，交替安排负荷，调整训练间歇时间与方式。在训练中采用一些轻松愉快、富有节奏性的练习或穿插一些游戏性的练习，使肌肉经受轻微活动帮助肌肉和血液中的血乳酸更快消除，同时根据人体的生物节奏安排好每天的训练时间，养成一种习惯，使机体处于有利的恢复状态。另一方面，可以通过营养、物理和生物学等手段帮助恢复。训练时运动员消耗大量的能量，训练后的能量补充除了考虑补充的数量，还要注意营养的科学搭配。同时，采用水浴、蒸气浴、按摩、电兴奋、紫外线照射和红外线照射等手段及时帮助运动员尽快消除疲劳，恢复机体能力。

三、适宜量度原则的运用

运动训练过程中的运动负荷包括运动负荷量和运动负荷强度两个因素。运动负荷量体现运动负荷对机体刺激量的大小，运动负荷强度体现运动负荷对机体刺激的深度。适宜量度原则要求运动的负荷强度加到一定限度时，必须减少负荷量，以保证运动负荷总量在运动员所能承受的范围，或是负荷量加到一定限度时，必须减小负荷强度，以保证运动负荷总量也在运动员所能承受的范围。适宜量度原则就是处理好不同训练时期、不同运动项目、不同运动员的个体特征条件下负荷量与负荷强度的比例关系，以确保运动员的训练负荷处于平衡状态，因为负荷量和负荷强度的不同搭配所产生的效果不同。运动员以负荷强度给予机体较强的刺激，能较快提高机能适应水平，而且超量恢复出现早，表现出较高的水平，但保持时间较短，不易巩固，容易消退。运动员以负荷量给予机体比较缓和的刺激，所产生的适应水平较低，但较稳定。适宜量度原则要求教练员在训练实践中应根据实践需要安排运动负荷量和强度的比例，注意运动负荷的平衡。运动员在训练过程中承受一定的运动负荷后，必然产生相应的训练效果。但并不是只要给予运动员施加负荷，就一定能产生良好的训练效应。训练负荷量和强度的安排对训练效果的好坏有着重要的影响。机体能对适宜的负荷量度产生适应，但运动负荷过小，不能引起机体必要的应激反应，就不能产生良好的效果，而给予过度的运动负荷则会出现劣变的现象。训练实践中通常负荷对机体都是连续实施的，几次负荷之间不同的间隔与联系，就会产生不同的训练效果。如果在前一次给予负荷后机体的超量恢复阶段再给予负荷，就会使机体机能水平不断提高；如果在前一次给予负荷后机体还没有得到恢复又给予下一次的负荷，就会导致机能水平下降。因此，负荷量和负荷强度如何搭配在确定之前，必须对运动员的适应情况进行评价。

一般来说，运动负荷的增加是渐进式的。青少年运动员运动负荷的增加，特别是运动负荷强度的增加一定要循序渐进，除非是职业选手或高水平的业余选手才能全年保持较高的运动负荷强度和较大的运动负荷量。同时，在训练过程中应给予最大限度的运动负荷，在运动员能够承受范围内给予最大运动负荷刺激，可以充分挖掘运动员机能潜力，大幅度提高运动员身体素质，从而提高运动成绩。但最大限度给予运动员负荷容易导致运动员过度疲劳，因此教练员在实施大负荷训练后必须观察运动员的反应，尽可能帮助运动员恢复和超量恢复，尽可能避免出现过度疲劳，以求获得良好的训练效果。

正确处理负荷与恢复的关系。大家都清楚地认识到，负荷量度的增加可以给运动员带来更好的训练效果，而且负荷越接近运动员承受能力的极限，训练效果越好。训练离不开负荷，没有负荷就没有训练；训练也离不开恢复，没有恢复就会导致运动员机能下降。运动负荷的最大极限随着运动员的发育程度、竞技水平等因素的变化而变化，同时受运动员的健康状态、日常生活和心理状态等因素的影响。因此，在训练过程中要及时掌握运动员在不同时期的竞技状态，正确判断运动负荷的适宜量度及恢复程度，为训练中采用相应对策提供依据。

四、区别对待原则的运用

运动员的年龄、性别、身体形态、身体素质、技术、心理品质等都有所不同，决定了训练过程应根据各个运动员的特点，有针对性地制订训练计划，确定训练任务，选择训练方法和练习手段，合理安排运动负荷。年龄和性别的不同，所承受的运动负荷能力不同，提高身体素质的侧重点不同，适应训练的能力不同。因此，选择的训练方法和练习手段也有所不同。在基层业余体校的训练中常常出现不同年龄、性别运动员混合在一起训练的现象。这种混合编组的训练中，有的运动员能承担较大的负荷能量，有的能承担较强的负荷强度，有的训练后恢复很快，有的恢复很慢，有的接受能力较强，有的理解能力很强。不同的运动员需要教练员区别对待才能使训练工作事半功倍。不同神经类型、气质类型和个性心理特征也决定了训练必须区别对待。例如，神经类型弱的运动员，赛前如果缺乏针对性的训练，可能临赛前难以达到高度兴奋状态；神经类型强的运动员，如果赛前反复强调比赛的重要性，可能赛前一夜都难以入睡影响比赛成绩。教练员只有区别对待不同的运动员，才能更好地完成训练任务。

在训练过程中，教练员要了解不同年龄、性别运动员的生理和心理特点，了解不同年龄阶段发展不同运动素质和运动技能敏感期特点，掌握运动员发展过程中的各种特殊情况，如早熟运动员的成绩出现早，保持时间短，晚熟的运动员成绩出现晚，保持时间相对较长。教练员应根据运动员的初始状况，围绕竞技能力的几个主要因素了解情况。通过观察训练记录和运动成绩，及时、准确地掌握运动员的具体情况的变化，为科学应用区别对待原则提供依据。

五、一般训练与专项相结合原则的运用

周期性项目的专项训练对有机体的机能系统产生多种影响，而各系统的能力大小决定着专项成绩的好坏。如果采用属于一般训练和辅助训练的非专项手段和方法，某些能力和素质可能得到优先更好的发展。单一的专项训练会导致多种机能水平的下降或者造成某些方面的片面发展而抑制某些方面的发展。比如，如果采用单一的力量训练，那么没有参与做练习、没有承担负荷的肌肉群机能就会逐渐衰退。但是，如果偶尔采用非专项练习，而做练习时这些肌肉群是被迫参与工作的，其部分功能由其他更发达的肌肉群所代替，训练的后果更糟糕，这就将造成那些没有承担足够负荷量的肌肉群的力量进一步下降。身体素质必须协调发展的原则决定了一般训练与专项训练相结合。在训练中贯彻这一原则时就要明确：一般训练的目的主要是提高身体素质，改进对专项能力起间接作用的机能和本领；一般训练是辅助性的，它是为下一步专项训练打基础的；一般训练的效果表现为全面训练水平的提高，要求合理地组织专项训练，以便把已有的机能潜力同专项特点更好地联系在一起。

一般训练和专项训练的比例，以及一般训练的内容在很大程度上取决于多年训练和全年训练的安排。在提高竞技水平的早期，一般训练的比重较大，它的任务首先是增进健康，提高适合于各种肌肉活动的身体能力和机能能力。以后，随着训练水平的提高，专项训练的比例逐渐增大，而一般训练越来越成为辅助性的了。

在大训练周期中也存在类似的情况，在准备期，一般训练的量相当高，可达到总量的 30% ～ 60%。随着主要比赛的接近，一般训练量下降，到竞赛期，通常不超过总量的 10% ～ 25%。

一般训练与专项训练的比例还与运动员的年龄、专项、个人特点和训练程度有关。一般训练与专项训练的比例和性质可能有很大的变化，而每个运动员的水平和运动成绩提高的速度取决于教练员安排这一比例的正确程度。同时，许多练习是中性的，很难准确地把它划分到一般训练和专项训练中去。专业运动员的训练是一个有计划的过程，它要为创造优异的运动成绩从机能上打好基础。

六、周期性原则的运用

各项技术必须通过多次重复的练习才能得到改善和提高，运动员运动竞技能力的提高明显表现出周期性。只有进行多次重复的周期性练习，才能保证掌握和完善运动技术，不断提高身体素质和专项能力。周期性训练是在一次负荷下，机体能量消耗产生疲劳，然后解除负荷，逐渐达到恢复，通过机体的超量补偿机制，使运动员的竞技能力得到提高，并在这一基础上给予下一次的负荷，又开始一个新的负荷周期。下一次训练课、训练小周期、训练阶段的作用都好像是在上一次训练课、训练小周期和训练阶段的成绩上逐渐积累起来的，并加以巩固和发展。每一次适宜的负荷都会引起机体的适应性变化。多次适宜负荷的刺激就会引起机体多次的适应性变化。在这个变化过程中，机体能力不断得到提高，运动竞技状态得到不断改善，并逐渐进入最佳的竞技状态。

训练周期的划分主要根据比赛的任务和运动项目的特点来考虑，周期时间的长短要考虑运动项目的特点，一般来说，在初期训练阶段、专项提高阶段中中长跑项目安排全年单周期，速度力量和全能项目安排双周期。任何训练周期的准备、竞赛、过渡时期的长短，要根据具体情况来确定。如果不适宜地缩短准备期的训练，不恰当地参加一些非正式的比赛，常常导致不容易形成良好的竞技状态的后果。同样，不适宜地延长比赛期，很容易造成能量过度消耗，容易产生厌赛的心理，有损运动员的身心健康，影响运动员日后运动成绩的提高。同时，要注意每个周期间训练工作的衔接，协调各周期之间的关系。在完成一个训练周期的工作开展下一个训练周期工作前，应该对前一个训练周期的工作进行总结，根据前一个周期在身体素质、技术、心理等方面的情况确定下一个训练任务。

合理安排每个周期中不同训练时期的运动负荷。准备期前一个阶段时间较长，主要通过加大负荷量来提高运动员承受负荷能力，改善运动员的身体状况，一般身体素质练习量比专项练习量大。这个阶段负荷量较大，平均负荷强度较小，重点发展决定运动成绩的单项素质。准备期后阶段，一般练习量减少，比赛专项能力训练负荷量增多。与前期相比负荷总量不变，但比赛专项练习和练习强度增大，使运动员在保持本人最好的成绩的前提下，进一步加大负荷强度保证比赛期能创造更好的运动成绩。准备期后阶段的关键既要加大训练的负荷强度和专项负荷，又要确保运动员不会因训练过度导致运动疲劳，影响比赛成绩。

比赛期除了要完成比赛任务外，还要进行必要的训练以保证运动员能在整个比赛期都能保持最佳的竞技状态，确保比赛时能发挥出最高水平。比赛期主要是加大负荷强度，适当减少负荷量。短跑、跳跃项目以最大力量、爆发力和速度为主，负荷量就要比耐力项目小，耐力项目则负荷强度相应减小。

运动员经过比赛体能消耗较大，一个时间不长的过渡期是必不可少的。过渡期主要以积极休息为主，原则上不进行专项训练，运动员通过喜爱的运动保持一定的负荷量，但要注意运动负荷强度、练习密度和运动量都要适宜，以保证积极休息恢复体能。

第三章　田径运动训练的课程设计

第一节　田径运动训练的课程目标设计

为了对田径课程目标进行系统设计，本研究以课程设计理论和学习结果理论为基础，分成田径课程目标设计的前期准备、田径课程目标的分类和田径课程目标体系形成三个阶段进行研究。

一、田径课程目标设计的前期准备

该阶段主要是为了探寻影响田径课程目标设计的要素，并确定各要素之间的差异，分析学生的特征。上述三者为田径课程目标的设计提供了条件。

（一）田径课程目标设计的依据分析

根据课程设计相关理论，学科、社会和学生是进行课程设计的基本要素，但体育教育专业田径课程的目标设计还受到体育教育专业培养目标的限制，因此，下面从专业、社会、学生和学科四个方面进行分析。

1. 体育教育专业培养目标对田径课程目标的影响

自改革开放以来，田径课程一直是体育教育专业的主干课程之一，但随着社会的进步，越来越多的体育项目被纳入培养方案中，越来越多的学科理论也进入培养方案中。在此背景下，田径课程的教学时数急剧减少，学生所能学习的关于田径方面的知识也逐渐减少，但培养目标对未来体育教师素质的要求并没有降低，反而有所提升，这就催生了体育教师的高素质要求与庞大的田径课程体系的精简化选择之间的矛盾运动。因此，田径课程目标的设计必须与体育教育专业培养目标的大方向保持一致。

2. 社会需要

学生在学校以求知为主要任务，这一任务似乎与社会需求的关系不大。但人是社会的人，人们所学的知识和技能要么直接与社会发生联系，要么与社会存在着间接的依存关系。对于体育教育专业而言，其培养目标明确规定了该专业毕业学生应该具备的多种能力，也规定了学生从业后的服务对象。这就要求田径课程目标要与社会的需要保持一致，这种一致有两层含义，一是所学田径知识和技能可以直接为社会提供服务，但这种服务是有条件的，它必须既是大众化的又是国际的；二是所学田径知识和技能领先当下社会的需要，保持一定的前瞻性。因此，田径课程目标的确定离不开社会的需求。

3. 学生的需要

教育的最终目的是促进学生全面发展，而课程是促进学生全面发展的一个载体。体育教育专业的学生是以体育教学为职业倾向、以运动技能的习得和传承为主要特点的成人群体。这些学生的全面发展即指在有所专长（体育）的前提下的全面发展。田径课程作为体育的重要组成部分，理应是体育教育专业学生学习的对象，但不同地域、不同种族的学生，其生长环境有较大差距，而且其个性、兴趣等情感因素也存在较大差异，因此，田径课程目标的确定，必须要对学生进行深入认识，制定出适合学生特点的同时又是学生能够努力达到的切实目标。

4. 学科发展的需要

田径课程作为体育学的一门基础学科而存在，承载着传承田径文化的历史使命，因此，体育教育专业田径课程目标的确定必须受制于田径学科的发展。一般而言，田径学科专家对田径的基本概念、基本原理、逻辑结构、项目特征、研究方法以及田径与其他学科的关系等问题有较清晰的认识，因此，田径学科专家的建议是确定田径课程目标的重要来源。泰勒指出，在利用田径学科专家的建议确定课程目标的时候，要向田径学科专家提出以下问题：这门学科对那些不会成为这个领域专家的年轻人而言有什么教育功用？（这是学科的专业属性——特殊功能）这门学科对外行或普通公民而言有什么功用？（这是学科的社会属性——一般教育功能）泰勒进一步指出，如果田径学科专家能为这个问题提供答案，那么他们就做出了重大贡献。因此，在制定田径课程目标的时候，除了要考虑田径课程的完整逻辑体系之外，还要考虑其一般的教育功能，即田径课程对普通人有何贡献？

因此，体育教育专业培养目标、学生需要、社会需要、学科需要是田径课程目标设计的基本要素。

（二）田径课程目标设计的差距分析

差距分析主要是为了确定学生、社会和田径学科专家对田径课程所应达到目标的期望，以发现三者之间的真正差距，从而为田径课程目标的设计提供现实依据。

1. 动作技能类目标的差距分析

对田径课程动作技能领域的目标主要从动作技术与运动水平的重要性程度、动作技术的示范能力、利用田径技能指导健身的能力、田径技术的训练能力和素质练习的多种手段等方面进行调查。现依次对不同群体的目标差距分别进行分析。表 3-1 是对动作技术和运动水平重要性程度期望的统计。

表3-1 学生、社会和专家对动作技术和运动水平重要性程度的期望

目 标	对 象	人数（人）	$\bar{X}$	S	F	P
动作技术的重要性程度	学生	337	4.01	0.754		
	社会	93	4.04	0.530	0.443	0.642
	专家	32	4.12	0.554		
运动水平的重要性程度	学生	337	3.66	0.841		
	社会	93	3.71	0.563	1.105	332
	专家	32	3.47	0.879		

由表 3-1 可知，学生、社会和田径学科专家对动作技术和运动水平的期望高度一致，三者之间不存在显著性差异（$P>0.05$）。三者一致认为，对体育教育专业的学生而言，田径项目的动作技术比运动水平更重要。这就要求设计者在进行田径课程目标设计时更多地关注项目的动作技术而不是达到很高的运动水平。由于动作技术和运动水平是田径项目完整动作技能的表现，本研究对学生、社会和田径学科专家进行了调查，旨在了解他们对这些身体练习手段重要性的看法。调查结果统计如表 3-2 所示。

表3-2　学生、社会和田径学科专家对身体素质练习手段重要性程度的期望

目　标	对　象	人数（人）	$\bar{X}$	S	F	P
力量	学生	337	4.04	0.804		
	社会	93	4.04	0.721	0.668	0.513
	专家	32	3.88	0.793		
速度	学生	337	4.03	0.787		
	社会	93	3.95	0.811	0.421	0.656
	专家	32	3.99	0.651		
耐力	学生	337	3.84.	0.677		
	社会	93	3.95	0.772	9.610	0.000
	专家	32	3.37	0.853		
灵敏	学生	337	3.78	0.623		
	社会	93	3.38	0.942	0.876	0.417
	专家	32	3.45	0.834		
柔韧	学生	337	3.83	0.766		
	社会	93	3.75	0.545	2.970	0.052
	专家	32	3.69	0.738		

　　由表 3-2 可知，学生更愿意学习提高身体素质的多种练习手段，田径学科专家更希望学生学习提高身体素质的多种练习手段，社会也更需要掌握提高身体素质多种练习手段的体育教育人才。由表 3-2 还可以看出，学生、社会和田径学科专家对所调查的五项身体素质的看法除耐力素质有显著性差异外，其他四项高度一致。通过进一步分析发现，在耐力练习手段的调查中，社会的期望与学生和学科专家的期望之间存在显著性差异（$P<0.05$），社会更希望体育教育专业的学生掌握耐力素质的多种练习手段，而学生和学科专家的愿望相对较弱，出现这一结果的原因或许与近年来国家出台的有关中小学体育方面的政策和法规对社会的影响有关。通过整体比较发现，学生、社会和专家普遍希望体育教育专业的学生掌握力量和速度的多种练习手段，并且对这两项的期望与对其他三项的期望之间存在显著性差异，这就要求设计者在进行田径课程目标设计时有所侧重，不能齐头并进。具体来说，对力量和速度方面的练习手段关注要相对多一些，对柔韧和灵敏方面的练习手段关注要稍微少一些，对耐力方面的练习手段关注居于中间。

学生掌握了田径项目的动作技能、掌握了提高身体素质的多种练习手段并达到一定的运动水平之后，其最终的动作技能将会在田径教育教学过程中表现出来。查阅文献发现，体育教学中与动作技能相关的能力主要包括示范能力、课余活动中的训练能力以及社会实践中指导健身的能力等。根据上述分类，将这些能力编制成问题，对不同群体进行了调查，目的是检验他们对动作技能相关能力的认识差距。调查结果统计如表3-3所示。

表3-3　学生、社会和田径学科专家对动作技能相关能力的期望

目　　标	对　象	人数(人)	$\bar{X}$	S	F	P
示范能力	学生	337	4.24	0.576		
	社会	93	4.03	0.520	7.134	0.001
	专家	32	4.41	0.499		
课余活动中的训练能力	学生	337	4.17	0.677		
	社会	93	3.92	0.612	13.054	0.000
	专家	32	3.62	0.751		
社会实践中指导健身的能力	学生	337	4.12.	0.714		
	社会	93	3.90	0.644	3.572,	0.029
	专家	32	4.00	0.762		

由表3-3可以看出，学生、社会和田径学科专家对体育教育专业学生在田径动作技能方面应具有能力的期望都较高，但三者的期望存在显著性差异（$P<0.05$）。进一步分析发现，田径学科专家和学生对示范能力的期望高，社会对其期望相对较低，社会与前两者之间均存在显著性差异；三者对训练能力的期望两两之间均存在显著性差异，学生对自身训练能力的期望最高，田径学科专家的期望最低，社会期望居中；学生对指导健身的能力表现出较高的期望，社会和田径学科专家对指导健身能力的期望相对较低，其中学生的期望与社会期望之间存在显著性差异。总体来看，三者对三种能力的期望间存在显著性差异，对示范能力的期望最高。

从以上调查结果可知，学生、社会和田径学科专家对田径项目动作技术，运动水平，提高力量、速度、灵敏度和柔韧性的多种练习手段的期望高度一致；三者对提高耐力的多种练习手段、示范能力、训练能力和指导健身能力等方面的期望存在较大差异；学生对自己所应掌握的运动技能并形成相应能力的期望最高。

2.言语信息类目标的差距分析

田径课程中的言语信息主要分为对田径专业术语或符号的学习、对田径事实的学习以及对田径中有组织信息的学习三个层次。田径课程中的三类言语信息都主要通过记忆而习得，最终表现为田径教育教学中的语言表达能力和撰写田径教案的能力。因此，在言语信息目标的差距分析中，分别对学生、社会和专家就三类信息以及两种能力的期望进行了调查。调查结果统计如表3-4所示。

表3-4　对学生、社会和田径学科专家就三类信息以及两种能力的期望

目　　标	对　　象	人数（人）	$\bar{X}$	S	F	P
田径专业术语	学生	337	4.26	0.574		
	社会	93	3.71	0.600	32.606	0.000
	专家	32	4.06.	0.619		
田径事实	学生	337	4.24	0.664		
	社会	93	3.8	0.582	17.697	0.000
	专家	32	4.19	0.592		
有组织的信息	学生	337	3.72	0.759		
	社会	93	3.53	0.653	2.448	0.088
	专家	32	3.69	0.896		
撰写教案能力	学生	337	4.04	0.708		
	社会	93	3.82	0.570	9.114	0.000
	专家	32	3.59	0.560		
语言表达能力	学生	337	4.32	0.616		
	社会	93	4.12	0.508	9.442	0.000
	专家	32	3.91	0.818		

由表3-4可知，学生、社会和田径学科专家对是否应记住较复杂的田径知识期望一致，均保持中立态度；对名称、事实、撰写教案能力以及语言表达能力的期望较高，三者间存在非常显著性差异（$P<0.01$）。田径学科专家和学生对记住必要的田径专业术语和简单的田径事实的期望很高，社会对其的期望不及前两者，前两者与后者的期望均存在显著性差异。学生和社会对语言表达能力和撰写教案能力的期望高，而田径学科专家对其期望低，且前两者与后者之间存在显著性差异。笔者认为，这些能力的获得需要学生在课程教学过程中进行实践，而且这些能力是体育教师能力的重要组成部分。总体

来看，学生对各种言语信息类目标的期望最高，专家则倾向让学生掌握基础知识，社会对学生言语能力的期望较高。因此，在进行目标设计时既要注意基础知识和基本技能的学习，更要注重语言表达能力和撰写教案能力的培养。

3.智慧技能类目标的差距分析

田径课程中的智慧技能分为辨别、具体概念、定义性概念、规则和高级规则五个层次。辨别主要表现在能否区分正误动作方面，形成的能力通过纠错能力体现出来。具体概念主要通过观察学生能否对多种动作进行分类而实现。定义性概念主要表现为对一些抽象名词含义的理解及演示。规则主要表现为对动作的技术原理、动作做法等程序性知识的理解和运用。高级规则是对多个规则的灵活运用。智慧技能的习得最终将体现在学生能否深入分析教材、合理运用教法方面。因此，本研究分别对智慧技能的五个层次及其形成的三种能力进行调查，统计结果如表3-5所示。

表3-5 学生、社会和田径学科专家对智慧技能类目标的期望

目 标	对 象	人数（人）	$\bar{x}$	S	F	P
辨别	学生	337	4.03	0.721		
	社会	93	3.87	0.556	2.729	0.066
	专家	32	4.16	0.628		
具体概念	学生	337	3.96	0.656		
	社会	93	3.71	0.543	7.612	0.001
	专家	32	3.69	0.592		
定义性概念	学生	337	3.77	0.745		
	社会	93	3.69	0.608	1.466	0.232
	专家	32.	3.94	0.669		
规则	学生	337	4.07	0.651		
	社会	93	3.68	0.694	13.067	0.000
	专家	32	4.00	0.622		
高级规则	学生	337	3.96	0.739		
	社会	93	3.73	0.709	4.790	0.009
	专家	32	3.69	0.821		
纠错能力	学生	337	4.21	0.641		
	社会	93	3.96	0.530	6.256	0.002
	专家	32	4.16	0.515		

（续　表）

目　　标	对　象	人数（人）	$\bar{X}$	S	F	P
分析教材能力	学生	337	4.06	0.649		
	社会	93	3.99	0.500	2.554	0.079
	专家	32	3.81	0.738		
运用教法能力	学生	337	4.23	0.631		
	社会	93	4.11	0.477	2.723	0.067
	专家	32	4.03	0.695		

由表 3-5 可知，学生、社会和田径学科专家对辨别和定义性概念的期望较高，且一致性好，三者间不存在显著性差异；学生对具体概念和高级规则的期望较高，而社会和学科专家的期望较低，前者与后者间存在显著性差异（$P<0.05$）；学生和学科专家对纠错能力的期望都很高，而社会的期望相对较低，且前者与后者之间存在显著性差异（$P<0.05$）；三类人群对分析教材能力以及运用教法能力的期望一致且都较高。总体来看，三类人群对能力的期望高于对一般智慧技能的期望；对低层次及高层次智慧技能的期望较高，而对中间层次智慧技能（概念）的习得不够重视。由于这些技能是高层次技能的基础，也是智慧技能相关能力得以表现的基础，所以，具体概念、定义性概念等中层次智慧技能应引起课程设计者的注意。

4.认知策略类目标的差距分析

田径课程中的认知策略一般蕴含在多种能力中，关注的是解决问题的效率与效益。有多少种能力，就至少有多少种相应的认知策略，很多能力都是伴随着其他技能的学习而逐渐获得的，因此，能力是综合素质的体现，而认知策略是形成能力的条件之一。本研究从社会角度调查了用人单位是否考察应试者能否为不同学生提供有效指导，从学生角度调查学生是否有意识控制自己练习的动作，从学科专家角度调查他们是否要求学生思考自己如何完成练习的动作，以此来反映三类人群对认知策略重要性的期望。同时，对组织能力的期望也进行了调查，以此来反映认知策略中的组织策略。具体调查结果如表 3-6 所示。

表3-6 学生、社会和田径学科专家对认知策略类目标的期望

目 标	对 象	人数(人)	$\bar{X}$	S	F	P
自我认知策略	学生	337	4.24	0.654	3.662	0.026
	社会	93	4.04	0.606		
	专家	32	4.09	0.818		
组织策略	学生	337	4.31	0.677	8.101	0.000
	社会	93	4.10	0.609		
	专家	32	3.88	1.008		

由表3-6可知，学生、社会和田径学科专家之间对认知策略类目标的期望存在显著性差异，但三类人群的期望都很高。其中，学生对自己有意识地控制自己练习动作的期望很高，而社会对其期望较低，两者之间存在显著性差异（$P<0.05$）。这就说明学生对自己认知策略的期望很高，而社会或许认为这些认知策略固然好，但需要在实践中去提升。关于组织策略的调查结果显示，学生的期望与社会和田径学科专家的期望之间均存在显著性差异，这一点也证明学生对自己的认知策略期望高，而社会和田径学科专家的期望较低。但是毫无疑问，认知策略是学生重要的学习结果之一，在田径课程设计中应有所涉及。

5.态度目标的差距分析

态度是指对人、对事、对物的选择或取向，表现为"趋"或"避"的行为。人们对体育教育专业田径课程的态度通过从业者、学习者以及社会需求者的认知态度、情感态度和行为态度反映出来。本研究分别对田径课程在大学或中小学中的地位、师生田径教学或学习的感受、田径项目在中小学的开展情况、师生教学或学习的热情、人们对田径运动的兴趣等问题分三个方面进行了调查。调查结果如表3-7所示。

表3-7 学生、社会和田径学科专家对态度类目标的期望

目 标	对 象	人数（人）	$\bar{X}$	S	F	P
认知	学生	337	7.86	1.354	4.708	0.009
	社会	93	7.85	1.093		
	专家	32	8.59	1.341		

（续　表）

目　标	对　象	人数（人）	$\bar{X}$	S	F	P
情感	学生	337	7.64	1.378	0.160	0.852
	社会	93	7.60	1.095		
	专家	32	7.50	1.437		
行为	学生	337	7.02	1.165	9.977	0.000
	社会	93	6.97	1.047		
	专家	32	7.94	1.076		

由表3-7可知，学生、社会和田径学科专家对田径课程的态度在认知方面和行为方面存在显著性差异（$P<0.05$），在情感方面一致性高，不存在显著性差异。对田径课程的学习体验与热情、教学体验与热情的调查结果显示，三者的认识较为一致，且三者之间均不存在显著性差异。对田径课程行为态度的调查中，三者两两之间均存在显著性差异（$P<0.05$），田径学科专家对田径课程教学的积极性高，而学生对田径课程的学习积极性较低，社会对田径的教学要求最低。

以上从学习结果内部分析了不同群体对田径课程各类目标期望的差距，下面主要分析他们对田径课程五类目标总体期望的差距。统计结果如表3-8所示。

表3-8　学生、社会和田径学科专家对田径课程五类目标的总体期望

目　标	对　象	人数（人）	$\bar{X}$	S	F	P
动作技能	学生	337	39.01	4.806	0.607	0.546
	社会	93	39.04	3.934		
	专家	32	38.09	3.930		
言语信息	学生	337	20.58	2.268	21.089	0.000
	社会	93	18.97	2.019		
	专家	32	19.44	2.327		
智慧技能	学生	337	32.29	3.623	7.654	0.001
	社会	93	30.73	2.882		
	专家	32	31.47	3.360		
认知策略	学生	337	8.55	1.125	7.528	0.001
	社会	93	8.14	0.985		
	专家	32	7.97	1.576		

（续　表）

目　标	对　象	人数（人）	$\bar{x}$	S	F	P
态度	学生	337	22.52	2.911	4.532	0.011
	社会	93	22.42	2.228		
	专家	32	24.03	2.957		

由表3-8可以看出，三者对动作技能类目标的总体期望高度一致，且期望都很高；三者对其他四类目标的期望存在非常显著性差异（$P<0.01$）。言语信息和认知策略方面，学生的期望较高，而社会和田径学科专家的期望较低。智慧技能方面，学生与社会之间存在非常显著性差异，而学生与田径学科专家的期望一致。态度方面，田径学科专家的期望高，而学生与社会的期望低，田径学科专家与后两者之间均存在显著性差异。

通过对学生、社会和田径学科专家的调查发现，学生对自己在田径课程中应达到的各类目标及目标对应能力的期望都很高，但其学习态度与自身的高期望不一致，也就是说其主观的学习投入不够；社会对学生的多种能力期望较高，而对田径基础知识及技能的期望低；田径学科专家对学生学习田径课程的整体期望高，对基础知识和技能的期望居中，而对学生能力的期望最低。因此，在田径课程目标设计时，要注意态度类目标的设计，并树立在学习基础知识和基本技能的过程中逐渐提高学生多种能力的理念。

（三）田径课程目标设计的学生特征分析

通过研读教学设计相关文献可以发现，国内研究对学习者进行特征分析时一般从两个方面展开，一是学习者的一般特征，二是学习者的起点行为或起点能力。美国研究者威廉 J. 罗思韦尔认为，学生特征来源有二：其一，必备的知识、技能和态度；其二，其他与学生相关的特点。

这里"必备的知识、技能和态度"的实质就是我国研究者所说的学习者的起点行为或起点能力，它是对学生前期学习结果的诊断，是学生特征分析中最重要的环节。"其他与学生相关的特点"对应于我国研究者所说的学生一般特征，主要指学习者的认知、动机、学习风格、社会、经济、经验等具有普遍意义的特征。根据以上分析可以看出，在学生特征分析方面，国内外的研究结果较为一致。因此，下面从学生的一般特征和前期学习结果特征两个方面对体育教育专业学生的学习特征进行系统分析。

1. 体育教育专业学生一般特征分析

学生的一般特征主要是指其身心发展，即指他们的生理发展、认知发展和社会发展。一般从学生的年龄、性别、认知成熟度、学习动机、个人对学习的期望、工作经历、生活经验、经济、文化和社会背景等方面着手对学生的一般特征进行研究。体育教育专业学生入学时的年龄一般在 18 周岁左右，其个人的认知已经发展到较高水平，思维能力逐渐由抽象逻辑思维向辩证逻辑思维发展，他们观察事物的目的性和系统性较强，能够按照程序掌握事物本质属性的细节特征。有研究发现，大学生学习动机具有多元性的特点；大一学生的直接性学习动机（获得奖赏，避免惩罚）占有优势；学习动机的个人取向与家庭取向更强，社会属性较低；学习动机表现出较强的功利性、实惠性和职业性特点；男生的表层动机、认知内驱力动机和成就动机高于女生；女生自我提高的内驱力动机高于男生。通过本研究的调查发现，体育教育专业学生的学习期望都很高，而且这种期望与田径学科专家和社会对他们的期望之间均存在显著性差异。

通过以上分析看出，目前体育教育专业的大学生处于一个经济、文化和社会背景相当复杂的境地，致使其认知、动机、期望以及情感表现出明显的时代特点：思维早熟，具有批判精神；个性张扬，心理抗挫能力不足；学习期望高，主观方面付出不够；自我意识强，缺乏团队合作精神；时代感强，功利心明显。

2. 体育教育专业学生田径前期学习结果特征分析

体育教育专业学生前期学习结果主要指这些大学生开始学习田径普修课程前所具备的田径方面的动作技能、言语信息、智慧技能、认知策略和态度等。从动作技能方面看，体育教育专业的学生都参加过高考时的体育测试，具备一定的动作技能基础。通过调查发现，体育教育专业学生高考专修项目中居首位的是田径，其次是体操和武术套路。进入大学后，网球、篮球等具有一定时代性和娱乐性的项目成为学生的首选，选择田径作为专项的人数急剧下降。由此看出，体育教育专业的学生对田径动作技能的学习已经较早涉及，且很多学生已经达到一定的运动水平，进入大学后，他们倾向于根据未来的社会需求、自己的兴趣、职业定向来选择自己喜欢的项目。为了进一步了解学生动作技能达到的程度，笔者在田径课程实施前对所有实验对象的部分素质进行了测试，测试结果显示，体育教育专业的学生在身体素质方面已经具备了田径课程中动作技能方面的学习条件。此前学生多是"被教者"或"被训练者"，大学是其实现由被教者向教者（教师）转变的场所，而田径课程是学生的主干课程之一，因此，学会如何完成项目动作、学会如何教项目、运用各种手段提高项目的运动水平等相关目标成为这些学生动作技能目标的重要组成部分。

为了准确把握体育教育专业学生在学习田径课程之前对田径的认知和态度，本研究利用学习结果测试问卷对所有实验对象进行了测试，并对各类学习结果的总得分进行了统计，结果如表3-9所示。

表3-9　体育教育专业学生田径课程学习前的学习结果测试情况

学习结果	人数（人）	题目数（个）	题目总分	总得分	平均得分	正确率（%）
言语信息	99	9	9	179	1.81	20.1
智慧技能	99	15	15	221	2.23	14.9
认知策略	99	6	6	55	0.56	9.3
态度	99	18	90	6771	68.39	76.0

通过测试发现，体育教育专业学生对田径的言语信息、智慧技能和认知策略等认知类知识和技能的前期学习结果水平很低。在被测试的9个有关田径言语信息的问题中，学生能够知道的仅占20.1%；有关智慧技能的15个问题中，学生能够知道的仅占14.9%；有关认知策略的6个问题中，学生能够知道的仅占9.3%。对"目前百米世界纪录保持者是哪国人"这样的题目，回答正确者仅为24.2%。这个调查结果说明，学生对田径言语信息、智慧技能和认知策略等认知类知识的掌握程度很低，几乎不知道田径的基础知识。但这些信息对一个合格的体育教师来说是最基础的知识。因此，学生的言语信息、智慧技能和认知策略等认知类学习结果的习得是田径课程设计中应该引起重视的环节。

体育教育专业学生对田径课程的态度也是学生前期学习结果的重要组成部分。通过测试发现，学生对田径课程的态度处于"一般"与"比较喜欢"之间。具体而言，学生对田径认知态度得分较高，情感态度得分次之，行为态度得分最低。尤其学生的行为态度，与前两者之间的得分均存在显著性差异。这就说明学生遇见田径中的实际问题时，其主观努力可能不够。这就要求设计者在进行田径课程设计时必须考虑课程本身的趣味性，以调动学生的积极性，使其主动参与到课程学习中。

通过以上分析发现，体育教育专业学生的田径前期学习结果特征如下：从动作技能方面看，学生在部分田径项目上已经达到一定水平，但对田径项目的学习还不够系统，尤其缺乏项目技术教学方法和手段的积累；田径方面的言语信息、智慧技能和认知策略处于非常低的水平；学生对田径课程的认可度高，而参与度低。

二、田径课程目标的层级关系和分类

确定田径课程目标的层级关系和分类，是田径课程目标设计的核心环节。

（一）田径课程目标的层级关系

要设计田径课程目标，首先有必要对课程目标在整个教育目标系统中的地位以及它们之间的关系有正确的认识。明确一般教育理论中各种目标之间的关系，能为田径课程目标的设计提供理论指导。

1.课程目标与一般教育目标之间的关系

研究体育教育专业田径课程目标，必然涉及教育目的、培养目标、教学目标等概念及其相互关系。教育目的即教育要达到的预期结果，反映教育对人的培养规格标准、努力方向和社会倾向性等。教育目的是含有方向性的总体目标和最高目标，是一个国家人才培养的终极目标，是一个国家教育的起点和终点。它关系到把受教育者培养成什么样的社会角色和使受教育者具有什么样的素质的根本性问题。它一般在教育法或教育方针中规定。其特点为外延宽、层次高、指导范围广；另外，还具有历史性的特点。

培养目标是指各级各类学校或各个学段具体应该达到的教育目标，它根据教育目的制定，但高于课程目标。它一般在确定各级各类学校性质和任务时制定，通常不是课程设置的直接目标，也不是全部由课程完成。培养目标一般要对社会的需要、国家的要求、学生的素质等方面做出规定。它具有阶段性、层次性、多样性等特点，同时与其下位目标比较而言，它还具有一定方向性和概括性特点。

课程目标是指课程本身要实现的具体目标，是期望一定教育阶段的学生在发展品德、智力、体质等方面达到的程度。它是指导课程设计、课程实施和课程评价的基本准则，是整个课程编制的逻辑起点，它的制定要以教育目的和培养目标为依据，并体现教育目的与培养目标的意图。课程目标一般分为总课程目标和分科课程目标，它具有规范性、操作性和稳定性的特点。

教学目标是具体教学过程的结果和学生的行为准则，是学科课程目标和具体教学内容的结合和具体化，是每个学段、学年、学期、单元以及每节课教学应达到的具体目标，通常由任课教师制定。教学目标具有具体性、实践性、灵活性和实效性特点。

从上述分析还可以看出，各级各类教育目标之间存在着本质的区别，但是也有着必然的联系。它们之间的关系如图3-1所示。

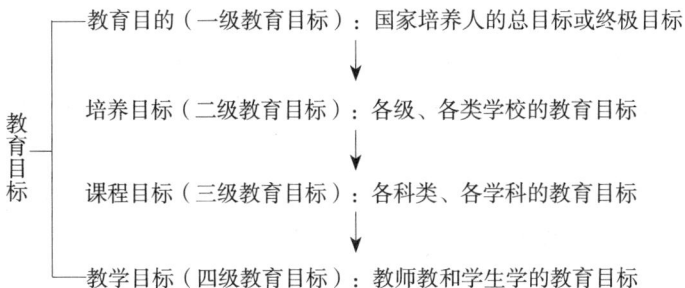

```
        ┌── 教育目的（一级教育目标）：国家培养人的总目标或终极目标
        │                          ↓
        │    培养目标（二级教育目标）：各级、各类学校的教育目标
   教育  │                          ↓
   目标  ┤    课程目标（三级教育目标）：各科类、各学科的教育目标
        │                          ↓
        └── 教学目标（四级教育目标）：教师教和学生学的教育目标
```

图3-1　各级各类教育目标之间的关系

由图3-1可知，各级目标表现出复杂的纵横向关系。首先，从各层目标的纵向来看，课程目标上位有教育目的和培养目标，下位有教学目标，在教育目标的体系中，它起着承上启下的作用。上层目标决定了下层目标的性质，而下层目标是上层目标的逐渐具体化；上层目标是方向性的规定，而下层目标是操作性的规定。教育目的的实现是以课程为中介，通过若干门课程的实施（教学环节）来达成最终的教育目标的。其次，从横向来看，四种目标都是从人的全面发展的视角制定的，也就是从德、智、体、美等方面或者从认知、技能和情感态度三个方面制定的。

2.田径课程目标与体育教育专业相关目标的关系

体育教育专业田径课程目标属于三级教育目标，其上位目标为体育教育专业的培养目标，下位目标为田径教学目标。目前，体育教育专业的培养目标在《全国普通高等学校体育教育本科专业课程方案》中有明确规定，田径课程目标在《普通高等学校体育教育本科专业各类主干课程教学指导纲要》（以下简称《指导纲要》）中有明确规定，教学目标一般在教学大纲或教案中进行规定。这三种目标从纵向来看应该体现出上层目标决定下层目标性质的特点，上层目标具有概括性，而下层目标更加具体；从横向来看应该体现出全面性的特点。

目前，体育教育专业的培养目标是培养能胜任学校体育教育、教学、训练和竞赛工作，并能从事学校体育科学研究、学校体育管理及社会体育指导等工作的复合型体育教育人才。体育教育专业的培养目标以教育目的为依据，考虑了国家和社会需要，并对体育教育人才的特殊素质提出了要求，培养目标的制定符合培养目标的内容和特点的理论要求。

在《指导纲要》中，体育教育专业的田径课程目标分为总目标和具体目标。其中，总目标是掌握田径课程的基本理论与知识、基本方法与技能，达到一定的运动技能水平；具备田径课程教学的基本能力和指导课外田径健身锻炼的组织管理能力，形成良好的专业素养和心理素质，提高社会适应能力。《指导纲要》中田径课程总目标从知识、技能和素质三个方面对学生应该达到的要求做出了规定，其中的具体目标是对田径课程总目标的具体化。

根据教学相关理论可知，教学目标还可以进一步分为学段教学目标、学年教学目标、学期教学目标、单元教学目标和课时教学目标等，因此，教学目标自身也具有概括与具体之分，总的教学目标概括性最强，课时教学目标最具体。就具体的体育教育专业的田径课程而言，总的教学目标接近田径课程目标，但是其实施主体是有所区分的，又由于"体育教育专业田径普修"这一称谓已经限定了田径课程的学段，所以田径教学目标中一般不存在学段教学目标。据此，体育教育专业田径课程目标之间就构成了如图 3-2 所示的目标层次。

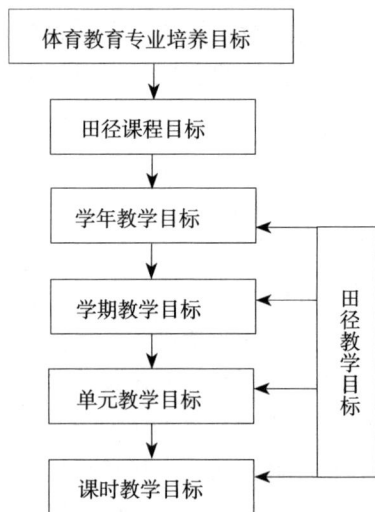

图 3-2　体育教育专业田径课程目标关系图

从图 3-2 可知，从纵向来看，田径课程目标受体育教育专业培养目标的制约，并以其为依据；它又是田径各级教学目标制定的依据。从横向来看，田径课程目标应体现体育教育专业培养目标所规定的多种能力的要求，即要保证目标类型的全面性。

（二）田径课程目标的分类

体育教育专业的培养目标是培养合格的体育教师，而体育教师合格与否多是通过他们的教育教学能力体现出来的，这些能力主要包括讲解能力、示范能力、组织能力、纠错能力、指导健身能力、教材教法的运用能力、科研能力等。这些能力又以学生对各学科知识、技能和态度的学习为前提，并表现在各学科的各类学习结果中。它们之间的关系如图 3-3 所示。

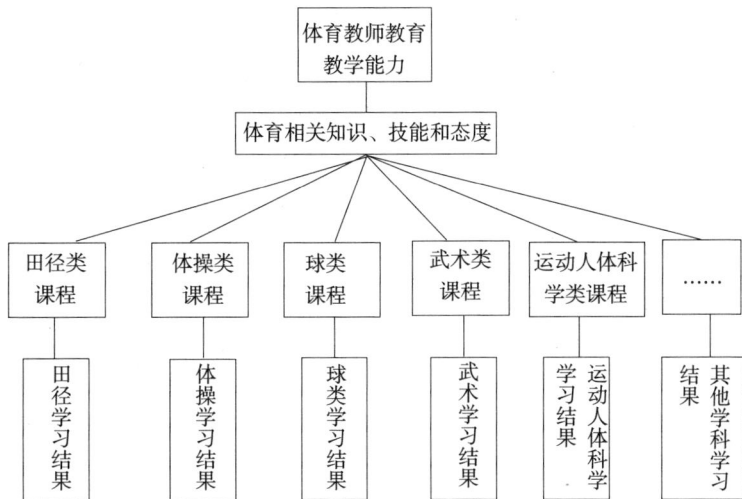

图 3-3　体育教师能力与田径课程的关系

由图 3-3 可知，体育教师教育教学能力的形成是多门课程共同作用的结果，田径课程仅是课程体系的一个组成部分。但由于田径课程是体育教育专业主干课程之一，在所有技术类课程中，田径课程所占比重最大，而且田径运动具有基础性、普适性特点，所以田径课程在培养学生教育教学能力中扮演着重要角色，承担着重要任务。这就要求研究者对田径课程的学习结果进行深入分析。根据学习结果相关理论可知，学生学习某一课程后，其学习结果的变化主要表现在五个方面：言语信息的变化、智慧技能的变化、认知策略的变化、动作技能的变化和态度的变化。对于体育教育专业的田径课程而言，动作技能是学习结果的重点，但由于体育教师职业的需求，学生在田径课程中对言语信息、智慧技能、认知策略以及态度的习得也是其学习结果的重要组成部分（这些学习结果在以往的田径课程目标设计中有所忽视）。据此，田径课程的目标可以分为五类：动作技能目标、言语信息目标、智慧技能目标、认知策略目标和态度目标。其中，动作技能目标在教育领域、体育领域及田径领域都有较为系统的研究。教育领域中，较早对动作技能进行分类的是哈罗（Harrow）。1969年，哈罗根据人类动作发展的阶段性及各阶段的特点，将动作技能分为反射动作、基础动作、知觉能力、体能、技巧动作和有意沟通六个层次。此分类系统广泛应用于确定动作技能教学目标。1971年，辛普森（Simpson）在哈罗研究的基础上，从目标行动形式入手对动作技能进行了系统分类，共分以下七个层次：知觉、定式、指导下的反应、机制（机械动作）、复杂的外显反应、适应和创造性。在体育领域，美国研究者玛吉尔提出三种一维分类的方法：以肌肉系统参与程度的大小为依据分为小肌肉群动作技能和大肌肉群动作技能；以动作开始和结束的特征为依据分为分立技能和连续技能两类；以环境背景的稳定性为依据分为开放性动作技能和封闭性动作技能两类。另外，还有金泰尔在一维分类法的基础上提出的二维分类法。在田径领域，孙南等对田径运动技能的类别进行了研究，提出了三种分类方式：根据动作任务的组织方式分为分立技能、序列技能和连续技能三类；根据运动和认知因素的重要程度分为运动技能和认知技能两类；根据执行动作技能中环境变化的可预见性分为闭式技能和开式技能两类。

从教育领域和体育领域对动作技能的分类可以看出，教育领域对动作技能的分类依据倾向于从心理方面揭示动作技能习得的渐进性，体育领域的分类倾向于从动作表现形式中揭示动作的特征。将两者作为体育教育专业田径课程学习结果中动作技能的目标都略显不妥。因此，本研究基于学习结果理论，根据动作技能环节的组合方式不同将田径课程的动作技能分为三层：简单动作技能、组合动作技能和复杂动作技能。所谓简单动作技能主要指单个技术环节的动作技能。例如，短跑中的途中跑、推铅球中的最后用力以及掷标枪中的助跑等都属于该层次。组合动作技能指由两个或两个以上的技术环节组成的动作技能。例如，跳远中助跑与起跳的组合、跳高中助跑与起跳的组合等。复杂动作技能除了由多环节组成外，还强调项目技术动作的完整性，这主要指各个项目的完整技术。依照这三个层次，通过观察学生学习田径课程之后动作技能的变化情况，即可确定学生动作技能的学习结果。另外，每个层次还可以分为优秀、良好、中等、较差四个等级。具体内容如表3-10所示。

表3-10 田径课程动作技能类目标的层次性

学习结果	层次	举例	行为表现	等级
动作技能	简单动作技能	短跑中的途中跑、推铅球中的最后用力、跳高中的落地动作、掷标枪中的助跑等	熟练完成单一环节的动作	优秀
			较好完成单一环节的动作	良好
			初步完成单一环节的动作	中等
			不能完成单一环节的动作	较差
	组合动作技能	跳远中助跑与起跳的组合、掷标枪中助跑与最后用力的组合、跳高中助跑与起跳的组合等	熟练完成组合动作	优秀
			较好完成组合动作	良好
			初步完成组合动作	中等
			不能完成组合动作	较差
	复杂动作技能	跳远技术、掷标枪技术、跳高技术等	熟练完成完整动作	优秀
			较好完成完整动作	良好
			初步完成完整动作	中等
			不能完成完整动作	较差

有关言语信息目标和智慧技能目标的层次性问题，在教育领域及学习心理学领域都有系统研究，且很多研究结果的本质极为相似。加涅以布卢姆等人的研究为基础，提出了自己的分层理论，由于分层后的目标更便于人们准确观察学生学习之后的变化情况，所以这一理论广泛应用于课程和教学实践中。本研究借鉴加涅的学习结果分类理论，将体育教育专业田径课程言语信息类目标和智慧技能类目标进行分类，具体如表3-11所示。

表3-11 田径课程言语信息和智慧技能类目标的层次性

学习结果	层次	举例	行为表现
言语信息	名称或符号	扒地、链球、制动等专业术语	能否说出
	事实信息	目前男子短跑世界纪录是牙买加人创造的	能否说出
	有组织的信息	目前男子短跑世界纪录是牙买加人博尔特创造的	能否说出
智慧技能	辨别	现代式和普通式握标枪的方法是否相同	能否指出
	具体概念	指出下列握法中哪些是现代式握法	能否识别出
	定义性概念	什么是超越器械	能否分类
	规则	跳远三种姿势中哪种腾空步保持时间最长	能否演示出
	高级规则	如何运用跳远的技术原理提高跳远的远度	能否运用

从表 3-11 可以看出，体育教育专业的田径普修课程除了要让学生掌握必要的动作技能外，还承担着培养学生言语能力和智慧技能的重任。尤其这两者中较低层次的能力更需要学生尽可能先习得。

由于认知策略的特殊性（调节和控制自己思维的技巧或策略），其研究结论存在较大争议。认知策略最初由美国心理学家布鲁纳在研究人工概念中提出，他发现人们在形成人工概念的过程中主要有浏览策略和集中策略。1986 年，温斯坦和迈耶提出了认知策略的以下分类：复述策略、精加工策略（联想策略）、组织策略、理解监控策略（元认知策略）和情感策略。在众多对认知策略的探讨中，影响最大的是加涅对认知策略的解释。加涅从信息加工的过程来描述认知策略，认为认知策略是对学习过程中的信息进行调节和控制的方法、技巧或策略，即有多少方法或技巧就有多少认知策略，因此加涅对认知策略并没有进行分层，而仅将它与智慧技能进行了区分。

既然体育教育专业学生的最终能力通过讲解、示范、组织、撰写教案、纠错、指导健身、教材教法的运用以及科研等能力体现出来，那么各种能力形成中的策略就表现为对应的认知策略。例如，讲解能力中的认知策略主要表现为对讲解内容的选择，确定哪些精讲、哪些略讲、哪些不讲，即"讲什么"的策略，当然还涉及"如何讲"的策略。示范能力中的认知策略主要表现为示范什么以及如何示范的问题。组织能力主要表现为如何进行内容组织、如何进行教学活动组织及语言组织。撰写教案能力、纠错能力、指导健身能力、教材教法的运用能力以及科研能力等也表现出相应的认知策略，在此不再赘述。

田径课程认知策略类目标分类如表 3 12 所示。

表3-12　田径课程认知策略类目标的分类

学习结果	类型	举例	行为表现
认知策略	示范	因为该动作沿纵向前行，宜采用侧面示范	出声思维
	指导健身	跳远对普通公民的锻炼价值是什么	出声思维
	讲解	第二次课，对挺身式跳远的腾空动作进行讲解	出声思维
	撰写教案	从目标、教具、教学内容、组织方法、学习步骤、课的结构、注意及要求等方面入手写教案	出声思维
	组织	因动作太快，示范时学生两列横队站在 5 ~ 6 米处	出声思维
	分析教材运用教法	先做示范，使学生建立完整动作的概念；在此基础上进行讲解；最后用视频演示慢动作	出声思维
	纠错	重点设计不同学生出现多种问题时的解决方法	出声思维

体育教育专业田径课程的学习中，还有一类学习结果是态度。教育学的研究多认为，态度是很难观测的，多数研究者侧重从认知和情感方面研究态度，较少涉及态度的行为方面。但加涅认为，态度主要涉及价值观、品德以及一般意义的态度，而这些所有的对人、对事、对物的选择或取向都表现为"趋"或"避"的行为。因此，态度可分为认知方面的、情感方面的和行为方面的，通过对这三个方面的测试，可以确定学习者对某门课程的态度，当然，这种测试的结果只是对其行为的推测，而不是决定。综上所述，体育教育专业田径课程的各类学习结果构成了一个课程目标分类系统。具体的分类如图 3-4 所示。

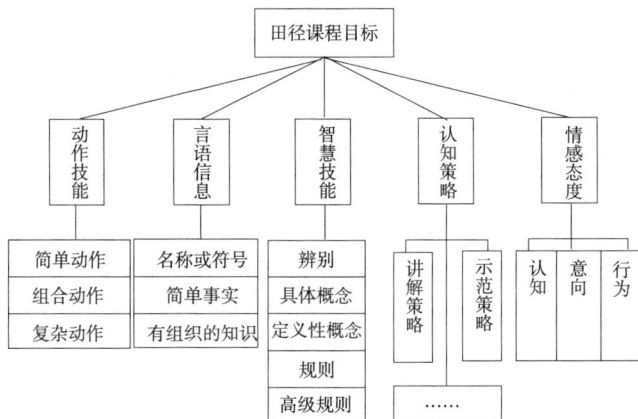

图 3-4　基于学习结果的体育教育专业田径课程目标分类

三、田径课程目标体系

前期准备为田径课程目标体系的形成确定了方向，目标间的层次关系和目标分类为田径课程目标体系的形成确定了层次和类型，对上述研究结果的整合就形成了体育教育专业的田径课程目标体系。通过访谈和调查发现，我国多数体育院系体育教育专业田径课程在第一学年内开设，也有少数学校分两年开设。以一学年开设为例，体育教育专业田径课程目标体系设计如图 3-5 所示。

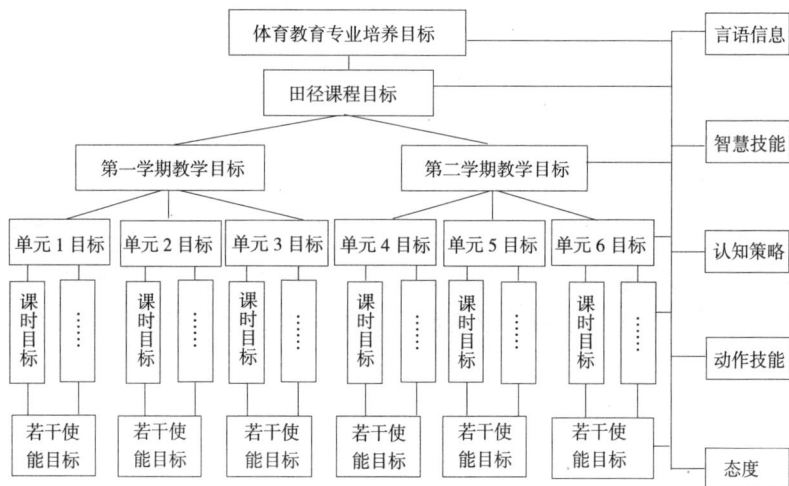

图 3-5　基于学习结果的体育教育专业田径课程目标体系

由图 3-5 可知，体育教育专业的田径课程目标体系有以下特点：第一，各级目标的一致性较好。田径课程目标上位目标是体育教育专业培养目标，下位目标是各级教学目标，最底层目标是使课时目标得以实现的使能目标。由上到下，目标逐步落实，更加具体，下层目标都是依据上层目标得到的。第二，各级目标都较为全面。各层目标都包括动作技能、言语信息、智慧技能、认知策略以及态度五个方面，只是不同层次各类目标的抽象程度不同。

四、田径课程目标的陈述

明确了体育教育专业田径课程目标的体系后，就需要准确阐明各级各类目标，以便于规范教学目标，测量或观察各类目标的达成程度。因此，有必要对田径课程目标陈述的相关问题进行研究。

（一）课程目标陈述中的四种取向及要素

课程目标陈述的取向一般分为普遍性目标取向、行为目标取向、生成性目标取向和表现性目标取向四类。普遍性目标是基于经验、哲学观或伦理观、意识形态或政治需要而引出的一般教育宗旨或原则，因此，这类目标一般作为规范性的指导方针而存在，具有普遍性、模糊性和规范性的特点。行为目标是以可测量、可观察、可操作的行为形式陈述课程目标，指明课程教学结束后学生发生的行为变化，具有具体性、精确性和可操作性的特点，这一取向曾在课程目标陈述中占主导地位。生成性目标强调在教育过程中自然生成的目标，考虑到了学生兴趣的变化、能力的形成和个性的发展等，但是过于理性，在课堂教学中很难实现。表现性目标顾及学生的独创性和首创性，强调学生在学习情景中的多样化、个性化表现，因此这类目标多具有开放性的特点。这四类课程目标陈述的取向各有其存在的价值，也都有其不足之处。因此，在进行田径课程目标设计时，要汲取各种课程目标取向的优点，又要结合田径课程自身的特点，唯有如此，才能对各类田径课程目标进行科学陈述。但是，不论选择哪种取向，在具体进行目标陈述时都要尽量具体、可操作。一般而言，目标陈述时都要有对象、行为（动词）、标准和条件四个要素，动词选用是四要素的核心。下面以课程目标陈述取向和要素等理论为基础，对体育教育专业田径课程中的各类目标陈述进行分析。

（二）田径课程动作技能类目标的陈述

由于体育教育专业田径课程目标以动作技能目标为主，最终的动作技能目标一般通过动作技术（技评）和运动水平（达标）表现出来，各个项目的动作技术又可以通过观察学生学习前后能否演示（或完成）该项目简单动作、组合动作和复杂动作反映出来。运动水平通过测试学生的速度、高度、远度反映出来。因此，动作技能目标的表述体现出明显的行为目标取向。这就要求课程目标制定者首先要突出学生学习田径课程后能否演示某一动作或某项技术，这就解决了目标陈述中动词的选用问题；其次，确定这一动作或这项技术达到什么程度或水平，也就是目标陈述中的标准问题；再次，若有必要，则指出在什么条件下进行以上操作；最后，将目标陈述的对象定为学生，而不要表述为教师或省略对象。上述四步完成了动作技能类目标的陈述。下面以跳远单元教学目标为例来说明动作技能目标的陈述：通过本单元的教学，约90%以上的学生能够达标并在无人帮助的情况下演示跳远的完整技术。

（三）田径课程言语信息类目标的陈述

体育教育专业学生田径言语信息类目标的陈述主要通过学生口头或书面用语中对田径信息的使用情况反映出来。这些田径信息一般包括田径名称、田径事实、田径中的有组织信息或一些命题。学生对这些田径信息能否正确陈述是其言语目标达成度的重要标志。因此，言语信息目标的表述体现出明显的行为目标取向。其常用动词一般为"说出""写出""叙述"和"陈述"等，其他三个要素与动作技能中的基本要求相似。下面以跳远单元教学目标为例来说明言语信息类目标的陈述：通过本单元的教学，所有学生在不参考资料的情况下准确说出跳远技术环节的组成部分。

（四）田径课程智慧技能类目标的陈述

田径课程中的智慧技能除了包括对田径理论知识的认知外，更重要的是对田径技能的认知，能否认知或认知的程度主要通过学生对不同层次的不同知识和技能的认知结果反映出来。由于智慧技能具有层次性特点，所以目标的达成度主要由学生在对应层次的行为表现出来。智慧技能目标的陈述也体现出明显的行为目标取向。在对智慧技能目标进行陈述时，除了动词的选用不同外，其他要素的要求与动作技能类目标和言语信息类目标的陈述没有差异。其中，辨别层次常用动词为"区分"，其最终结果是相同还是不同；具体概念层次常用动词为"识别出"，其最终结果是能否知道概念并区分；定义性概念常用动词为"分类"，其最终结果是能否知道概念的本质意义并区分；规则常用动词为"演示"或"操作"，其最终结果是能否知道若干概念的组合或原理，并进行演示，这近似我们常说的摆事实，讲道理；高级规则常用动词为"生成"，其最终结果是能否知道若干原理并进行创造性应用，准确来说，这一层次的目标取向更倾向于生成性目标取向。智慧技能的陈述较为复杂，应该分层次进行。但是体育教育专业的田径普修课程仅是一门基础性课程，对高层次的智慧技能（高级规则）可能涉及较少，因此，在制定课程目标时应以基础性目标为主，如辨别、概念和规则。下面以跳远单元教学目标为例来说明智慧技能目标的陈述：辨别层次——通过本单元的教学，所有学生能独立区分蹲踞式、挺身式和走步式跳远的异同；具体概念层次——通过本单元的教学，所有学生能独立识别出不同空中动作中哪些属于蹲踞式跳远姿势；定义性概念——通过本单元的教学，所有学生能在不查阅资料的情况下对跳跃项目进行分类；规则——通过本单元的教学，所有学生能够说出挺身式跳远的动作规格，并进行演示。需要说明的是，高层次的技能往往已经暗含了低层次的技能，因此，在制定课程目标时，要根据具体课时和教学的需要制定恰当的目标。

（五）田径课程认知策略类目标的陈述

认知策略可分为各种能力所对应的调控策略，其陈述动词常用"采用"，但最终结果要通过出声思维来判定，因此田径课程中认知策略目标表现出明显的表现性目标取向。例如，针对跳远项目的四个简单动作（助跑、起跳、腾空、落地），学生采用示范策略在3分钟内进行模拟学习。就该目标而言，虽然提出了示范策略，但并没有说明如何选择示范位置、如何选择示范面、用不用示范以及什么时候进行示范等具体策略，这就意味着学生必须在以前的课程中习得已知的技能，现在主要考察其创造性地运用策略。由此可见，表现性目标的陈述也需要指明对象、条件、标准以及行为，只是这种行为的清晰度不及其他行为明显而已。

（六）田径课程态度类目标的陈述

把态度作为预期的学习结果，主要指学生对田径课程所表现出的情感、行为和认知，因此态度目标表现出明显的表现性目标取向，具体陈述时一般通过学生的倾向性间接反映出来，常用比较模糊的动词"选择""喜欢""拒绝"表示"趋"或"避"的态度。例如，通过田径课程的学习，大部分学生选择将田径项目作为自己的健身项目。

通过分析发现，田径课程目标的陈述中可以同时存在不同取向的目标陈述方法，但以行为目标取向为主；各种目标的陈述都应该尽可能清晰明确；目标陈述主要包括对象、行为、标准和条件四个要素，部分要素在确定为不必要时可以省略；不同类型目标的陈述都有相对应的关键动词。总结如表3-13所示。

表3-13 田径课程目标陈述：常用动作及陈述取向

学习结果	常用动词	目标陈述取向	判断标准
动作技能	示范、完成、执行、演示	行为目标	能否完成
言语信息	说出、指出、叙述、陈述	行为目标	能否陈述
辨别	区分（看出、听出、察觉出）	行为目标	能否说出异同
具体概念	识别出	行为目标	能否说出属性
定义性概念	分类	行为目标	能否说出属性及意义
规则	演示	行为目标	能否说出规则并演示
高级规则	生成	生成性目标	能否产生新规则

学习结果	常用动词	目标陈述取向	判断标准
认知策略	采用	表现性目标	是否恰当
态度	选择、喜欢、拒绝、相信	表现性目标	是否选择或接受

（七）田径课程目标陈述中的注意事项

第一，目标陈述时最好体现出田径课程学习后学生将产生什么变化，而非课程学习过程中学生做什么或者教师做什么。这一点在教师的教案中表现较为明显，很多教师将目标陈述对象确定为教师。例如，通过本次课的学习，使学生掌握跳远的基本知识；发展学生的弹跳素质。这两个目标显然关注教师做了什么，并没有说明该课结束后学生产生什么变化。

第二，避免制定过于长远的目标、空泛的目标或不能实现的目标。例如，通过教学培养学生的观察能力、动作协调能力。培养学生不怕困难的优良品质。这两个教学目标都是有关情感、态度的目标，作为课时目标出现更显空泛，实际意义不大。

第三，正确理解目标陈述中"对象"的双重含义。对象既可以指实施行为的主体，也可以指行为动词的客体。例如，通过本单元的教学，90%以上的学生能够达标，并在无人帮助的情况下较好地演示跳远的完整技术。这里的对象有两层含义，一是指学生，二是指演示的宾语（跳远的完整技术）。一般在进行目标陈述时，若已经暗含了主体，则对象的主体部分可以省略，客体一般不能省略。

第四，选择不同目标取向的动词时必须尽可能准确。行为目标取向的目标陈述时，最好选用可观测、具体的行为动词；表现性目标取向和生成性目标取向的目标陈述时，最好选用接近可观测的动词。尽量少使用了解、初步掌握、掌握、理解等抽象动词，比如，了解短跑技术发展概况及技术特点。

第五，课程目标的陈述中一般不能缺少动词和动词所指的对象，条件、标准、主体对象等，可以有选择性地省略。条件是对完成行为时所处情景的描述，一般通过时空因素、人的因素等进行限定。标准是对完成行为对象质量的描述，通常描述可被接受的最低标准，主要通过行为的准确性、流畅性、度量等反映出来。而行为和行为的客体对象是目标陈述中的基本部分，是学生学习前后行为变化的主要标志，因此，这两者一般不能省略。这一点在有关课程与教学的研究中得到普遍认同。

本部分从田径课程目标设计的前期准备、田径课程目标的分类、田径课程目标体系的形成三个方面系统论述了基于学习结果的体育教育专业田径课程目标设计的技术程序和设计理论。其中，目标设计的前期准备是条件，目标分类是核心，目标体系是结果。这一体系不仅有助于我们制定田径课程各级目标，还将为田径课程内容的选择和组织提供指导。

第二节　田径运动训练的课程内容设计

体育教育专业田径课程内容的设计主要是为了解决以下两个问题：一是选择哪些田径课程内容来实现预期的各类田径课程目标；二是这些内容如何组织效果更好。对这两个问题的回答是田径课程内容设计中的难点。

在对田径课程内容进行设计前，有必要了解课程内容及田径课程内容的内涵。目前，国内外学者对课程内容的定义基本达成一致。一般认为，课程内容是指各门学科中特定的事实、观点、原理和问题，以及处理它们的方式。课程内容可以分为两类：一类是系统地组织起来的学科知识，尤其是学科中的基本知识和技能，它们是获得其他知识的必要条件；另一类是实际知识，与学科知识的区别在于它们没有经过学者系统的组织和处理。由此可见，课程内容主要指各门学科中特定的事实、观点、原理和问题等信息实体。

对于田径课程而言，它既有田径学科多年来形成的田径名称、田径事实、田径概念、田径运动技术原理、练习步骤、动作规格以及有关田径教学与训练的观点等间接知识，也有田径运动中包含的练习手段、技术动作等需要练习与操作才能获得的实践性知识。因此，田径课程内容的涵盖面非常广。

一、田径课程内容选择

随着田径运动的发展，田径课程内容日趋丰富，而体育教育专业的田径普修课学时非常有限。如何在有限的时间内让学生学习最有价值的田径课程内容是摆在田径课程研究者面前的一个核心问题，也是一个棘手问题。解决这一问题的实质是解决田径课程内容的选择问题。田径课程内容选择就是确定将哪些田径内容作为体育教育专业学生的学习内容，也就是说，确定哪些内容对体育教育专业的学生最有价值。以往的研究认为，只要目标得以确定，课程内容的选择与目标一致，就可以得心应手了。其实不然，在选择课程内容时，除了要考虑课程内容与目标的相关性之外，还要考虑到其他诸多问题。下面从体育教育专业自身特点出发，在确定田径课程内容选择原则的基础上，提出田径课程内容选择方法。

（一）田径课程内容选择的原则

田径课程内容选择原则是选择田径课程内容时必须遵循的准则，遵循课程内容选择原则有助于提高课程内容的有效性。田径领域有研究者对田径课程内容选择原则进行了探讨，提出健身性、发展运动技能、传承体育文化、结合地区与学校实际四个原则。但这四个原则只考虑了田径学科的特点与社会的需要，忽略了专业需要及学生需要，因此存在一定的片面性。潘懋元和王伟廉认为，课程内容选择的原则主要包括适时原则、完整原则、经济原则、实践原则、量力原则和满足原则。分析发现，这六个原则中，第一个原则是从社会需求方面考虑课程内容选择的，第二个原则是从学科需要方面考虑的，第三、第四和第五个原则是从学生方面考虑的。施良方认为，选择课程内容时要注意以下基本准则：注重课程内容的基础性，课程内容应贴近社会生活，课程内容要与学生和学校教育的特点相适应。这三个准则的实质是从学科角度、社会角度和学生角度对课程内容选择的要求。

从课程内容选择原则的研究中可以看出，课程内容选择原则受课程目标来源的影响，多是从一般意义上对课程内容选择的规范，它只能为田径课程内容的选择提供宏观指导，因此，有必要根据体育教育专业田径课程本身的特点，研究田径课程内容选择的原则。

1. 一致性原则

一致性原则是指田径课程内容的选择必须与体育教育专业课程方案保持一致，这是从专业方面对田径课程内容的规范。课程方案是体育教育最专业的文件之一，包含体育教育专业的培养目标、培养规格、课程设置等重要课程问题，田径课程作为课程方案的重要组成部分，其内容的选择必须满足课程方案相关规定的要求。体育教育专业的培养目标定位为培养复合型体育教育人才，因此选择田径课程内容时就应该首先选择那些有利于培养学生田径教育教学能力的内容。从这个角度看，田径各项目的健身手段是形成田径教学能力的基础，是学生首先应该习得的内容；其次，对田径运动的认知能力是保证田径文化得以传承的基础，是智慧技能、认知策略、言语信息和态度类学习结果的需要；再次，项目技术是田径课程的核心，对项目技术及相应教学方法的习得是田径课程内容的主体。在其他学科领域，有研究者认为，课程内容的选择最终要服从和服务于教育目标，课程内容若不能适应教育特点，不论是理论讲授还是实践教学，永远都是一种外在物。这就暗含了课程内容与培养方案一致的重要性。

2. 现实性与前瞻性相结合原则

现实性和前瞻性原则指选择田径课程内容时除了要考虑现实社会的需求外，还要考虑未来社会的需求，这是从社会需求方面对田径课程内容的规范。纵观我国中小学及普通高校体育课中田径内容的演变，可以看出田径课程内容的现时需求和未来走向。小学阶段，在课程类型方面，田径课程内容经历了由统一规定的必修形式向必修与选修结合形式的转变；在内容组成方面，田径课程内容在保持其称谓基本不变的前提下，增加了 1 ～ 2 年级学习"基本动作"、3 ～ 6 年级"提高身体素质的练习"等内容。初中、高中和大学阶段田径课程的变化与小学阶段基本一致。从未来社会发展的趋势看，跑、跳、投掷的基本动作以及提高身体素质的练习手段对普通人群的科学健身和运动康复等有重要意义。这些内容应逐渐纳入体育教育专业田径课程内容。

3. 职业需要与兴趣相结合原则

这一原则是从学生方面对田径课程内容的规范。因为学生的地位和作用是确定任何教育体系的性质、价值与最终目的的重要标准。对课程来说，不管什么计划、行为都要从学生出发。因此，课程内容的选择不能脱离学生需要。对体育教育专业的学生而言，这种需要一方面来自社会对他们的期望，通过其职业需要表现出来，另一方面来自学生自身，通过自己的兴趣表现出来。具体到田径课程，学生的职业需要主要通过其在中小学体育课中有关田径内容的教学与训练能力、利用田径运动对社会成员进行健身指导等能力体现出来。因此，中小学体育课中的田径内容、社会成员常用的田径健身手段成为学生职业需求的核心。学生的兴趣主要反映在学习过程中表现出的积极与消极情绪方面。哪些田径内容是学生感兴趣的内容？对此，很多研究者进行了研究，认为降低运动项目的难度，开展一些游戏性的活动（拓展、野外生存等），学生的兴趣就会增加。但笔者认为，学生的兴趣受到社会需要、职业需要以及自身学习风格的影响。对于有广泛社会需求的、学生就业时需要的内容，学生更感兴趣。另外，真正热爱田径运动的学生对田径课程感兴趣。因此，在选择田径课程内容时首先要考虑社会需求和学生特点，然后从庞大的田径内容体系中选择出与之相适应的内容（尤其要考虑那些与未来职业生活有关联的内容）构成田径课程内容，这样才能真正实现所选择内容与学生兴趣相结合。

4. 基础性原则

基础性原则是从田径课程本身的发展方面对课程内容的规范。基础性主要指选择最基本、最必需的内容作为田径课程内容的重要组成部分，使学生掌握田径的基本知识和基本技能，传承田径文化。那么，对于田径课程来说，什么是最基本和最必需的内容呢？答案是关于学科的知识和学科知识。学科知识就是学科中的概念、事实、原理以及它们之间的关系。关于学科的知识一般包括如何理解一门学科的知识的本质。对于未来以体育教师为职业的学生而言，学科知识是很重要的，学科教学知识也是非常重要的，因为这类知识为学科知识的有效习得提供了方法，对学生学习效率会产生积极影响。运动项目教学中不仅要将这些知识作为课程内容进行学习，还要为学生提供机会进行实践。因此，几乎所有学科的教学中都包括学科知识和关于学科的知识两类，只是面对学习者的需求的不同，两类知识在课程内容中的比重有所差异。由于田径课程是一门以动作技能为主的课程，所以田径课程的基础性内容包括田径名称、事实、概念、技术原理、田径规则、多种健身手段、重点项目技术等学科内容。另外，由于其对象是体育教育专业的学生，所以，关于田径的知识也成为田径课程中的基础内容，这主要包括各运动项目的教学方法、教学步骤、教学组织、示范方法、常见错误及纠正方法、项目相关的健身手段及项目相关专门性练习手段等内容。唯有实现两者的融合，田径课程内容的基础性原则才能得以真正体现。

（二）田径课程内容选择方法

为了使人们有效地选择田径课程内容，本研究结合田径课程内容选择的原则和田径课程内容本身的特点，提出了田径课程内容选择的三种方法，即分类选择法、流程图选择法和目标导向选择法。

1. 分类选择法

分类选择法是在进行田径课程内容选择时，先将所有内容按照一定分类标准进行分类，然后按类别选择课程内容的方法。具体选择时一般先要根据较为宏观的分类依据对课程内容进行分类，形成初步框架，然后选择相对具体的分类依据再次分类，如此多次分类，就形成了田径课程内容体系。通过分类获得的田径课程内容可以用图示或提纲等多种形式表现出来。该方法的优点是可以从宏观上把握田径课程的整体内容，抓住内容的主体，为单元教学内容和课时教学内容的选择提供指导。其缺点是不能深入分析内容的细微结构，容易使有机联系的内容产生割裂现象。在进行分类选择时，需要注意尽可能选择相对科学的分类依据，若分类依据不正确，就可能遗漏部分内容或使部分内容重复。目前，各高校使用的田径教科书多以分类选择法选择内容，先将田径课程内容分为理论与技术两大类，然后各自逐渐落实，最终形成田径课程内容。

2.流程图选择法

流程图选择法是从田径课程的终极目标出发对需要掌握的内容进行过程分析，逐级确定田径课程内容的方法。该方法源于"流程图分析法"，它是企业用以识别风险的常用方法之一，企业的组织规模越大，生产工艺越复杂，流程图分析法就越能体现其优越性。由于田径课程内容是由若干运动项目及与其相关的知识组成的复合体，课程内容多由程序性知识或技能组成，所以在进行田径课程内容选择时，可以参考使用流程图选择法。该方法的优点是能用直观的形式揭示田径课程内容之间的关系；相对田径课程的庞大内容体系而言，这种方法比单纯文本（或教材）更便于教师及学生了解课程内容；用该方法获得的田径课程内容充实、主次分明、逻辑性强。其缺点是流程图的编制过程太复杂，费时较多。

3.目标导向选择法

目标导向选择法是以田径课程的总目标及各级目标系统为导向选择实现各级各类目标所需要的田径内容的方法。这是一种逆向分析课程内容的方法。在使用目标导向选择内容时，首先，要注意目标维度的全面性。以往的目标设计较单一，重视运动技能类目标，而对言语信息、智慧技能、认知策略等目标有所忽视，这对培养学生的能力会产生消极影响。其次，要注意目标与目标之间的关系。各类目标虽然有着本质的区别，但是在具体实施环节往往又有着必然的联系，因此选择课程内容时要考虑内容之间的互补性，避免同类内容重复出现。从田径课程目标体系可知：田径课程目标分为言语信息、智慧技能、认知策略、动作技能及态度五类一级目标，各类一级目标又分为若干二级目标，各级目标最终要靠课程内容来实现，课程内容有效完成后就形成相应的能力。因此，目标导向选择法具有全面性和系统性的优点，但应注意预防教条化、割裂化选择。下面对该方法进行举例说明，如表3-14所示。

表3-14　田径课程内容选择方法（目标导向选择法）

一级目标	二级目标	课程内容	主要能力
言语信息	名称或术语	田径项目名称、动作名称、专有名词等	口头表达能力、书面表达能力
	简单事实	项目记录、场地数据、技术动作角度等	
	有组织的知识	田径运动发展史、趋势及竞赛规则等	
动作技能	简单动作	单一环节动作或完整动作中的某一环节	演示能力
	组合动作	多个环节的组合动作	示范能力
	复杂动作	各项目的完整动作技术	
智慧技能	辨别	正确和错误的田径知识和动作做法	纠错能力
	具体概念	田径运动中常用概念的实体	分析能力
	定义性概念	田径运动相关抽象概念的理解和演示	
	规则	田径运动技术原理、田径教学训练原则	运用能力
	高级规则	原理、原则、方法在教学中的新组合	创新能力
认知策略	讲解策略	各项目发展概况、技术原理、动作规格、专门练习、教学步骤、竞赛规则、场地要求等	多种综合能力和处理复杂问题的技巧
	示范策略		
	组织策略	内容应该如何呈现、如何组织，如何撰写相关教案，如何分析教材教法，如何讲解（学习或教学常规技巧）	
态度	认知	田径各项目的价值、功能和特点	对人、对物、对事情的倾向性
	情感	不同社会群体对田径课程的意向	
	行为	学生在田径教学中应该具有的行为	

　　以上各类方法均有其优点和不足，在实际应用中应该综合使用，以发挥各种方法的优点，使最终的田径课程内容趋于完善。

　　通过对以上各实例的进一步分析发现，通过上述方法选择的田径课程内容只是比较杂乱的、缺乏逻辑性的田径课程内容的简单堆砌，这些内容基本确定了体育教育专业田径课程内容的范围，但应该对这些内容进行有效组织，这就涉及田径课程内容组织的问题。

二、田径课程内容组织

　　为了使所选择的田径课程内容更好地满足田径教学的需要，还需要对各种内容的顺序进行合理安排，以确定田径课程内容的逻辑性和关联性。因此，有必要对田径课程内容组织问题进行深入研究。

（一）田径课程内容的组织原则

通过研究我国体育院校体育教育专业田径课程的教学大纲发现，目前的田径课程内容一般按照基础理论和技术教学两大部分组织课程内容。理论部分主要包括田径运动概述、田径运动技术原理、田径运动教学理论与方法、田径运动训练理论与方法、田径运动健身理论与方法、田径运动竞赛组织、田径运动场地、田径运动科学研究等内容；技术教学部分主要包括短跑、跨栏跑、跳远、跳高、铅球、标枪等内容。这种组织形式便于教师教授，但是忽略了学生的学习需要和学生的兴趣，而且在实际教学中造成了知识与技能之间的割裂，对学生的全面发展产生消极影响。因此，有必要深入研究体育教育专业田径课程内容的组织原则。

1.知识与技能相结合原则

在教育领域，为了更好地实现教育目标，更有效地组织教学，一般按照知识的属性对其进行分类，将知识分为事实性的、概念性的、程序性的和元认知性的知识。当代认知心理学通常将知识划分为两大类，即陈述性知识与程序性知识。加涅从信息加工心理学角度出发，将程序性知识进行了进一步分类，提出将知识分为陈述性知识、程序性知识和策略性知识三类，并认为策略性知识是一种特殊的程序性知识。由此看出，教育学中关于知识的分类是以心理学中知识的习得与传授为出发点，依据知识的属性来对知识进行分类。下面以加涅的三分法为依据，对田径课程中的知识类型进行分析。

由知识类型的分类可知：田径课程中，有关田径名称、专有名词、概念、项目演进过程与趋势、项目特点及价值等知识属于陈述性知识；有关项目的技术原理、动作规格或技术要求、教学方法、教学步骤、常见错误产生原因及纠正方法、训练方法、竞赛的组织与编排方法、场地的设计与布局方法等知识属于程序性知识；有关教学方法的选择策略、教学组织的策略、示范的策略、讲解的策略、分析教材的策略等知识属于策略性知识。需要说明的是，各项目的动作技能相关知识属于程序性知识，主要是因为动作技能是在一套规则支配下的人体有意识的肌肉活动，这一点正是田径运动区别于其他普通学科的显著特征。

由田径课程知识的分类可知，田径的各类知识中，陈述性知识相对简单，程序性知识居中，策略性知识最难，在组织田径课程内容时应该按照由简单到复杂的顺序安排课程内容。另外，田径动作技能的学习与田径其他知识的学习是同一过程的两个方面，它们之间密切联系、不可分割。因此，在课程内容的组织中，必须遵循知识与技能相结合的原则。

2. 知识序与认知序相结合原则

前面分析了田径课程内容组织中的知识和技能相结合原则，但在实际的田径教学中，不可能先学完所有的陈述性知识，然后再学习所有程序性知识和策略性知识。这就需要从不同角度探讨田径课程内容组织的原则。知识序是指田径课程的内在的逻辑性、系统性、连贯性和关联性顺序。在田径课程内容的组织中，知识序主要表现为田径各类知识内部的逻辑性、系统性、连贯性和关联性顺序，以及三类知识之间的逻辑性、系统性、连贯性和关联性顺序。认知序是指学生认知发展的程序性和连贯性。在田径课程内容的组织中，认知序主要表现为学生对各类田径内容认知的规律，如从已知到未知、由简单到复杂、从具体到抽象、从感性到理性等。由此可见，知识序与认知序是从不同视角对田径课程内容组织的审视。因此，教学内容的组织既应考虑知识序，又必须遵循认知序，只有通过对教材的合理组织，把教材的知识结构和学生的认知结构很好地结合起来，才有利于学生快速有效地掌握知识。[1]

3. 理论与实践相结合原则

田径课程中的知识与技能相结合而形成的全面的、系统的、有逻辑的内容体系可以统称为田径理论，学生对获取的理论进行实际应用则属于实践。目前，田径课程教学中对理论的学习较为重视，而对实践环节重视不够，这或许是因为田径课程内容在现阶段缺乏实践实体。但是从培养学生田径教育教学能力的需要及未来体育教师职业需求的角度来看，实践环节非常重要。这就要求课程设计者在进行田径课程内容组织时，除了考虑田径理论的全面性、逻辑性和系统性外，还需要设计一定的实践环节，以提升学生的能力。因此，若要实现田径课程的预期目标，在课程内容组织中就必须遵循理论与实践相结合的原则。

4. 基础先行原则

依据知识分类可知，田径课程知识有三类；而依据学习结果理论可知，学习田径课程后的学习结果有五个方面。田径课程内容中的知识与学习结果之间存在密切关系，如表 3-15 所示。

---

[1] 张大均，郭成. 教学心理学纲要 [M]. 北京：人民教育出版社，2006：145.

表3-15　加涅学习结果分类与信息加工心理学知识分类比较

加涅学习结果分类	信息加工心理学知识分类
言语信息	陈述性知识
智慧技能	程序性知识
认知策略	策略性知识
动作技能	程序性知识
态度	

由表 3-15 可知，信息加工心理学中的各类知识与加涅的学习结果之间有着密切的对应关系，各类知识是实现学习结果的手段，而学习结果既是使用手段的目标，也是使用手段的结果。田径课程中的各个项目都既有基础知识，也有基础技能，同时也有基础学习结果。这些基础知识和基础技能的有效应用最终转变为相应的预期学习结果。由于在田径课程的目标设计中对言语信息、智慧技能和动作技能三类学习结果进行了分层，所以在进行田径课程内容组织时首先要安排基础知识和技能，然后安排次一级的知识和技能，最后逐渐过渡到更高层次的知识和技能。也就是说，基础知识和技能在田径课程内容组织时要优先安排。

总之，在进行单元内容组织时，可以单个原则为依据组织内容，也可以综合使用多个原则组织内容。但是不管使用什么原则，都要注意课程内容的可教性、合理性，并要与课程目标一致。

（二）课程与单元内容的组织方法：范围、序列及学习结果的三维组织法

这里的范围主要指体育教育专业田径普修课程内容的广度和深度，也就是所有已选择的田径课程内容。有学者认为，在确定课程内容的范围时，有以下四个通则需要考虑：第一，课程范围会随着教学层次的增加而增加；第二，当课程范围因教学层次的改变而改变时，有些课程内容可能会增加，有些可能会被删除；第三，对任何课程范围的决定要视课程范围的广度和深度而定；第四，课程范围要考虑到科目所涉及的技能。这里的序列主要指课程内容的呈现次序，一般特指从时间方面对课程内容所做的顺序安排。体育教育专业田径普修课程的内容主要包括三类知识（陈述性知识、程序性知识和策略性知识）或五类学习结果（言语信息、智慧技能、认知策略、动作技

能和态度），而且它们之间有一定的对应关系。因此，凡符合学生职业需要的、学生感兴趣的、能代表田径课程特征的知识就构成了田径课程内容的范围。据此，我们确定了田径课程内容的宏观范围。田径课程内容的序列可以分为纵向序列和横向序列两类，其中纵向序列主要指课程某单元中内容的先后次序，横向序列主要指单元间内容呈现的先后次序，据此，就确定了田径课程内容的序列。学习结果主要从各种内容倾向于培养学生何种能力考虑。这样，田径课程内容的范围、内容的序列和学习结果就构成了三维矩阵，如图 3-6 所示。

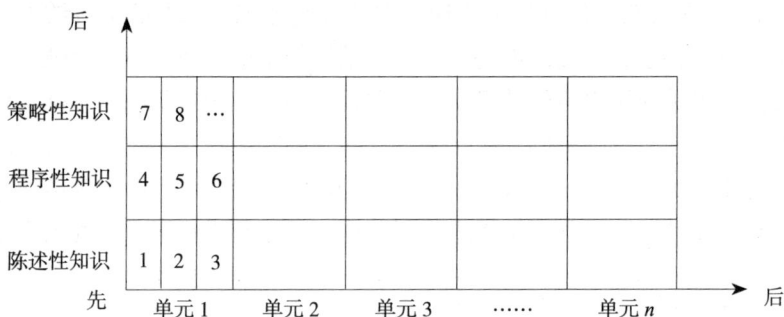

图 3-6　范围、序列及内容的三维组织法

由图 3-6 可知，从横向来看，单元 1 的内容应先于单元 2 的内容进行安排，直至单元 n；从纵向来看，陈述性知识的内容应先安排，策略性知识的内容应最后安排；综合来看，单元 1 的陈述性知识是最先安排的内容，单元 n 的策略性知识是最后安排的内容。体育教育专业田径课程的内容体现出其独特特点——由项目构成。这可以从田径运动的定义看出，国际田联给出的定义：田径运动是由田赛和径赛、公路跑、竞走和越野跑组成的运动项目。高等教育出版社出版的《田径》教材中指出，田径运动是由走、跑、跳、投与全能所组成的运动项目。这两个定义较具代表性，都认为田径运动是项目集合。因此，为了保持项目的完整性，也便于教学操作，在划分单元时，可以按照项目自成单元，即有几个项目就主要设立几个对应的单元。当然，对于田径运动概述之类的综合理论内容可以安排在某一单元或分散在某几个单元中，而技术原理、训练理论与方法、教学理论与方法、健身理论与方法、场地情况、竞赛规则与组织等理论内容可以归入项目对应的各单元不同模块中。同时，由于田径运动是项目的集合，且每个项目自成体系，所以从横向来看，很难说出哪个项目最简单或哪个项目较难。但是从学生认知的发展或对项目的熟悉程度来看，跑类项

目在生活中较常见，且人们都会基本的跑，因此相对而言，学生对跑类项目较为熟悉。跳类项目也广泛存在于人们的日常生活中，但是它是建立在跑的基础上的跑跳结合类项目，因此跳类项目应该后于跑类项目安排。对于投掷类项目而言，学生接触较少，可安排在最后。因此，在单元的顺序方面可依据人们对项目的熟悉程度将所选的田径项目按单元进行排序。当然，这只是一种可能的排序，而不是绝对的排序，具体排序时要根据学生的特点、具体项目的特点及相对难易程度、教学条件等因素进行适当调整。下面以跨栏单元为例，说明范围、序列及学习结果的三维组织法在田径课程单元内容组织中的应用，如表3–16所示。

表3-16 三维组织法在田径课程单元内容组织中的应用（跨栏单元）

策略性知识	认知策略	1. 各个健身手段的目的、作用和使用条件的分析与评价 2. 专门性练习手段的目的、作用和使用条件的分析与评价 3. 示范面的选择技巧 4. 常用课堂组织技巧	1. 教学和训练中如何灵活使用专门练习手段 2. 为什么要详讲技术原理和技术规格，而略讲发展史 3 为什么详讲栏间节奏和跨栏步	每个学生自己设计20分钟健身手段教案，讲出设计思路，并进行教学实践（要求写出动作名称、动作要领、目的、手段与项目的关系、教学步骤、易犯错误及纠正方法、重点及难点）
程序性知识	动作技能	髋关节相关常用健身手段的操练 1. 灵敏性：屈膝外摆腿、屈膝内收腿、原地与行进间转髋 2. 柔韧性：多个方向的踢腿、压腿和耗腿 3. 力量：悬垂举腿、悬垂绕腿、仰卧转体等	1. 专门练习手段操练：高抬腿跑、车轮跑、节奏跑、跨栏坐 2. 简单动作技能操练：起跨腿技术、摆动腿技术、腾空过栏技术、下栏着地技术、起跑至第一栏技术、栏间跑技术	1. 组合动作技能操练：完整跨栏步（起跨腿与摆动腿的结合）、节奏跑与跨栏步的结合、起跑至第一栏与跨栏步的结合 2. 复杂动作技能：半程跨低栏跑、半程跨高栏跑、全程跨高栏跑
	智慧技能	1. 摆动腿、起跨腿等重要概念的区别及内涵 2. 常用髋关节灵敏性、柔韧性及髋关节周围力量练习手段的动作要领及要求 3. 常用专门性练习手段动作要领及要求	1. 跨栏跑项目技术环节划分依据及各环节的要领和要求 2. 跨栏跑的技术原理 3. 跨栏跑项目常用教学方法与步骤 4. 常用训练方法、训练计划的制订步骤等	1. 髋关节相关常用健身手段、跨栏跑项目技术的典型错误与正确动作的异同、产生原因及纠错方法 2. 跨栏跑项目的教学重点与难点分析

（**续　表**）

陈述性知识	言语信息	专门术语：栏架、跨栏跑、跨栏步、起跨、起跨点、摆动腿、起跨腿、栏间跑、下栏着地、腾空过栏等	跨栏跑世界纪录、跨栏跑运动起源与发展、栏架的演变、技术的演变和发展、中国跨栏跑运动的发展等	跨栏跑项目技术特征、教学和比赛中跨栏跑项目的栏架间距及摆放要求、比赛规则等

从表 3-16 可以看出，使用范围、序列及学习结果三维组织法组织跨栏单元的内容有以下特点：

（1）以从下到上的次序看，知识的复杂性程度逐渐提升。其中，智慧技能和动作技能都属于程序性知识，原本不分层次，但由于体育教育专业的学生已是成人或接近成人，他们的认知已经达到较高水平，但其动作技能还处于较低水平，所以将智慧技能置于动作技能之前。

（2）以从左至右的次序看，陈述性知识和程序性知识都体现出由易到难的特点。言语信息分为名称和术语、事实和有组织的田径信息三层；智慧技能分为辨别异同、概念、规则和问题解决四个层次；动作技能分为简单、组合、复杂动作技能三个层次。认知策略类内容主要体现为从自我认识到认识与实践的结合，由于该类结果只是策略的组合，所以很难对其进行层次划分。

（3）从模块内容之间的内在关系看，该组织方法遵循了田径课程内容选择的四项原则，也遵循了一般课程内容组织的基本原则。

（4）从整体来看，用三维组织法组织的田径课程内容具有一定的弹性，便于不同学校结合本校特点灵活使用。例如，田径普修课学时较少时可选择最基础的内容先教授，学时较多时可选择系统内容。

（5）各类知识和技能的学习目标明确，便于提升学生的综合能力。

（6）态度的学习贯穿于各类知识和技能的学习中。因此，可以认为该方法是田径课程内容组织的有效方法。

（三）田径课程内容体系

田径课程内容选择与组织的原则和方法为田径课程内容体系的形成提供了理论支撑，但究竟需要选择哪些内容作为田径课程内容，还需要对学生、社会和田径学科专家进行实际调查。通过调查发现，学生、社会和田径学科专家对田径运动 16 类项目的期望如图 3-7 所示，图 3-7 中横轴的数字分别代表竞走、短跑、跨栏跑、接力跑、中长跑、障碍跑、公路跑、越野跑、跳高、跳远、三级跳远、撑杆跳高、推铅球、掷标枪、掷铁饼和掷链球项目，纵坐标表示选择人数的百分比。

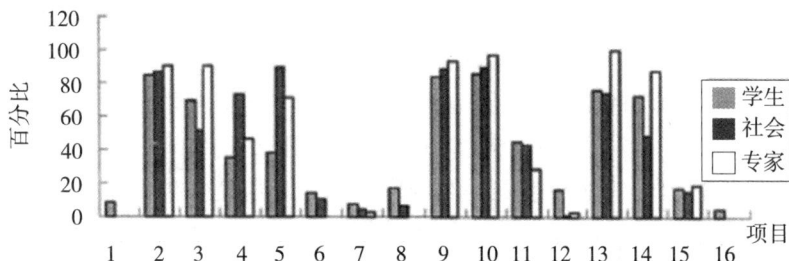

图 3-7　学生、社会和田径学科专家对体育教育专业所应学习田径项目的期望

从图 3-7 中可以看出，学生、社会和田径学科专家对短跑、跳高、跳远、铅球四个项目选择的一致性较高，一致认为体育教育专业的学生应该系统学习这四个项目。学生、社会和田径学科专家对跨栏跑、接力跑、中长跑和标枪四个项目选择的一致性存在较大差异：学生对这四个项目选择结果分别是 69.1%、35.3%、37.7% 和 72.7%，社会对这四个项目选择结果分别为 51.6%、73.1%、89.2% 和 48.4%，田径学科专家中有 90.6% 的人选择跨栏跑，46.9% 的人选择接力跑，71.9% 的人选择了中长跑，87.5% 的人选择了标枪。分析认为，出现这一现象的原因可能是学生从自身的兴趣角度考虑，认为接力跑和中长跑项目较为枯燥或单调；社会人员从国家政策及学校教育对田径项目的需求角度考虑，中长跑项目能增强学生体质，促进健康且便于实施，接力跑项目在中小学生运动会中经常出现，而跨栏和标枪项目较少出现；学科专家可能更多考虑到学科的完整性，如跑、跳、投各两个项目，以体现田径运动的特征，但同时专家也考虑到了中长跑项目的特点和功能，因此选择该项目的人员也较多。对竞走、障碍跑、公路跑、越野跑、三级跳远、撑杆跳高、掷铁饼和掷链球 8 个项目的调查结果显示，学生、社会和田径学科专家对上述 8 个项目选择的一致性也很高，均认为上述 8 个项目不适宜作为体育教育专业田径普修课的教学内容。8 个项目中选择比例最高的是学生对三级跳远项目的选择，其结果是 45.1%，其余项目的最高选择比例均不超过20%。因此，这就涉及究竟如何确定不一致的项目中哪些应该作为课程内容的问题。

新体育课程标准指出：田径类课程目标是通过田径教学使学生掌握跑、跳、投的基本技术知识；了解田径类内容对锻炼身体的意义与作用，学会用田径运动的手段和方法发展体能，除田径项目以外，还应充实跑、跳、投等多种健身手段与方法，将提高身体素质与运动能力密切结合起来。特别要重视发展学生的耐力素质，培养学生团结合作精神与竞争意识，以及不怕苦、不怕累、顽强拼搏、战胜自我和对手的坚强意志。田径类课程内容的目标充分体现了田径运动的基础价值，说明了田径运动对提高学生的身体素质起着重要作用，是一种对学生身体发育有较大促进作用的体育锻炼项目。在田径类内容教学过程中，除注重田径健身作用外，还应使学生掌握一定的田径运动技能和基本知识，以提高学生的运动能力。在注重学生田径兴趣培养的同时，不能完全否定田径运动的竞技性，因此选择田径类内容，应以田径运动为蓝本，批判性地吸收与田径相关的体育运动项目。[①]

第三节　田径运动训练的课程教学实践

田径运动训练对学生的身体素质及素质教育的质量和水平有重要影响，也影响到我国体育田径运动的实力。田径训练的质量直接关系到学生的体育成绩及田径训练的效果。体育田径训练课程教学实践应紧密结合我国教育部提出的素质教育学生培养方针。培养学生的爱国主义精神、科学精神、团结合作精神是体育道德教育的重要内容，需要在提高学生体育文化素质的基础上，进一步使学生掌握田径训练基本知识，让学生意识到田径训练是体育素质教育的组成部分之一，注重学生的人文素养和体能素质，培养学生自主训练和终身运动的能力。

在田径训练课堂教学中，提高学生体育素质，对学生身心发展有积极的作用，也能避免学生失去运动的兴趣和训练的激情。为了达到素质教育背景下的田径训练的培养目标，体育教师应该重视田径运动训练的课程教学实践，注重学生人格的形成，培养学生强健的体魄和健康的精神状态。

一、田径运动训练的课程教学现状

教师的教学理念直接影响学生田径训练的质量和水平，田径训练并非单纯地跑、跳、投，而应该全面按照学生的生理、心理特点和日常训练规律进行训练。假如只是单纯地进行强化训练，会影响学生的身体发育状况，挫伤

---

① 韩晓燕,王群龙,魏文．关于田径类课程内容构建的思考[J]．教育与职业,2013(9):127.

学生的训练积极性和主动性。田径课程教学应将训练内容作为教学的主体，教学形式应与教学内容相符。如果一味地追求"跑、跳、投"的教学形式，而忽略了学生真正的训练需求和训练目的，就会导致学生在田径训练过程中抓不到训练重点，学习效率低。有些体育生自主训练的积极性不高。在田径训练课程教学中，学生只有通过自主训练，才能活跃自我的创新思维，提高田径运动能力。所以，体育教师应该设定有针对性的教学目标，选取独特的教学内容，从而充分展现田径训练教学以学生的自主训练为核心的体育活动。然而，在田径训练过程中，有些学生的力量训练仅局限于深蹲和卧推，速度训练中只局限于连续跑和间歇跑，这在一定程度上很难使体育生的自主训练作用得到有效发挥。

二、田径训练的教学路径

（一）注重学生田径能力的培养

在田径训练教学过程中学生的主要地位最主要的表现是"以学定教"。具体来说，就是应该根据学生的实际体能情况和训练需求进行体育田径训练教学。首先，要培养学生主动探索的能力。通过学生在日常的训练过程中产生的疑惑，使学生主动向教师提出问题，让学生学会主动进行体能训练、速度训练。其次，要充分发挥教师在田径教学中的主导作用。教师要根据学生的实际体能情况，有针对性地对训练环节和训练技巧进行设计，在跑步训练中使学生练习摆腿后蹬，摆臂平衡，掌握跑的正确技术，在中跑节奏训练中提高学生 800 米跑的能力，采用不同跑段的递增或递减训练方式，有效结合体育考核内容的重点、难点和疑点，进行全面而系统的讲解，从而培养学生的田径能力。

（二）提倡自主互动的学习模式

体育教师应全面考虑学生的学习背景和体能结构进行田径训练内容的设计，充分展示学生的自主训练意识和积极学习精神。[①] 在田径训练课堂教学过程中，学生和体育教师是训练活动和教学过程的主要参与者，师生之间要互相尊重、互相关爱，在相互配合中培养学生的田径能力。除此之外，通过

---

① 　朱鹏翔. 素质教育背景下高考体育田径训练的教学实践 [J]. 田径,2016（12）:7.

自主互动的学习模式，能够确保学生在训练过程中不会受到外界因素的干扰，及时纠正学生的不规范动作，有利于为体育田径运动研究提供可靠的素材。

三、田径运动训练的课程教学改进方向

（一）重视田径教学质量

田径教学不仅是与学生的身体素质和学校的集体荣誉相关的事业，也直接关系到我国体育事业的未来发展。通过改进田径训练课程的教学模式，选择科学合理的教学方式来满足学生身体素质的提升要求，也要为我国体育事业培养更多的专业人才而努力。田径训练课程的改进要根据学校自身优势而定，充分发挥田径教师的特长优势和学校的教学资源优势，实现资源利用的最大化，从而进一步提升田径训练教学水平，提高教学质量。

（二）改善基础教育设施

基础教育设施对田径教学水平的提升有十分重要的影响。由于田径教学训练对场地、设施有一定的要求，所以学校要根据自身能力为田径教学提供良好的教学空间、环境及氛围，尽最大努力为学生提供良好的体育训练设施。完善的基础设施和良好的师资队伍是实现田径教学水平提升的前提保证。[1]

（三）着重培养优秀运动员

田径教学工作一定要加强对高水平运动员的培养，这样不仅能提升学校在体育事业方面的影响力，还能为我国田径事业的发展提供更多优秀的专业人才。学校可以通过专业人才引进的方式将一些优秀运动员引入学校，为其提供专业的田径训练环境，尽可能避免优秀运动员流失的情况发生。

（四）注重激发学生的学习兴趣

在田径训练教学实践中，教师如果能采取一些寓教于乐的方法，可以激发学生的学习兴趣，使他们能够以足够的热情和活力投入田径训练。田径教学的

---

[1]　周颖宙．对高中田径教学中的问题与对策研究 [J]．当代体育科技,2014,4（32）:44.

课程内容没有其他体育项目所具备的多样性，相对来说比较枯燥，时间久了学生会感到单调乏味。学生必须拥有足够强的忍耐力和意志力，才能坚持长期的田径训练。所以，如果教师能够设法激发学生的兴趣，那么训练效果会更好。教师可以根据学生特点采用创新的教学模式，使田径训练教学课程生动有趣，让学生有足够的热情去积极投入田径训练，提高田径训练的效率。

第四节　田径运动训练的课程教学评价

　　田径运动课程作为体育专业课程方案中的一门必修课程，其教学思想、教学目标、课程考核内容、考核标准等必须有利于人才培养，符合当今体育教学改革的需要。考核与评价是田径运动教学过程中不可缺少的重要环节，通过考核与评价可以及时反馈教学信息，以便根据实际情况调整教学计划，改进教学方法，从而使教学过程组织得更科学。考核与评价不仅使学生了解自己对田径运动基本知识、技术和技能的掌握程度，还应鞭策学生不断进取，培养学生自我评价的能力。考核与评价应结合体育教育专业的特点确定考核的内容、范围和形式。考核与评价内容是教学目标的缩影，考核必须体现学习内容和课程目标的范围与属性。在田径运动课程的考核中，要把学生的基本知识、基本技术、基本技能、教学能力、学习态度和情意表现纳入学习成绩考核与评定的范围。

一、田径运动课程考核与评价的基本要求

（一）教师评价与学生评价有机结合

　　教学是教师与学生的双边活动过程，在教学中教师是主导，学生是教学的主体。在成绩评价中，如果单纯由教师进行评价，难免会出现主观偏见的现象，缺乏公平性，从而造成评价不准确，这样会在一定程度上挫伤学生学习的积极性，不利于学生掌握田径运动的基本知识、基本技术、基本技能。因此，在田径运动的教学过程中，从课程教学内容的设计到学生成绩评价的各个环节，都要始终把学生放在一个重要位置。在教学活动中强调发挥教师主导作用的同时，还要特别强调学生学习主体地位的作用，充分利用评价手段，因势利导，发挥学生的主观能动性，指导学生正确地进行自我评价和相

互评价，让每个学生都能参与到教学中来。学生通过自我评价和相互评价及时了解到自己的进步或不足，从而更有效地学习。这里强调学生的评价并不是否认教师的评价，而是应将教师评价、学生自评、同学之间互评三者有机结合起来，更科学、更客观地评价学生的学习情况。

（二）终结性评价与阶段性评价有机结合

在以往的田径运动课程教学中，主要采用终结性评价方式来确定学生的学习成绩。这种评价方式能起到"一锤定音"的作用，而且是在学期或学年结束时进行评价，这样就失去了评价的反馈作用，未能及时帮助教师总结经验，改进教学方法，对激励学生学习以及提升教学效果的作用不大。同时，终结性评价着眼点在于对学生的田径运动课程学习成绩进行优、良、中、差的等级评定，这种评价方式往往导致身体素质好的学生考试成绩好，沾沾自喜，不求进步，身体素质相对差的学生考试成绩不好，容易产生畏难情绪，将会失去学习的信心。田径运动课程的考核与评价要注重阶段性的评价，着眼于学习的整个过程的不同阶段，通过各种评价方法对学生技术与技能的掌握程度、学习态度、情感体验、体能训练的效果等进行客观评定，将评价的结果及时反馈给学生，便于教师和学生及时调整教学方法和学习方法，更有效地提高教学质量。终结性评价方式虽然简便易行，但有其局限性；阶段性评价比较烦琐，不易操作，但有助于教师及时改进教学方法，有助于提高学生的学习效率。因此，在教学考核与评价中应将阶段性评价和终结性评价有机结合起来。

（三）绝对评价与相对评价有机结合

相对评价是指根据个人在学习中进步的幅度进行评价；绝对评价是指在评价中不考虑个体差异，均采用统一的评价标准进行评价。目前，在我国各级、各类体育院校中，对学生田径运动成绩的评价一般采用绝对评价的方式，即以学生最后技术评定和达标的程度为依据进行评分。学生的身体条件存在差异，具备的技术能力不一，身体条件和技能好的学生并不需要通过多大的努力轻而易举就得到高分，而身体条件差和技能水平不高的学生无论怎样勤学苦练，无论进步有多大，由于没有达到相应的标准而得不到高分。绝对评价方式虽然在应用上容易操作，但不能客观地反映学生学习成就上的变化及教学效果的优劣，不利于调动学生学习的积极性，在一定程度上影响教学质量的提高。因此，要把相对评价和绝对评价结合起来，给予学生客观的评价，更好地调动学生的积极性，提升教学效果。

（四）客观性评价与主观性评价有机结合

在田径运动课程的成绩考核中，运动技术的熟练程度、基本理论知识和身体素质等测量指标比较容易量化，一般采用客观评价方法就能有效地测评出学生掌握知识、技术和技能的情况。对于学生的学习态度、心理、情感体验、自信心、意志品质、行为等难以用量化标准进行衡量，只能采用主观性评价方式。在主观性评价中评价者的评价角度不同、学识程度不一，对评价的侧重点和作用的理解不一致，可能会出现不同的倾向性，导致评价的结果受到一定的影响。因此，对学生学习态度、兴趣、努力程度、意志品质等进行主观性评价时，能够进行定量的就要定量，要定性的就科学定性，将定性的东西合理量化，坚持定性和定量相结合、主观和客观相结合，全面评价学生的学习。例如，对学生学习态度的测评除了可采用态度量表的形式外，还可对学生在课堂的表现、课外参加练习的次数等进行记录和统计，比较客观地反映学生参与运动的程度。

二、对田径课程设计理念的评价

综观体育教育专业田径课程设计的各个组成部分可以发现，"学习结果"是贯穿各部分的核心概念，但这里的学习结果不是通常所说的学习成绩，而是指通过课程教学表现出来的五类学习结果，这五类学习结果又表现为学生学习前后各种能力的变化。由此看出，贯穿于本研究始末的核心理念是"如何提高体育教育专业学生的田径教育教学能力"。正确理解这一理念，首先要明确它与"学生中心论"课程设计理念之间的区别。"学生中心论"强调学生的主动性和能动性，强调学生的兴趣和需要，这与我们所强调的态度类学习结果较为一致。而"学生中心论"忽视了教师的主导性，忽视了课程内容自身的系统性和基础性，忽视了社会的需求，片面按照学生的兴趣设计课程，在这一点上，两者是有显著区别的。其次，要明确这一理念的指导思想。学科课程设计理念首先受制于教育目的和目标，也受某专业培养目标的限制。而体育教育专业是以培养复合应用型体育教育人才为目标的，因此它隶属于应用型人才培养的大范畴。从课程方面看，它区别于学术性人才培养注重学科基础性的要求，而更强调课程的"学科应用性"。高林认为，该类教育要同时强调学科和应用两个方面，因此课程设计时既要注意打好学科基础，又要强调应用能力培养。再次，要注意理念在课程设计各部分的一致性。本研究从田径课程目标设计开始，到田径课程内容的选择与组织，再到田径课程的实验，都以如何提高体育教育专业学生的田径教育教学能力为理念，做到了理念与对象的一致性。最后，要看这一理念是否存在明显偏颇。在进行任何课程设计时，设计者都要关注课程设计的要素，即如何认识或处理学科、社会、学生三者的关系。基于学习结果的田径课程设计以学生的发展为本，这也是目前教育理念的主趋势，当然也是社会的迫切需求，因此这一理念整合了上述三个要素，并突出了"人"的要素。

三、对田径课程目标设计的评价

（一）一致性

这里的一致性主要包括两层含义，一是要判断基于学习结果的体育教育专业田径课程目标与各级目标之间纵向的一致性，二是要判断基于学习结果的体育教育专业田径课程目标之间横向的一致性。纵向一致性主要体现在不同层目标之间的承接性方面。从纵向来看，田径课程目标处于教育目标体系中的三级目标位置，其上位目标为体育教育专业的培养目标，下位目标为田径教学目标。从培养目标到课程目标，再到教学目标，越到底层，目标越具体，且下层目标是对上层目标的具体反映。这就保证了田径课程目标与教育目标、培养目标、教学目标的一致性。从横向来看，不同层课程目标设计都围绕言语信息、智慧技能、认知策略、动作技能和态度五个方面展开，这就保证了横向目标的一致性。因此，本研究设计的田径课程目标保证了较好的一致性。

（二）全面性

所谓全面性就是指田径课程目标涉及的领域要体现教育目标涉及的各个领域。这种全面性应从两个方面进行理解：第一，所有田径课程目标的整合要涉及教育目标各个领域；第二，所有田径课程目标的整合不能超越教育目标各个领域，如果超越，说明有拔高田径课程目标的可能性，其结果可能会造成学生的学业负担过重、偏离或扭曲教育目标。基于学习结果的田径课程目标涉及的领域主要包括言语信息、智慧技能、认知策略、动作技能和态度五个方面。其中，态度主要指兴趣、情感、行为、价值观、世界观等非认知方面；言语信息主要指陈述性知识和技能；智慧技能主要指程序性知识和技能；认知策略主要指策略性知识和技能；动作技能特指以动作操作为特征的运动技能。这五类目标共同形成一个整体，对体育教育专业田径课程目标进行规范。查阅文献发现，目前我国教育目标涉及的领域可概括为"德智体等全面发展"。"德育"主要指思想、政治、道德、品质、法制等方面教育的总和；"智育"主要指向学生传授系统科学的知识和技能；"体育"主要指向学生传授身体运动技能及保健知识。通过比较田径课程目标涉及领域与我国教育目标涉及领域可以看出，两者都包括从情感、认知和动作技能三个领域。因此，基于学习结果的田径课程目标涉及教育目标的各个领域。通过比较还可以看出，基于学习结果的田径课程目标系统仅是对田径课程这门具体学科目标的规范，因此，学生所学的知识和技能与田径课程密切相关，它不可能超越整个教育目标。从以上分析可以看出，本研究设计的田径课程目标是较为全面的。

（三）可行性

从哲学视角看，可行性主要指可能性向现实性转化的主、客观条件的辩证统一。在工程学中，可行性是指对过程、设计、程序或计划能否在所要求的时间范围内成功完成的确定。本研究所说的可行性主要指对田径课程目标设计体系是不是行得通的判断，这种可行性主要体现在设计思路是否严谨以及各环节能否顺利操作等方面，还有对课程目标一致性与全面性的整合。从课程目标设计思路来看，田径课程目标设计经历了三个步骤：第一步，确立田径课程目标设计的依据，调查学生、社会和专家对五类学习结果的认识差距，分析学生特征，这一步为田径课程目标设计提供了可靠依据，属于目标设计前的准备工作；第二步，探究了田径课程目标与各级各类目标的关系，确定了田径课程目标的定位和分类，这一步的实质是根据调查结果和目标相关理论确定田径课程目标的层次和维度；第三步，设计出基于学习结果的田径课程目标体系，是目标设计的结果。通过这三个步骤，构建了较为严谨的课程目标体系。同时，为了在实践中便于操作，本研究还提供了目标陈述中的注意事项和操作方法，做到了理论与实践的结合。因此，所设计的田径课程目标体系是可行的。

从上述有关课程目标设计的评价中可以看出，基于学习结果的体育教育专业田径课程目标体系有较好的一致性、全面性和可行性。

四、对田径课程内容设计的评价

对田径课程内容设计的评价主要包括对内容选择和内容组织两个方面的评价。内容选择的评价主要从所选择的内容是否能满足课程内容选择原则的要求方面进行定性评价；课程内容组织的评价主要从内容范围和顺序能否适合学生学习的需要方面进行评价。分别评价之后，再对两者的关系进行分析，只有两者同时满足需要，才认为课程内容设计较为合理。对于体育教育专业田径课程而言，课程类型及课程结构已经在培养方案中有了明确规定，因此接下来主要从课程内容选择和课程内容组织两个方面对所设计的田径课程内容进行评价。

（一）对课程内容选择的评价

本研究在进行田径课程内容选择时，提出了一致性原则、基础性原则、现实性与前瞻性相结合原则以及职业需要与兴趣相结合原则。其中，一致性原则主要反映了课程内容服务于课程目标，课程目标通过课程内容来实现的一致关系，是从专业角度对田径课程内容的要求。基础性原则是从知识类型之间的层次性关系来规范课程内容的选择，从学科知识和关于学科的知识两个方面选择基础内容作为田径课程内容。现实性与前瞻性原则是从社会需求方面来规范田径课程内容的选择，也就是要根据现实社会和未来社会对田径课程内容的需求对田径课程内容进行选择。职业需要与兴趣相结合原则是从学生角度来规范田径课程内容的选择，通过课程实验发现，学生认为项目相关的身体素质练习在实践中很重要，且对这些内容有很高的兴趣。由此看出，本研究所设计的基于学习结果的体育教育专业田径课程内容体系比较明显地体现了上述原则，说明田径课程内容选择是合理的。

（二）对课程内容组织的评价

田径课程内容组织主要关注的问题有两个，一是课程内容的范围，二是课程内容的顺序。要正确理解课程内容的范围，可以从内容的广度和深度两方面着手探讨。从广度来看，本研究以三类六个田径项目为基础，从言语信息、智慧技能、动作技能和认知策略等方面按项目分模块确定内容，每个模块中有相对应的内容，这些有组织的内容模块共同确定了田径课程内容的广度。从深度来看，每个项目的学习内容主要包括项目相关术语、概述、比赛规则、场地要求、概念区分、概念理解、动作要领、技术原理、典型错误产生的原因及纠正方法、重难点的确定以及提高项目相关教育教学能力的策略性内容等。多个项目广度和深度的组合就形成了完整的内容范围。内容组织运用了"范围、序列及学习结果相结合的三位一体"的内容组织法，该方法是建立在范围确定的基础上，按照田径课程目标的分类思想和田径课程内容组织原则对课程内容的组织。在安排项目顺序时，考虑了学生对项目的熟悉程度；在安排各个模块时，考虑了学科内容的难易程度和学生认知的发展规律。

新组织的田径课程内容体系与现存的内容组织相比较而言，新设计的内容体系提高了言语信息类内容、智慧技能类内容和认知策略类内容的地位，这有助于提高学生对田径运动的认识。同时，新内容体系中还增加了身体素质练习的相关手段等基础性内容，这些内容是对原来田径课程内容的丰富和发展，有助于学生对所学知识和技能有选择性地运用。

通过以上分析发现，在课程内容选择和组织方面，本研究所选择和组织的田径课程内容体系基本满足了学生的兴趣和需要、社会的需要和学科发展的需要，同时尽可能保持了田径课程内容的完整性。因此，田径课程内容的选择和组织较为合理。但由于本研究仅是对课程内容的整体设计，对具体课堂内容的选择和组织问题没有深入研究，可能给实际操作带来困难，这就需要一线教师根据实际情况，运用以上原则和方法进行课堂教学设计，这样方能取得较好的教学效果。

五、对田径课堂教学效果的评价

课堂教学效果评估方法是否合理，直接关系到所获得的教学反馈信息价值的大小。在教学系统中，对教学质量最有影响的因素主要是教师、学生和管理者。因此，参与评价的人员应包括教师、学生和管理者。评价人员所处的地位不同，观察问题和分析问题的能力各异，其评价结果的参考价值也不应相同。根据田径运动技术课堂教学特点以及多年教学实践的经验，同行教师评价、管理人员评价和学生评价的权重值分别为50%、30%、20%比较合适。对于评价等级可分别进行量化："优秀"为95分以上，"良好"为85～95分，"中等"为75～85分，"及格"为65分，"不及格"为60分以下。

成绩考核是教学工作的组成部分之一。田径运动成绩考核是检查学生学习情况和教师教学质量的有效方法。考核有助于调动学生学习田径运动的积极性，促进学生努力练习、刻苦锻炼，并能达到巩固、提高田径运动技术和增强学生体质的目的，也为教师总结和改进田径运动教学工作提供可靠的依据。为了做好田径运动教学考核，每学期开学初，教师应向学生宣布本学期考核的田径运动项目和评分标准。教师要把统筹安排的各项田径运动考核时间在每学期初向学生宣布。田径运动成绩考核事先应有充分的准备。教师应提前组织学生进行练习，特别要做好后进生的辅导工作。测验前应布置和检查好场地、器材，准备好测验用品，还要使学生在思想上和行动上做好测验的一切准备。田径运动成绩考核要严肃认真，确保安全。同时，要做好成绩考核中的思想品德教育工作。成绩考核结束后，要做好成绩统计和考核总结，以便分析田径运动教学情况，改进田径运动教学工作。

六、对评价本身的评价

以上从课程设计的视角对田径课程设计系统进行了评价，评价主要论及了课程设计的理念、课程目标、课程内容和课程实验等要素，课程实验又从实验条件、实验过程和实验结果三个阶段进行了评价，其中实验结果是所有评价的核心部分。本研究分别从实验结果的主成效、教育结果和副成效三个部分对其进行评价，这些评价共同组成了田径课程设计的评价结构，如图3-8所示。

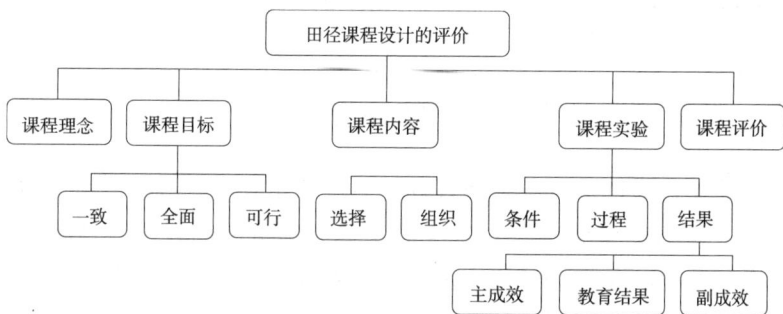

图3-8　田径课程设计评价结构

图3-8只是对田径课程设计评价中涉及要素及组成部分的简单架构，对各要素的评价是田径课程评价的核心部分，但要实现真正的评价，必须使各

级要素合理运作起来，这样才能构成田径课程设计的评价体系。该评价结构具有以下特点：从评价形式看，对实验条件、实验过程和实验结果的评价属于过程性评价，对教学目标设计流程和教学内容设计流程的评价也属于过程性评价；对主成效的评价属于终结性评价。从评价方法看，既有定性评价，又有定量评价。从评价对象看，既有对教师和学生的评价，又有对课程目标、内容和实施的评价。从评价目的看，既是对新设计方案的修补和完善，又是对教师和学生的重新审视。因此，整个课程设计的评价体系较为完善，评价过程中发现的问题可以为田径课程的整改提供参考。

第四章　田径运动训练基本方法和手段

第一节　田径运动训练基本方法

　　田径运动训练方法是教练员和运动员在训练过程中双边共同完成训练任务的方法，是对训练过程中各种具体方式的体现，即在田径运动训练过程中，为提高运动员竞技水平，完成训练任务所采取的办法。田径运动训练方法是教练员实施训练计划，也是提高运动员竞技水平的应用工具。因此，正确认识和掌握不同训练方法的特点及功能，有助于更好地完成各时期的训练任务，更好地控制竞技能力的发展进程，更科学地提高运动员的运动成绩。

　　构成田径运动训练方法的主要因素有练习的动作及组合方式、运动负荷及变化方式、训练过程的控制及变化方式、训练条件及变化方式等。练习动作及组合方式指运动员在完成具体训练任务时所采用的身体练习及各练习之间固定的或变异的组合方式。运动负荷及变化方式指各种身体练习对运动员施加刺激的强度、量度以及负荷性质的变化形式。训练过程的控制及变化方式指对训练过程的时间、组织、内容选择、练习步骤等安排及变化形式。训练条件及变化方式指训练场地、训练气氛、训练器材和训练设备等因素的影响及变化形式。

　　田径运动训练基本方法主要包括分解训练法、完整训练法、重复训练法、间歇训练法、持续训练法、变换训练法、循环训练法以及比赛训练法。

一、分解训练法

（一）分解训练法概念

分解训练法指将完整的技术动作合理地分成若干个环节（部分），然后按环节（部分）分别进行练习的方法。当技术动作较为复杂时，采用完整法不容易使运动员直接掌握的情况下，运用分解训练法可以帮助运动员集中精力完成专门的训练任务，针对主要技术细节进行训练，从而获得更好的训练效应。

（二）分解训练法的分类及应用

分解训练法一般可以分为四类：单纯分解训练法、递进分解训练法、顺进分解训练法和逆进分解训练法。

1.单纯分解训练法的应用

把训练内容分成若干部分，通过分别学习、掌握各个部分的技术环节后，再综合各部分进行整体学习。单纯分解法对练习的顺序没有刻意要求，比如，标枪训练可把投掷标枪分解为持枪助跑、投掷步和最后用力3个技术环节。既可先训练原地投掷，然后进行持枪助跑，再进行投掷步练习，又可以先进行持枪助跑练习，然后进行投掷步练习，再进行最后用力练习。单纯分解训练法的特点是分解的技术相对复杂，分解后的各个部分可以独立训练。练习的顺序没有特别要求，以便教练员灵活安排。

2.递进分解训练法的应用

把训练内容分成若干部分，先练习掌握第1部分后，再练习掌握第2部分，后将1、2部分结合起来练习，掌握两部分后，再练习第3部分；掌握第3部分后，将3部分的练习内容结合起来一起练习，如此递进练习，直到掌握完整技术。此方法对练习内容各环节虽然没有刻意强调练习顺序，但对相邻的技术环节的衔接部分有专门的要求。比如，标枪的训练，可先练习掌握"持枪助跑"，再练习掌握"投掷步"，然后将"持枪助跑"和"投掷步"结合起来练习；掌握后再进行"原地投掷的挥臂"练习，之后把3部分的技术结合起来进行完整的技术练习。

3.顺序分解训练法的应用

把训练内容分解成若干部分，先进行第 1 部分的练习，再进行第 1 部分和第 2 部分的练习；掌握后，再将 3 个部分一起练习，如此一步一步进行练习，直到掌握完整技术。比如，标枪训练可在练习掌握"持枪助跑"后，再进行练习掌握"持枪助跑"和"投掷步"的技术环节，然后进行"持枪助跑""投掷步"和"最后用力"的练习，直到掌握完整技术。此方法训练内容的练习顺序与技术的动作顺序基本一致，后一部分的内容包含前一部分的内容，便于建立技术动作过程的完整概念，更有利于动力定型的形成。

4.逆进分解训练法的应用

把训练内容分解成若干部分，先进行最后一部分的练习，掌握后再逐次增加练习内容到最前面的第 1 部分，直到掌握完整技术。比如，标枪的训练可先练习"最后用力"，掌握后再进行"投掷步"的练习，掌握后进行"投掷步"和"最后用力"的练习，再进行"持枪助跑"的练习，最后进行"持枪助跑""投掷步""最后用力"的练习，直到掌握完整标枪技术。此方法训练内容的练习顺序与技术过程动作顺序恰恰相反，主要用于最后一个环节为技术的关键环节的项目。

二、完整训练法

完整训练法指从技术动作的开始到结束，不分部分或环节的完整的训练方法。此方法保持了技术动作的完整性，有利于运动员掌握完整技术动作。完整训练法既可以用于单个单一技术动作的训练，又可以用于多元动作的技术训练。

用于单一动作的训练时，要注意各个动作环节之间的紧密联系，注意逐步提高训练的负荷强度，提高完整练习的质量。用于多元动作的训练时，在完成好各单个动作的同时，要特别注意掌握多个动作之间的串联和衔接。用于个人成套动作的训练时，可根据练习的不同目的而有不同的要求。在着重提高动作质量时，可在成套动作中途要求运动员停止练习，指出问题，加深印象，重练改进；在着重发展完成全套动作的参赛能力时，则不拘泥于个别动作细节完成质量的情况，而强调流畅地连续演示全套动作。用于集体配合战术的训练时，应以一次配合最终的战术效果为训练质量的评价标准，更密切地结合实践要求，灵活地组织完整的战术训练。

三、重复训练法

（一）重复训练法的概念

重复训练法指多次重复同一个练习，组与组练习之间安排相对充分的休息时间的练习方法。通过同一动作多次重复，不断强化运动条件反射的过程，有利于运动员掌握和巩固运动技术；通过先对稳定的负荷强度多次刺激机体，可使机体尽快产生较好的适应，从而促进运动员身体素质的提高。重复训练法的主要构成因素有练习的负荷量、负荷强度和休息时间。

（二）重复训练法的分类及应用

依据单次练习时间的长短，重复训练法主要分为短时间重复训练法、中时间重复训练法和长时间重复训练法。

1. 短时间重复训练法的应用

短时间重复训练法主要用于磷酸盐系统供能的速度和爆发力的训练。比如，跨栏技术的半程和全程栏的训练要求一次练习的时间短，负荷强度大，动作速度快，间歇时间充分，技术动作各环节稳定。重复次数和组数相对较少。

2. 中时间重复训练法的应用

中时间重复训练法主要用于糖酵解供能的素质训练，如 400 米、400 米栏和 800 米的项目。一次练习的负荷时间相对较长，通常为 0.5 ~ 2 分钟。训练时，练习时间可略长于比赛时间或跑的距离可略长于比赛距离。负荷强度较大（运动员的心率应在 180 次 / 分以上），且与负荷时间呈负相关。休息方式最好采用慢跑深呼吸方式进行，以便更好地消除体内的乳酸。

3. 长时间重复训练法的应用

长时间重复训练法主要用于无氧和有氧混合供能的素质训练，如 800 米、1 500 米的项目。一次联系负荷时间较长，为 2 ~ 5 分钟。训练时负荷时间略长于比赛时间或负荷距离略长于主项比赛距离。负荷强度和负荷时间呈负相关，无氧与有氧混合供能明显。一次练习后，休息时间十分充分。实践中，长时间重复训练法与间歇训练法有机结合训练以及持续训练法和变换训练法有机结合训练的效果更明显。

四、间歇训练法

（一）间歇训练法的概念

间歇训练法指在训练过程中对练习组间的间歇时间做出严格的规定，运动员在没有完全恢复的状态下反复进行练习的方法。训练实践证明，严格的间歇训练能使运动员的心脏功能得到明显增强。严格控制间歇时间，有利于运动员在激烈比赛中巩固技术动作。不同的间歇训练类型可使糖酵解供能能力、磷酸盐与糖酵解混合供能能力和糖酵解与有氧供能能力得到发展和提高。通过较高负荷刺激心率可使机体抗乳酸能力得到提高，确保运动员在保持较高强度下能持续进行运动。

（二）间歇训练法的分类与应用

间歇训练法的基本类型主要有三种：高强性间歇训练法、强化性间歇训练法和发展性间歇训练法。

1. 高强性间歇训练法的应用

高强性间歇训练法主要用于发展糖酵解供能能力和磷酸盐与糖酵解混合供能能力，多用于发展速度耐力和力量耐力素质。一次练习的负荷时间较短，一般为 20～40 秒，负荷强度大，心率为 190 次/分钟左右，间歇时间不充分，心率降到 120 次/分钟开始进行下一次练习。

2. 强化性间歇训练法的应用

强化性间歇训练法主要用于发展糖酵解与有氧代谢系统混合供能能力和提高运动员心脏功能，多用于发展速度耐力和力量耐力。如 800 米、1 500 米。一次练习的负荷时间略长于比赛时间，负荷强度通常为 90%～95%，心率控制在 170～180 次/分钟，间歇时间以心率降到 120 次/分钟开始下一次练习来确定。

3. 发展性间歇训练法的应用

发展性间歇训练法主要用于发展有氧代谢供能系统的能力和提高心脏功能，多用于发展耐力素质。以长跑项目为例，一次练习的负荷时间较长，一般在 5 分钟以上，负荷强度较低，负荷心率控制在 160 次/分钟，间歇时间相对充分，心率降到 110 次/分钟开始进行下一次练习。

五、持续训练法

（一）持续训练法的概念

持续训练法指负荷强度较低，负荷时间较长，无间断连续进行训练的练习方法。练习时，心率平均在 130 ～ 170 次 / 分钟，能使运动员在较长时间负荷刺激下产生稳定的适应，提高有氧代谢供能系统能力，主要用于发展一般耐力素质。

（二）持续训练法的分类和应用

根据训练时间的长短来分，持续训练法主要有三种：短时间的持续训练法、中时间的持续训练法和长时间的持续训练法。

1. 短时间持续训练法的应用

短时间持续训练法主要用于发展一般速度耐力，一次练习的负荷时间为 5 ～ 10 分钟，负荷强度相对较高，平均负荷心率控制在 180 次 / 分钟左右，多用于提高运动员的无氧、有氧代谢混合供能系统的能力。

2. 中时间持续训练法的应用

中时间持续训练法主要用于发展有氧耐力素质，一次练习负荷持续时间在 10 分钟以上，平均负荷心率控制在 165 次 / 分钟左右。多用于发展有氧代谢供能能力及其专项耐力。

3. 长时间持续训练法的应用

长时间持续训练法主要用于发展有氧耐力素质，适当发展有氧与无氧代谢混合供能能力。一次练习负荷持续时间在 30 分钟以上，运动员的速度可快、慢相互交替，平均负荷心率在 130 ～ 160 次 / 分钟。

六、变换训练法

（一）变换训练法的概念

变换训练法指对运动负荷、练习内容、练习形式以及练习条件进行变换，以提高运动员的积极性、趣味性、适应性和应变能力的一种练习方法。

通过变换练习方式，运动员的机体能够产生与有关运动项目相匹配的适应性变化，发展不同的运动素质，提高技术水平，从而提高自身承受专项比赛时不同运动负荷的能力和应变能力。

（二）变换训练法的分类和应用

根据变换的内容，变换训练法可分为三种：负荷变换训练法、内容变换训练法和形式变换训练法。

1. 负荷变换训练法的应用

负荷的变换主要体现在负荷的强度和负荷量的变换上。鉴于负荷强度和负荷量的变化有 4 种不同的搭配形式，负荷变换训练法的练习方式主要有以下几种。

（1）负荷强度和负荷量保持不变的练习方式。该练习方式主要用于技术训练，使技术形成稳定的动力定型。

（2）负荷强度不变，负荷量变化的练习方式。该练习方式主要用于通过增加负荷量来提高或发展运动员某一运动机能或运动素质耐力水平，以及通过减少负荷量，促进机体的恢复。

（3）负荷强度变化，负荷量不变的练习方式。该练习方式主要用于通过加大负荷强度提高和发展运动员某一运动机能或运动素质的强度，或减轻负荷强度，以更好地掌握运动技术。

（4）负荷强度和负荷量都变化的练习方式。该练习方式主要用于通过增大负荷强度，减少负荷量来发展运动员某一机能和运动素质的工作强度或技术动作的难度和强度，通过降低负荷强度、增人负荷量来巩固运动技术。

2. 内容变换训练方法的应用

内容变换训练方法主要用于各种技术训练和身体素质训练。比如，单个技术的各种变化练习可以更好地掌握和完善运动技术。

3. 形式变换训练方法的应用

形式变换训练方法主要用于改进技术，提高运动员对场地、环境和气候的适应能力。主要通过变换训练场地、训练路线、训练时间和练习形式刺激运动员，激发运动员的运动情绪，使运动员产生强烈的运动欲望，提高运动训练质量。

七、循环训练方法

（一）循环训练方法的概念

循环训练方法指根据训练的任务，将练习的手段设置为若干个练习点，运动员按照既定的路线，依次完成每个练习点规定内容的训练方法。循环训练方法能有效地激发运动员的训练情绪，不断交替地刺激有机体的不同部位，更好地提高不同层次和水平运动员的训练积极性。该方式可以根据运动员具体情况调整练习的密度，防止局部负荷过重，延缓疲劳的产生，有利于提高身体素质。

（二）循环训练方法的分类以及应用

循环训练法一般分为循环重复训练、循环间歇训练和循环持续训练。

1. 循环重复训练法的应用

循环重复训练法主要用于提高运动技术的规范性和熟练性的训练或提高运动员身体素质的训练。将各种练习设置为若干个练习点，练习动作要求熟练规范，练习顺序要符合比赛特点，间歇时间相对充分。该方法有利于提高运动员的磷酸盐系统的储备能量和供能能力，提高运动员技术、素质与机能之间的结合能力。

2. 循环间歇训练法的应用

循环间歇训练法主要用于发展运动员的体能或改进技术、素质与机能之间的有机联系。将各种练习设置为若干个练习点，各练习点的负荷时间至少30秒以上，点与点之间的间歇时间不充分。循环组之间的间歇时间可充分，也可以不充分，主要发展运动员的糖酵解系统及其与有氧代谢系统混合供能的能力。

3. 循环持续训练法的应用

循环持续训练法主要用于发展运动员身体素质。一次循环的练习时间要求8分钟以上甚至更长，负荷强度高低交替进行，循环之间的间歇时间可有可无，循环组数相对较多，主要用于提高运动员持久运动能力和有氧代谢系统供能的能力。

八、比赛训练法

（一）比赛训练法的概念

比赛训练法指在近似、模拟和真实比赛的条件下，按照比赛的规则、方法和要求进行的，以提高训练质量为目的的训练方法。比赛训练法从竞技能力形成过程的基本规律、运动员适应原理、比赛的规则以及运动员竞争的意识要求等方面安排训练，能有效提高运动员专项比赛所需要的体能、技术、心理和智能等竞技能力。

（二）比赛训练法的分类和应用

比赛训练法一般可以分为教学比赛训练法、模拟比赛训练法、检查比赛训练法和适应比赛训练法。

1.教学比赛训练法的应用

教学比赛训练法主要是根据教学的规律和专项比赛的基本规则安排训练，以更好地挖掘运动员的潜力。比如，不同训练程度的运动员之间让步性的教学比赛可以激发运动员的训练情绪。该训练法主要用于提高运动负荷强度和运动技术的熟练程度，发展运动员的竞技能力和培养运动员的竞争意识。

2.模拟比赛训练法的应用

模拟比赛训练法主要模拟真实比赛环境和对手，严格执行比赛规则条件下安排训练，多用于提高运动员的实战能力和排除干扰的能力，增强运动员心理承受能力，提高运动员对真实比赛的预见性。

3.检查比赛训练法的应用

检查比赛训练法主要是模拟真实的比赛条件，按照比赛规则安排训练，多用于检查赛前运动员训练的负荷能力、专项技术水平、运动成绩等情况，查找运动员的薄弱环节，分析训练计划的执行情况和失利的因素，以便更好地修正训练计划，提高训练质量。

4.适应比赛训练法的应用

适应比赛训练法主要是人为模拟真实比赛环境安排训练，如邀请赛、访问赛等。在真实的比赛环境下，按比赛要求进行，与真实的对手进行比赛，尽快找出运动员的不足，促进竞技能力的改善。该训练法主要帮助运动员形成最佳竞技状态，更好地适应比赛过程，积累比赛经验。

第二节　田径运动训练基本手段

田径运动训练手段是具体的、有目的的身体活动方式，也是训练方法的具体体现，主要指在田径运动训练过程中以提高某一身体素质，完成某一具体训练任务时采用的具体的身体练习。不同的训练手段具有不同的功能，根据训练不同时期的具体任务，田径运动训练手段的科学应用能更有效地促进运动员竞技水平的提高。

田径运动训练手段由身体练习的用力特征、动作结构和动作过程三方面组成。用力特征包括力的支点、大小和方向三要素。动作过程包括动作的姿势、轨迹、时间、速度、速率、力量和节奏七要素。动作结构包括动作开始、进行和结束三个阶段。

一、周期性单一练习手段

（一）周期性单一练习手段概念和分类

周期性单一练习手段指周期性地进行单一动作的身体练习。此练习手段的练习动作简单、动作环节少，练习者容易掌握。主要适用于发展速度、力量和耐力等素质。周期性单一练习手段一般可以分为全身周期性单一练习和局部周期性单一练习。全身周期性单一练习是指全身各部位进行周期性重复一个动作的练习。局部周期性单一练习指身体某一部分进行周期性重复一个动作的练习。

（二）周期性单一练习手段举例

（1）各种跑的练习。不同距离不同时间跑的练习，如小步跑、高抬腿跑、后蹬跑、加速跑等。要求跑的动作规范，动作节奏好。

（2）跳推杠铃的力量练习。两腿自然站立，两手翻握杠铃放置胸前。全身用力时，两腿前后或并步跳起，同时两手用力上推杠铃到头顶至两手伸直，连续重复推若干次，重复若干组。

（3）卧推杠铃练习。仰卧在凳子上，两手与肩同宽握杠铃，由胸前上推杠铃至两手伸直，连续重复推若干次，重复若干组。

（4）仰卧两腿拉橡皮带练习。仰卧在垫子上，两腿绑上橡皮带后用力拉橡皮带，重复拉多次，重复若干组。

二、混合多元练习手段

（一）混合多元练习手段释义和分类

混合多元练习手段是指将几种单一动作混合在一起进行的身体练习。此类练习动作相对复杂，动作环节较多，有利于改善复杂的神经系统，更好地帮助运动员掌握复杂的运动技术。混合多元练习手段一般分为全身混合多元练习和局部混合多元练习两种类型。

（二）混合多元练习手段举例

（1）跑动跨跳练习。比如，连续跑三步做一次跨跳或连续10级跨跳练习。

（2）助跑投垒球练习。按投掷标枪的完整技术要求进行练习，要求助跑速度快，步伐节奏明显，挥臂有力，出手速度快。

（3）助跑起跳练习。比如，半程助跑跳远练习、5～7步助跑摸高练习。要求助跑与起跳环节连贯。

（4）助跑掷实心球练习。手持实心球置丁头上方，助跑3～5步掷实心球。

三、固定组合练习手段

（一）固定组合练习手段释义

固定组合练习手段是指将多种练习手段根据固定的组合形式进行的身体练习。此练习的运动比较容易学习，由于固定成套动作组合练习，能使运动员较容易获得与技术动作相匹配的运动机能，使技术动作娴熟。

（二）固定组合练习手段举例

（1）跑跳固定组合练习。比如，连续的三步一起跳、连续三步一起跨练习。

（2）手持小杠铃片连续摆臂和连续跳绳练习。

（3）连续跳越 10 个栏接加速跑的练习。

（4）手持壶铃连续多次蹲跳接悬垂多次举腿的练习。

四、变异组合练习手段

（一）变异组合练习手段释义

变异组合练习手段是指在多元动作结构下，将多种练习手段根据变异形式组合进行的身体练习。这种变异组合练习能有效提高运动员在运动过程中的应变能力。

（二）变异组合练习手段的举例

（1）连续跨越不同高度栏的练习。

（2）听（看）不同的声音（信号）起跑练习。

（3）各种变速跑练习。

（4）不同步数的助跑起跳练习。

第五章 竞走训练的教与学

第一节 竞走的基本知识

一、竞走的起源与发展

竞走是在普通走的基础上发展起来的田径运动项目，起源于英国。19世纪初，英国人经常在节假日和工作之余，结伴以徒步的形式到郊外游玩，在此基础上逐渐形成了快走比赛。1867年，英国就已经举办了竞走锦标赛，后来竞走在欧洲被广泛传播起来，并且很快传播到北美洲、大洋洲的许多国家。当时，竞走的技术没有严格的要求，比赛项目也不固定。

经过几十年的发展，竞走的技术和规则不断完善。在1908年第4届奥运会上，竞走被列为男子正式奥运会比赛项目。1912年第5届奥运会设立了男子10千米竞走比赛，1932年第10届奥运会首次设立男子50千米竞走比赛，这期间各届奥运会竞走比赛项目的设置不断变化。1956年第16届奥运会首次设立男子20千米竞走比赛。从第16届奥运会开始，历届奥运会男子竞走比赛项目都是20千米和50千米两个项目，一直延续至今，其中第20届奥运会男子竞走只设立了20千米一个项目。

1976年以后，竞走在世界各地广泛开展。1980年，国际田联将女子竞走列为世界性正式比赛项目。1992年，第25届奥运会首次设立女子10千米竞走比赛，中国运动员陈跃玲获该项目冠军，并成为我国运动员在奥运会历史上获得的第一枚田径项目比赛的金牌。2000年，第27届奥运会首次设立女子 20 千米竞走比赛，我国运动员王丽萍获该项目比赛冠军。1996 年之前的竞走技术是以国际田联竞赛规则对竞走的定义为标准，即"竞走是与地面保持不间断接触地向前跨步走，每步中，在后脚离地之前，前脚必须与地面保持接触，支撑腿在垂直部位时至少有一瞬间必须是伸直的（膝关节不得弯曲）"。

1996 年，国际田联修改了田径竞赛规则中关于竞走的定义，即"竞走是运动员与地面保持接触，连续向前迈进的过程，没有（人眼）可见的腾空。前腿从接触地瞬间至垂直部位应该伸直（膝关节不得弯曲）"。运动员在竞走比赛过程中，其技术动作必须符合上述规则中的两条规定，否则会受到裁判的警告乃至被取消继续比赛的资格。

上述竞走定义与此之前的竞走定义相比，新定义有两点变化，首先强调了没有（人眼）可见的腾空，其次是向前迈出的膝关节伸直的时间和范围，由过去的支撑腿在垂直部位膝关节至少有一瞬间必须是伸直的改为现在的从触底瞬间至垂直部位膝关节应该伸直。规则要求支撑腿膝关节伸直的范围扩大了，对运动员竞走时的技术提出了更高的要求。

二、竞走训练理论与实践分析

竞走分为公路竞走和场地竞走，公路竞走以"千米"为单位，场地竞走则以"米"为单位。竞走的速度比普通走快，主要是竞走时的步幅较大，步频较快的缘故。竞走技术训练应围绕着在不违反规则规定的前提下，如何合理地增大步幅，加快步频。

（一）全面身体素质训练

竞走属于技术速度耐力型项目，针对学生训练年限短、水平较低、身体素质较差，参加比赛经验不足、技术稳定性差以及自我控制能力差等实际情况，在训练中应以全面身体素质训练和竞走技术训练为主进行安排。一般而言，在全面身体素质训练中应主要发展耐力。例如，一般耐力训练是发展有氧代谢的主要方法，常采用越野跑，长时间慢、中、速走，长时间的球类活动等。专项耐力训练时应采用比赛或高于比赛的速度，而训练距离往往短于比赛距离。竞走犯规主要表现在高速行走中出现"腾空"状态，从步频和步长的因素看，步频快而不实，步长又不大。在这种意义上，要提高速度则很容易出现犯规，产生明显的双脚离地腾空。其主要原因在于：步频过快，竞走速度超过实际能力；出现跑的动作结构，前摆腿高抬大腿扒地式落地，支撑腿蹬地后向后折叠小腿；蹬地角过大，蹬地力过大，使身体重心升高过大。

在训练过程中，我们应依据学生的个人实际水平确定步长和步频，因此在技术上应该做到骨盆必须围绕身体垂直做前后转动，充分运用支撑踝关节的屈力完成双脚的瞬间支撑，并过渡到单支撑。另外，还应减少蹬地角，合理控制蹬地力量，保持向前移动重心的稳定性。

（二）竞走教练员的培养

竞走技术的特殊性决定了要广泛开展和提高竞走水平就必须有高水平的教练员队伍。一般在初级技术训练时，采用观看优秀竞走运动员竞走技术分析录像后，学生进行模仿，初步体会竞走技术。教练员和运动员应时刻关注竞走技术的发展及判裁规则的改变，取他人之长，补自己之短，通过提高自身的水平来促进学生竞走水平的增长。

（三）竞走运动员的选才

竞走运动成绩的提高应在掌握正确技术的前提下，发挥适宜的步长，努力提高步频。身材高矮与步长、步频密切相关，因此从身体形态上看，选拔竞走运动员要使两者结合起来，竞走男女运动员的理想身高分别为170～175厘米和163～166厘米。同时，要求运动员柔韧性好，骨盆相对较窄，膝关节能自然伸直，髋、膝、踝关节灵活性好，踝关节活动范围大，深蹲臀贴小腿和脚跟全脚掌着地。竞走耐力性项目的选才对运动员的心肺功能要求较高，特别是大学生运动员，训练强度小，训练时间短，心理机能差，往往会造成因体力不支而退出比赛。因此，我们必须通过脉搏节奏、呼吸频率、氧的供给等方面来判断学生的血液循环和呼吸系统的机能，还要通过仪器测试血色素，肺活量、安静时的心率、最大吸氧量等，预测学生的内脏功能和运动量的能力。

三、竞走运动员训练研究理论与实践意义

（一）丰富竞走运动项目训练理论内容

竞走是从日常行走的基础上发展出来的运动，规则规定支撑腿必须伸

直，从单脚支撑过渡到双脚支撑，在摆动腿的脚跟接触地面前，后蹬腿的脚尖不得离开地面，以确保没有出现"腾空"的现象，而这也是竞走与跑步的主要分别。普通走步的速度为每小时 5 公里左右，竞走的速度则快得多，即使用中等速度走，也要比普通走快一倍以上。

竞走与跑的根本区别在于走步时两脚必须与地面轮换接触，不能有腾空阶段。田径比赛规则规定：每步中，运动员在后脚离地之前，前脚必须着地，脚落地时，该腿必须有一瞬间的伸直。竞走运动员在比赛途中，如违反了上述规定，第一次犯规裁判员举白旗给予警告，若再次犯规，裁判员举起红旗，取消其比赛资格。运动员在最后一圈犯规，可根据具体情况给予警告或直接取消其比赛资格。腿部动作是竞走技术的主要环节。前迈的腿在脚落地时要伸直，用脚跟先着地，这样可增大步长并能减小着地的制动。随着另一腿蹬地，身体重心前移，出现了单腿支撑阶段。当身体重心移至伸直的支撑腿上时，后腿屈膝摆至体侧。

在人体经过垂直部位后，支撑腿由全部着地过渡到脚尖，在摆动腿前摆的配合下完成下一步的后蹬。摆动腿随着骨盆沿身体纵轴转动，屈膝前摆，脚离地面始终较低。腿前摆时应柔和地伸直膝关节，小腿依惯性前摆并用足跟着地。此时形成短暂的双脚支撑姿势。人体重心在向前运动过程中不应有明显起伏，当重心投影点与前腿支点一致时，出现下一步的垂直姿势，接着又开始新的用力蹬地动作。运动员应做到步幅大、频率高，善于协调肌肉的用力和放松，走步要朴实、自然，省力而无多余动作，两脚落地的足迹应保持在一条直线上。

竞走时，运动员躯干自然伸直或稍前倾。两臂屈肘约 90°，在体侧做前后协调有力的摆动，两臂配合下肢动作调节走的速度，走步时身体重心尽量做向前的直线运动，过大的上下起伏和左右摇摆不利于提高走速，也会消耗较多能量。现代竞走技术中的鲜明特点是突出骨盆沿身体纵轴的前后转动。举行 20 千米以上竞走比赛时，每隔 5 千米设一饮料供给站。饮料以橘汁、加糖浓茶、葡萄糖及少量食盐配成。

在我国，竞走运动已经成为田径项目中的"夺金项目"，但其理论研究难以满足竞走训练理念更新速度。通过查阅相关文献可以发现，我国对竞走运动项目的研究多集中在竞走技术分析、竞走运动员个案研究及竞走耐力素质研究领域。在对竞走运动员力量训练的研究中也不难发现，研究只对竞走运动员单个部分力量进行分析研究，而全面的、系统的、科学的力量训练研究尤为薄弱。"重技轻素"的传统竞走训练观念也导致对力量训练的认识和重视。竞走技术虽然在运动训练占有重要的组成部分，但素质训练在竞走训练中起到了根本性和基础性的作用，尤其是力量素质显得尤为重要。基于此本研究以竞走技术能力转化的有效行为载体为切点进行系统性的力量训练研究，在一定程度上丰富了竞走运动项目训练的理论内容。

（二）为竞走运动训练质量提高提供理论指导

"科学理论为先导，创新载体促发展。"在长期的竞技运动训练实践中，我们已经积累了大量的科学理论。现代的科学训练理念抛弃了传统的盲目性，不管是训练理念、手段还是原则都要遵循人体发展的自然规律和竞技能力发展规律。特别是随着社会科学技术的不断进步、训练理念的不断更新，运动训练也由"量"的管理逐渐到"质"的控制与追求。提高运动训练质量和效率已经成为现代训练的主流和方向，训练质量的提出是在训练投入与训练产出比例之间发展，这对我国竞走运动训练提出了新的挑战。对竞走运动员技术能力转化的行为载体力量训练的系统全面研究，能够为我国竞走训练质量的提高提供有力的"助推剂"。本研究以为我国专业竞走运动员及教练员提供科学的训练理论为先导，创新载体力量训练建设，旨在为提高竞走运动"训练质量"提供参考。

（三）科学建立系统的竞走运动员力量训练体系

在长期的竞走运动训练中由于受到传统训练理念的影响，导致竞走运动训练过程中更加注重竞走技术的训练和提高，缺乏对竞走技术与力量训练的科学认识，从而忽视了技术训练与力量训练的有机结合。长此以往，竞走运动员竞技能力水平难以取得可靠的支撑。

将力量训练看作竞走技术能力转化的行为载体，通过对竞走运动员力量结构、特征、手段、原则等方面的探索，系统地将其作为专项需求下的行为载体建设，科学建立系统的竞走运动员力量训练体系，可以为我国的教练员和体育科研人员提供科学力量训练理念、方法、手段等，为培养高质量、高水平的竞走运动员提供有益参考。

（四）对竞走运动员训练具有针对性的实践指导

竞走运动作为体能主导类项目，其有氧代谢占主要部分，因此力量训练在竞走运动中显得非常重要。一方面，系统的力量训练可以促使竞走运动员器官、肌肉（肢体末端肌肉、躯干和盆骨部位肌肉及深层的小肌肉群）达到良好的发育状态，从而在长时间的运动中有效地预防和避免运动损伤；另一方面，竞走运动员力量训练可有效地将身体的各个环节结合起来，促使上下肢配合协调发展，使运动员的步幅更加自然、宽大、协调，节奏感更强，减少运动员的身体耗能，维持身体的稳定性和平衡性，使身体重心轨迹波动小，移动速度快，实效性更高。研究竞走运动员力量训练，可为竞走运动员日常训练提供针对性实践指导。

第二节　竞走的教学设计

一、教学目标

（一）认知目标

（1）了解竞走项目的发展过程。
（2）了解竞走的定义、竞赛规则和裁判方法。
（3）了解竞走技术结构、教学重点与难点。
（4）了解制约竞走运动成绩的因素。
（5）了解竞走项目特点、锻炼价值和文化特征。

（二）技能目标

（1）使学生掌握竞走的基本技术，能够比较准确地讲解竞走技术结构和动作要领。
（2）能够对错误动作进行分析，并给出纠正错误动作的具体方法。
（3）能够针对学生的年龄特征和心理特点进行竞走教学设计，并能较好地组织竞走教学。

（三）情感目标

（1）培养学生对竞走学习的兴趣和求知欲。

（2）培养学生吃苦耐劳、坚毅顽强的意志品质。

（3）培养学生遵纪守法、公平竞争的意识。

（4）培养学生团结互助的合作精神。

二、学习者分析

在体育教育专业的田径必修课教学大纲中，竞走通常作为一般性或介绍性内容出现在田径教学中，且安排得比较靠后，学生在学习竞走前已经掌握了一些田径的基本理论和运动技能，学习竞走技术的难度不是很大，加上竞走与平时生活中的普通走有较大区别，更具有观赏性，学生学习竞走的积极性比较高，这对掌握竞走技术是非常有利的。

在教学过程中，如果连续竞走的距离或时间较长，下肢容易疲劳，产生酸疼感。因此，教师在教学中要控制好竞走的距离和时间，使学生在课堂上始终保持较高的学习热情。

三、教学内容分析

（一）竞走的特点和健身价值

1. 竞走的特点

竞走时的步幅大、步频快，竞走时步长达到 100～120 厘米，步频达到 200 步/分钟以上。走的过程中身体重心平稳地向前移动，身体重心上下波动幅度小，一般不超过 5 厘米，两臂和肩部活动幅度大。为了增大步幅，骨盆绕支撑腿髋关节垂直轴转动明显，为了支撑腿膝关节阶段伸直，骨盆绕支撑腿髋关节矢状轴转动适度。技术动作具有良好的经济性和实效性。

竞走比赛时间长，能量消耗多，以有氧供能为主，运动员必须具有良好的心血管系统功能和呼吸系统功能。由于比赛时间长，运动员还要有顽强的意志品质，能够吃苦耐劳。

竞走比赛时，在若干裁判员的监督下，按照田径竞赛规则对竞走的定义，检查运动员走进过程中是否符合规则的规定，谁违反了规则的规定，裁判员就会给予警告，三次警告后就取消其继续比赛的资格。判定运动员是否腾空或在前支撑阶段支撑腿膝关节是否伸直，主要以竞走裁判员的眼睛观察为依据。因此，利用人的眼睛识别率的阈值，改进运动员的竞走技术，对提高竞走成绩有积极意义。

2.竞走的健身价值

竞走不仅是一项竞技项目，还有着良好的健身作用。经常练习竞走能有效提高运动员的耐力素质，增强腿部肌肉力量和髋关节、膝关节及踝关节的灵活性，提高呼吸系统和循环系统的机能，培养吃苦耐劳、坚毅顽强等意志品质。练习竞走不受年龄、性别、季节、场地和设备等条件的限制，是一项容易在群众中开展的健身项目。

（二）决定竞走成绩的主要因素

竞走成绩的优劣主要取决于竞走时步长的大小与步频的快慢。加大步长或加快步频均可以提高竞走的速度。

竞走时的步长为两脚着地点之间的水平距离，它受后蹬距离、着地距离制约。后蹬距离大小受腿长、后蹬腿伸展程度以及后蹬角度等因素的制约。因此，在合理的后蹬角度下，充分伸展髋、膝、踝关节，有利于增大后蹬距离。着地距离受腿长、着地角度以及骨盆绕支撑腿髋关节垂直轴转动程度等因素的制约。因此，在合理的着地角度下，骨盆绕支撑腿髋关节垂直轴转动，有利于增大着地距离，从而增大步幅。

步频是单位时间内走的步数。步频的快慢取决于完成每一步所用时间的长短，而这一时间又包括单支撑时间和双支撑时间。因此，缩短单支撑时间和双支撑时间可以提高步频。

竞走时脚跟着地后迅速滚动到全脚掌，身体重心迅速前移。当身体重心移过支撑点垂直上方时，快速伸展髋关节、踝关节和趾关节。同时蹬离地面的腿，脚尖离地较近，大小腿成自然折叠状态，以便缩短下肢摆动过程中的移动路线，节省摆动时间。两臂也协调配合快速摆动，这对缩短单支撑时间有促进作用。而缩短双支撑时间，前脚脚跟着地的同时，后脚脚尖蹬离地面。

竞走比赛的距离都比较长，其身体活动以有氧供能为主，能量消耗较多，虽然竞走时身体重心轨迹呈上下左右的微波浪形，但上下起伏一般不超过5厘米，脚的落地点基本在一条直线上，身体重心平稳地向前移动。由于长时间连续走进，能量消耗多，比赛后程走进的速度有所下降，但在比赛开始后的大部分时间中，应以匀速走为主，这样比较节省能量，动作结构也相对稳定，不容易出现技术犯规现象。

（三）竞走技术教学的重点

1.骨盆绕支撑腿髋关节垂直轴的转动

竞走的速度比普通走快的原因之一是竞走的步幅较大，步幅的增大主要是靠骨盆绕支撑腿髋关节垂直轴转动实现的。在竞走教学中，采取有效的教学方法和手段，加强迈步过程中骨盆绕支撑腿髋关节垂直轴的转动练习。

2.支撑腿在前支撑阶段膝关节应伸直

为保证支撑腿膝关节在前支撑阶段伸直，脚跟着地时脚尖上翘，在脚掌滚动、身体重心快速前移过程中，支撑腿膝关节充分伸展，伸膝动作一直持续到垂直支撑面。此时，支撑腿一侧的髋和膝略高于摆动腿一侧的髋和膝。

3.掌握双支撑技术

教学过程中，教师应抓住前脚脚跟触地，脚尖上翘与后脚脚尖蹬地的同步动作，让学生体会前脚脚跟和后脚脚尖的静止站立，以及较慢速度大步走时用前脚脚跟与后脚脚尖同时着地的肌肉感觉。虽然田径规则强调了没有（人眼）可见的腾空，但对于初学竞走者来说，还是要准确地掌握双支撑技术，为今后的进一步提高打下坚实的基础。

4.走进过程中身体重心平稳移动

竞走时身体重心波动小，既可减少身体重心移动的路程，节省体力，又能有效地避免腾空犯规。尤其是重心上下波动要小，一般不超过5厘米。要使身体重心在走进中趋于平稳，应从脚落地方式、着地距离、后蹬方向等方面考虑。

（四）竞走技术教学的难点

在竞走技术教学中，教学难点是技术动作的自然、协调和放松。在竞走技术教学开始阶段，学生很容易出现身体紧张，动作不协调现象。因此，走的距离不要太长，走速不要太快，教学过程中要始终强调动作的自然、协调和放松。

四、教学策略

（一）准备活动

竞走教学过程虽然运动强度不大，但肩、髋、膝和踝各关节的活动幅度较大，多次重复同一个动作，走的时间一长，身体容易紧张。因此，进行竞走练习前，应重点加强肩关节和髋关节不同方向的活动范围，加强膝关节和踝关节的屈伸练习。伸展颈部、肩带、躯干和下肢肌肉群，特别要加强伸展髋关节、膝关节和踝关节的肌肉，这样有利于练习过程中的动作自然和放松，有利于竞走技术的掌握。

（二）技术教学

1. 建立正确的竞走技术概念

教学手段：

（1）通过技术挂图及教师示范和讲解等手段向学生介绍竞走技术特点、竞赛规则，使学生对正确的竞走技术及特点有一个全面的了解。

（2）讲解竞走技术特点，强调竞走的健身价值，激发学生学习竞走的积极性。

教学提示：

（1）讲解要简明扼要，抓住关键。

（2）根据教学的需要做重点动作的示范。

2. 初步学习、体会竞走技术

教学手段：

（1）直线大步走 60～100 米，要求学生脚跟先着地，着地时膝关节伸直，动作自然放松，步幅开阔。

（2）慢速和中速竞走 100 米，要求学生从脚跟着地时起至垂直支撑膝关节伸直，前脚掌脚跟着地时后脚脚尖离地，不能出现腾空，体会蹬地时伸展髋关节和踝关节的动作过程。

教学提示：

（1）强调学生以脚跟先着地，经脚掌外侧迅速滚动到全脚掌，着地瞬间伸直膝关节并持续到垂直支撑。

（2）强调学生后蹬动作结束后，脚尖靠近地面向前摆动，防止出现腾空。

3. 改进提高骨盆绕支撑腿髋关节垂直轴的转动动作

教学手段：

（1）两腿左右稍开立，原地踏步走，大幅度向前送髋，体会骨盆绕支撑腿髋关节垂直轴的转动。

（2）行进中做前交叉步走，体会骨盆绕支撑腿髋关节垂直轴的转动。

（3）慢速和中速竞走 100 米左右，步幅开阔，重点掌握骨盆绕支撑腿髋关节垂直轴的转动方法，同时体会脚跟先着地迅速滚动到全脚掌的动作过程。

教学提示：

（1）在练习骨盆绕支撑腿髋关节垂直轴转动时，要求学生主动前移髋部。

（2）明确该练习的目的是增大步幅。

4. 改进提高骨盆绕支撑腿髋关节矢状轴的转动动作

教学手段：

（1）两腿左右稍开立，脚掌不离地反复将体重由一腿移至另一腿。在此基础上体会脚掌稍离地的上述练习。非支撑腿的髋部下沉，支撑腿膝关节充分伸直，使支撑腿同侧的髋和膝分别高于非支撑腿侧的髋和膝。

（2）站在台阶上，一条腿靠近台阶的边沿站立支撑体重，充分伸直膝关节。另一腿悬空，髋部做出上提和下沉动作。

（3）慢速和中速竞走 100 米左右，重点改进骨盆绕支撑腿髋关节矢状轴的转动方法，同时体会脚跟着地后迅速滚动到全脚掌的动作过程。

教学提示：

在练习骨盆绕支撑腿髋关节矢状轴转动时，要求学生支撑腿在前支撑阶段膝关节应充分伸直，强调在垂直支撑时，支撑腿同侧的髋和膝分别高于摆动腿侧的髋和膝。

5. 改进提高支撑腿在前支撑阶段膝关节伸直的动作

教学手段：

（1）两腿前后开立，前脚脚跟着地，后脚前脚掌着地。随着后腿屈膝前摆，身体重心由两腿之间迅速前移至前腿上。此时支撑腿膝关节充分伸直，且髋和膝的位置分别高于摆动腿的髋和膝。

（2）慢速和中速竞走 100～150 米，改进、提高支撑腿从着地至垂直支撑膝关节伸直的动作质量。

教学提示：

（1）在改进支撑腿膝关节伸直的动作过程中，强调着地时脚尖上翘，用脚跟先着地。

（2）着地时膝关节伸直至垂直支撑。垂直支撑时，支撑腿髋和膝的位置分别高于摆动腿的髋和膝。

6.改进提高摆臂和肩部动作

教学手段：

（1）两腿左右开立比肩稍宽，原地做以肩关节为轴的屈肘摆臂练习，摆臂过程中两肩适度绕人体垂直轴转动。

（2）慢速和中速竞走100～150米，重点掌握正确的摆臂动作，以及肩关节冠状轴与髋关节冠状轴做适度的扭转动作。

教法提示：

（1）在改进摆臂和肩部动作时，可先进行直臂摆动练习，要求前后摆动，身体和肩要放松。

（2）屈臂摆动时，摆臂动作幅度大而放松。

7.改进提高弯道竞走技术

教学手段：

（1）沿半径为10～15米的圆圈竞走。

（2）在田径场弯道上竞走100～120米。

教学提示：

强调弯道竞走时身体姿势的变化、蹬地时脚着地部位的变化，以及向前摆腿、摆臂方向的变化。

8.巩固完善竞走技术

教学手段：

（1）中速竞走100～400米。

（2）中速竞走200米和快速竞走200米相结合的变速走。

（3）竞走400米或800米。

教学提示：

向学生介绍竞走比赛的裁判工作方法，强调走进过程中支撑腿膝关节在前支撑阶段要伸直，不能出现人眼能观察到的腾空，同时强调动作的协调放松。可逐渐增加走的距离，适当提高走的速度。可将学生按掌握技术程度分成若干小组，每组成一路纵队进行练习。可选择适当的位置观察学生的技术动作，并对学生技术上存在的问题给予指导。

（三）竞走教学中易犯错误产生的原因及纠正方法

1. 支撑腿在前支撑阶段膝关节弯曲

产生原因：受已有跑的前支撑阶段着地缓冲动作定型干扰；脚着地时脚掌上翘不够，脚跟先着地不明显；骨盆绕支撑腿髋关节矢状轴转动不够；伸膝肌肉群力量弱。

纠正方法：通过观看技术图片、教师示范和进一步讲解，明确竞走前支撑阶段膝关节伸直的技术特点；进行骨盆绕支撑腿髋关节矢状轴转动的专门性练习；进行翘脚尖的专门练习，发展伸膝肌肉和胫骨前肌力量，提高踝关节的灵活性。

2. 明显的双脚离地腾空

产生原因：步频过快，步幅过大，走速超过自己的实际水平；后蹬角度过大，使身体重心升高过多；向前摆腿过程中大小腿折叠过多，脚离地面过高。

纠正方法：依据自己的实际水平，确定合理的步频和步长；减小后蹬角度，平稳地向前移动身体重心；蹬地后大小腿自然折叠，脚靠近地面向前摆腿。

3. 骨盆绕支撑腿髋关节垂直轴转动幅度小

产生原因：髋关节灵活性差；向前摆腿时送髋动作幅度小；两臂前后摆动幅度小。

纠正方法：加强提高髋关节灵活性的各种专门性练习；进行向前摆腿送髋的专门练习；加大两臂摆动幅度，并适当加大两肩绕身体垂直轴的转动幅度。

4. 垂直支撑时骨盆绕支撑腿髋关节冠状轴转动幅度小

产生原因：动作概念不清；支撑腿膝关节没有充分伸直；支撑腿伸膝肌肉力量差。

纠正方法：进一步说明该转动有利于支撑腿膝关节伸直；强化骨盆绕支撑腿髋关节冠状轴转动的专门练习；加强伸膝肌肉群的力量练习。

5. 步频慢

产生原因：竞走的节奏感差，动作紧张。

纠正方法：按击掌或节拍器的节奏走进，下坡加快步频走进，加强协调性练习。

6.动作紧张不协调

产生原因：完成动作的方法不合理，上下肢协调配合差。

纠正方法：提高竞走时的上下肢动作质量，身体放松，并加强协调性练习。

五、学习评价

由于竞走教学时间短，学习评价主要从以下三个方面进行：

（一）竞走技术和相关理论知识掌握程度的评价

组织学生进行竞走技术评定，通过课堂提问、布置作业或期末理论考试的形式评价学生竞走技术和相关理论掌握的程度。

（二）学习态度评价

从上课出勤情况、技术练习、回答问题积极性、遵守课堂纪律等方面评价。

（三）教学能力评价

从教学设计能力的评价着手，让学生以作业的形式设计一节45分钟中小学竞走课的教学案例，作为其教学能力的评价内容。

第三节　竞走教与学的注意事项

竞走技术教学以完整教学为主，以分解教学为辅。教学的前一阶段的重点放在掌握支撑腿在前支撑阶段膝关节伸直和双支撑动作上，后一阶段的重点则以掌握上下肢、躯干及各部位的协调配合为主。[①]

一、建立完整技术概念

教师在讲解竞走技术演变、规则和竞走技术特点时，注意简明扼要，语

---

① 李艳富，梁兆风. 竞走技术教学动作分析 [J]. 民营科技，2014（11）:258.

言准确，同时结合图片、录像和完整的技术动作示范，使学生对竞走完整技术动作和技术特征有一个全面的了解。需要注意的是，教师在讲解和示范过程中应力求让学生听清楚、看明白。

初学时严格控制速度，不宜快走，从慢速走、中速走中体会竞走是否符合竞走定义中关于不得腾空和伸膝的技术要求，目的是使学生正确认识竞走技术，分析竞走技术，能判别动作是否符合竞走定义的要求。

同时，不要急于掌握竞走技术，要领会和认识竞走定义实质，建立正确的竞走技术概念。通过支撑肋木进行送膝和送髋练习及交叉步走、侧向前后交叉步走，发展髋关节灵活性，体会骨盆绕身体垂直轴前后转动，防止只注意腿的技术而忽视髋关节在竞走技术中的作用。

二、学习掌握竞走技术的关键点

（一）学习竞走的腿部动作

要求学生以脚跟先着地，经脚掌外侧迅速滚动到全脚掌，着地瞬间伸直踝关节；后蹬动作结束后，脚尖始终靠近地面，小腿不要后撩，防止出现跑动。

（二）学习竞走时髋关节冠状轴的转动动作

在练习髋关节冠状轴绕支撑腿髋关节垂直轴转动时，要求学生主动前移髋部，强调筋部先发力带动大腿与小腿向前迈步，同时身体重心积极前移。在练习筋关节冠状轴绕支撑腿髋关节矢状轴转动时，强调支撑腿应充分伸直，并要求学生支撑腿处于垂直支撑时，支撑腿侧的髋和膝高于摆动腿侧的筋和膝。

（三）学习竞走中两臂和两肩的动作

可先进行直臂摆动练习，要求前后摆动，身体和肩臂都要放松。屈臂摆动时，摆臂动作幅度大而放松，提示学生两肩的扭转和两腿及筋部动作协调配合的重要性。

（四）学习竞走完整技术

在学习竞走完整技术时，一般采用间歇走的方法进行练习，间歇方式可采用停下原地休息，也可采用普通走进行积极性休息。在竞走过程中强调功能的协调放松，要求学生必须有双支撑动作过程，不能出现腾空，同时强调支撑腿在前支撑阶段膝关节要伸直。当学生基本掌握了竞走技术后，可逐渐增加走的距离，适当提高走的速度。

教师在教学中要不断指出练习中的正确与错误技术，并通过正误对比使学生深化竞走技术概念。

三、改进并提高竞走技术

经过前一阶段的教学，教师对学生的竞走技术存在的共性问题和每个学生的具体问题应明确说明，并给出各自改进的措施。这一阶段主要是在持续走进中改进并提高竞走技术。教师可将学生按掌握技术程度分成若干小组，每组成一路纵队进行改进与提高竞走技术，也可选择适当的位置观察学生的技术动作，并根据学生技术上存在的问题及时给予指导和纠正。当学生练习时，教师要强调走得自然和放松，同时强调合理的竞走节奏。为了培养学生的竞走节奏感，教师可让竞走节奏好的学生在本组的前面领走。为了提高学生的学习兴趣，教师还可以采用教学比赛的方式组织教学，但要强调技术动作必须符合规则的要求。

四、非体育专业竞走教学注意事项

经常练习竞走可有效地改善和提高人的呼吸系统和心血管系统的机能，提高髋、膝、踝关节的灵活性，提高腿部肌肉力量，具有良好的健身作用。同时，竞走不受场地、器材等条件的限制，易于在各类人群中开展。在组织非体育专业青少年练习竞走时，要向他们说明规则中对竞走技术动作的规定，以及完成正确竞走技术动作的方法。但不要按规则的要求去规范他们的技术动作，应重点放在技术动作的协调、连贯和放松上，动作外形基本上符合竞走要求即可，不必追求动作细节。课堂教学的组织形式要合理，重点培养他们的兴趣，并使他们有所体会。通过竞走练习，普通走、竞走和慢跑相结合的练习形式，吸引他们积极参与竞走活动，达到健身的目的。

第六章　短跑训练的教与学

第一节　短跑的基本知识

一、短跑技术的起源与发展

（一）短跑的起源

短距离跑源于人类早期。当时，人们为了生存，不得不与大自然拼死抗争，而抗争中最常用的基本手段就是短距离快速奔跑，后来发展成为短距离跑。在公元前 776 年第 1 届古代奥运会上，有一个"斯太地"（约 600 脚长，是古希腊的长度单位）距离的短距离跑竞赛项目。规则是谁第一个到达终点谁就获胜。1896 年，第 1 届现代奥运会设男子 100 米和 400 米比赛，美国的运动员伯克分别以 11.8 秒和 54.2 秒获得两项冠军。第 2 届奥运会增设 200 米比赛项目，美国的图克斯伯里以 22.2 秒成绩夺冠。女子 100 米、女子 200 米、女子 400 米比赛项目是在 1928 年第 9 届奥运会、1948 年第 14 届奥运会和 1964 年第 18 届奥运会上依次设定的。从第 20 届奥运会起，男女短跑共设 10 个项目的比赛，即男女 100 米、男女 200 米、男女 400 米、男女 4×100 米和男女 4×400 米。

（二）短跑技术的发展

1.起跑技术的发展

最初，短距离跑的起跑技术是运动员用一只手抓住绳子，站在巨石前面利用后蹬的力量冲出起跑线。18世纪末，起跑时运动员站在起跑线上，由裁判员喊"跑"，运动员听到口令后开始起跑。1887年，美国田径教练法玛尔菲到澳大利亚旅行，看到袋鼠在跳跃之前，总是后腿弯曲，身体俯下去。受此启发，他发明了"蹲踞式"起跑，并于1888年由大学生西里最先使用。在1896年第1届现代奥运会上，美国运动员伯克采用"蹲踞式"起跑，以11.8秒成绩获得100米冠军，以54.2秒成绩获得400米冠军，从此"蹲踞式"起跑技术开始在全世界推广。1929年，美国选手辛普逊率先使用可调节的起跑器，并以9.4秒跑完100码（约91.1米），直到1936年第11届奥运会，起跑器的使用才取得了合法地位。随着起跑研究的不断发展，"普通式""拉长式"等起跑方法应运而生。20世纪80年代初，田径规则严格规定，短距离跑比赛一律采用"蹲踞式"起跑，并规定在预备口令发出后，运动员四肢必须接触地面，这种起跑姿势一直沿用至今。

2.途中跑技术的发展

早期短距离跑的姿势是上体前倾较大，腿抬得较高，落地前小腿有向前摆的动作，步幅开阔，手臂摆幅很大，全身表现出很强的力量特征。20世纪初，出现了"踏步式"技术。其特点是躯干前倾大，大腿抬得高，脚落地点离身体重心投影点近，步幅小而步频快，跑的动作比较紧张。后来，芬兰人克里麦特又创造了"迈步式"，技术特点是上体直立或稍前倾，大腿高抬并且前伸小腿，脚跟着地，落地点距身体重心较远，步幅大而步频稍慢，动作轻松自然。但由于脚跟先着地，仍影响速度发挥。后来，瑞典体院对"迈步式"进行研究后，创造出了"摆动式"跑法，其技术特点是用前脚掌落地，小腿自然摆动，大腿积极下放，膝关节放松，脚的着地点更接近身体重心投影点，从而极大地促进了短距离跑成绩的提高。20世纪60年代末，塑胶跑道的广泛应用使短距离跑成绩产生了飞跃，并打破了世界纪录，技术特点也由原先的"摆动式"发展到当今的"屈蹬式"，在技术上更加强调高抬腿，积极送髋，快蹬快摆，积极趴地，以及后蹬瞬间支撑腿膝关节不完全伸展的屈蹬技术，整个动作轻快柔和，富有弹性，前进性好，身体各部分动作协调、自然，步幅大，频率快。

整体来看，短距离跑的发展分为4个阶段：1896～1931年为第1阶段，主要是凭运动员的天生素质能力创造短距离跑记录。1932～1950年为第2阶段，是进入科学训练的初级阶段，把全年训练划分为3个主要阶段，即准备期、竞赛期和过渡期。1951～1968年为第3阶段，此阶段进入大运动量训练阶段，在短距离跑训练理论和方法上有很大的发展。1970年初至今为第4阶段，这个阶段是从"经验型"训练向全面科学训练方向发展的阶段，是短距离跑成绩迅速提高的阶段。此阶段形成了科学系统的短距离跑训练理论和方法，发展了科学选材的理论，并实现了多学科的综合研究成果和手段在短距离跑项目中的广泛运用，促进了短距离跑技术的不断发展和成绩提高。

3. 现代短距离跑技术发展的主要趋势

（1）动作规范化，突出高步频、大步幅、动作平稳、身体重心波动差小、节奏感明显的特点。

（2）技术结构合理化。一方面重视摆动技术，强调以摆促蹬，摆蹬结合，大小腿紧贴折叠，快速有力，大幅摆动；另一面，注重支撑和腾空时间的缩短（途中跑约为1:1.2），要求增大身体重心腾起初速度和减小身体重心的腾起角。

（3）步幅、步频同步化发展。

（4）注重髋部技术。发展短距离跑速度应注重从髋部做起。

（5）加速时间和加速距离延长。

二、决定短距离跑成绩的主要因素

评定短距离跑的技术标准是实效性和经济性，既要发挥人体最大运动能力，产生最好的运动效果，又要合理运用体力，在获得最佳效果的前提下，最经济地使用人体能量。整体上影响短距离跑成绩主要因素如下：运动员健康状况、竞技状态、技术水平、场地器材、气候环境、周边氛围等。技术上影响跑速的主要因素如下：人体前进的力量、速度、方向和角度；腿和手臂摆动的力量、幅度和速度；全身整体协调配合作用。动作结构上影响跑速的时期主要是支撑与腾空时期技术的合理性，而最终决定运动员跑速成绩的因素是步长和步频。

步频是指连续两脚着地之间的距离。它由后蹬距离、腾空距离、着地缓冲距离三个部分组成。需要注意的是，着地缓冲阶段的支撑点位置在身体重心投影点之前，支撑反作用力水平分力向后，因此加大步幅不应追求这一段距离。当摆动腿前摆至最大幅度时，随即便应做积极的下落着地和缓冲动作。要通过增加步幅来提高跑的速度，必须做到后蹬的力量大、速度快、动作充分，同时掌握好后蹬的方向和适应的后蹬角度。

步频取决于完成每一步所用的时间，这一段时间可以分为支撑时间和腾空时间。支撑时间是完成步长中着地缓冲和后蹬距离所需的时间，它与着地缓冲技术和后蹬的动作完成速度等因素有关。腾空时间是完成步长中腾空距离所用的时间，它与腾起的初速度、腾起角度和空气作用力等因素有关。

提高步频需要缩短每一步中腾空时间和支撑时间。缩短腾空时间应在可能的范围内尽量减小后蹬角度，同时通过减小摆动半径和加快摆动速度来缩短摆动腿前摆至高点的时间。缩短支撑时间主要是缩短着地缓冲时间。在腾空阶段后期，摆动腿积极下压动作能为缩短着地缓冲时间创造良好的条件。另外，用前脚掌积极而柔和地着地，着地后踝、膝、髋关节主动弯曲缓冲，同时另一腿积极向前摆动，这些动作都能加快身体重心的前移速度，达到缩短着地缓冲时间的效果。步长和步频还与上体姿势和两臂摆动有关，跑动时头部和上体要保持比较正直和相对稳定的姿势，要有意识地加强两臂摆动。

第二节　短跑的教学设计

一、教学目标

（一）认知目标

（1）了解短距离跑运动的发展。
（2）了解短距离跑竞赛的规律变更。
（3）了解当今国内外短距离跑的技术水平。
（4）明确短距离跑的概念、技术组成、技术动作环节要领及影响运动成绩的因素。
（5）理解短距离跑的教学设计。

（二）技能目标

（1）掌握正确的短距离跑技术动作。

（2）能够精准地讲解技术动作。

（3）能够分析技术中存在的问题并能根据实际情况选择解决问题的方法。

（4）能够运用教学设计的内容组织中小学短距离跑课的教学。

（三）情感目标

（1）通过短距离跑的学习，使学生经过自己努力而体验到成功的喜悦。

（2）通过教学中公平、公正的竞争，培养学生良好的竞争意识，培养学生相互帮助、相互指导和相互合作的精神，建立良好的人际关系，以及敢于展示自我、超越自我的良好品质，养成健康向上的习惯，增强学生的自信心。

（3）通过严密科学地组织教学，培养学生严明的组织纪律性和努力刻苦、顽强拼搏、勇往直前的精神风貌，使学生富于创造性。

二、学习者分析

短距离跑是人的基本活动机能之一。作为经过训练考入大学的体育专业本科学生对短距离跑都有一定认识，尤其是对短距离跑的技术动作、竞赛规则等有一定的认知和了解，并且大多数学生在短距离跑的技术上都已达到了一定水平，但很少有学生对短距离跑的技术动作细节，特别是对短距离跑的技术原理和方法有较系统的了解，更谈不上把短距离跑的相关理论知识运用到实践中解决有关短距离跑的各种问题。

三、教学内容分析

（一）短距离跑的特点与价值

短距离跑既是竞技场上竞争的最高境界。作为强身健体的手段，短距离跑要求在最短的时间内用最大速度跑完一定距离。这就要求人体的各系统器官，特别是运动系统和神经系统及内脏器官能在很短的时间内完成最大强度的工作。经常进行短距离跑的练习，能够提高人体各个系统器官的协调性和机能能力，从而实现强身健体的目的。作为竞技场上的最高境界，短距离跑体现的不仅是成绩和水平的高低，还体现了运动员顽强拼搏、积极进取的精神面貌，以及崇高健美的良好愿望。作为基本的生活技能，学生一般都具备，但其技术和动作并不一定完善。因此，学习短距离跑应该是一个纠偏过程。

（二）教学中的重点与难点

教学重点是指学生在做完整技术动作时，对完整技术动作效果产生很大影响的关键技术环节。短跑技术教学重点是途中跑技术。在教学过程中，教师要利用学生所具备的自然跑的能力，技术上始终强调自然、放松和富有弹性的大步幅跑进，符合生物力学和解剖学原理，体现经济性和实效性。

教学难点是指学生在学习完整技术过程中比较难学习和掌握的技术动作部分和技术环节。短跑技术教学的难点是蹬摆结合技术。短跑技术的发展更强调摆动技术的重要性。在教学过程中，教师应抓好高步频、大步幅，重心上下起伏小，上下肢蹬摆动作要配合协调，节奏感强。强调以摆促蹬，蹬摆结合。

四、教学策略

（一）准备活动

短距离跑时间短、强度大，对身体的器官机能系统要求高。为了促进学生尽快掌握技术，在学习短距离跑技术时，除了常规的准备活动内容外，建议多采用专项内容进行准备活动。专项准备活动内容包括各种关节的活动、内脏器官的适应性练习和跑的专门性练习等。关节活动部位主要是踝、膝、髋、肩以及各韧带的拉松、舒展性练习，要求练习后各关节有很好的灵活性，各韧带有很好的柔韧性；内脏器官的适应性练习主要是采用高度快频率的小幅度动作练习以及较短距离的快跑练习，如原地快跑、原地快摆臂、原地快速高抬腿练习和30米左右的快速跑练习等；跑的专门性练习主要指小步跑、高抬腿、后蹬跑、后踢跑等。另外，教师还可运用各种反应性的游戏在学习短距离跑前对学生的反应能力进行训练，使学生从身体、心理两个方面对短距离跑的学习有所准备和适应。

（二）技术教学内容与手段

短距离跑教学顺序应从途中跑开始，然后进行蹲踞式起跑和起跑后加速跑、终点跑、弯道跑及弯道起跑的技术学习。短距离全程跑是学生在素质和技术上的全面体现，应在反复进行提高身体素质和快跑能力的练习以及跑的基本技术教学后进行。

1.介绍短距离跑一般知识，帮助学生建立正确技术概念

教学手段：

（1）讲解短跑的发展概况、项目特点和短跑基本技术。

（2）技术示范。用蹲踞式起跑60米完整的短跑技术示范1～2次，让学生从正面或侧面观察示范。

（3）观看优秀运动员的技术图片、录像。

教学提示：

第一次以完整技术示范为主。第二次对关键技术环节边讲边做，甚至可以分解示范，让学生注意关键的技术细节。示范的目的是将短跑的完整技术介绍给学生。

2.学习跑的专门练习

跑的专门练习是根据跑的技术动作设计的一些跑的分解动作专门性练习。比如，高抬腿跑、小步跑、车轮跑、折叠跑、跨步跑等。这些练习对掌握和提高跑的技术非常有帮助。跑的专门性练习不仅可以用于初学者掌握跑的基本技术，还可以用于改进某技术环节。

教学手段：

（1）讲解示范跑的专门性练习动作。

（2）慢节奏带领学生做练习。

（3）学生认真体会各个练习动作。

3.学习直道途中跑技术

教学手段：

（1）讲解直道途中跑技术特点，并做示范。

主要讲解适应塑胶跑道的"屈蹬式"短跑技术。"屈蹬式"跑时膝关节角度变化小；蹬伸动作幅度小且速度快；支撑时间短，有利于提高步频；蹬摆动作转换自然、连贯、迅速，有利于提高摆动速度。"屈蹬式"技术使小腿前倾角度及后蹬角小，有利于增加水平分力，减小重心波动，提高跑的实效性，协调步长与步频的关系，达到节省体力的目的。同时，在强调高抬腿向前上方摆动时，适当减小"髋、膝、踝"三个关节充分蹬直的幅度，以加大向前的实效性。

（2）学习原地摆臂技术。

①讲解示范原地摆臂技术要领。身体前后自然直立，两眼平视，半握

拳。摆动时以肩为轴，肘关节弯曲以肘为半径后摆达到最大幅度。摆到最高点时利用肩带反弹力迅速前摆，前摆时手的高度不要超过下颚，前后摆臂时手与躯干之间空隙要小，避免形成横向摆臂或交叉摆动的错误动作。

②根据技术要求原地摆臂数次。

③两人一组互助练习。相互提出摆动的方向和幅度要求，检查并纠正错误。

④三人一组定位练习。一位同学练习，其他两位分别站在前后，用双手给练习者确定摆幅最大的空中位置。练习者不论前摆或后摆都需要触到伙伴事先在空中定位的手掌。这样，练习者可以及时得到正确的反馈，从而及时改正错误技术。

（3）学习途中跑时要求正确的摆臂技术。

①讲解示范途中跑技术。

②学生认真体会途中跑练习。

4. 学习加速跑技术

教学手段：

（1）讲解加速跑技术要点，做 1～2 次加速跑示范。

（2）学生在直道做 30～80 米匀加速跑。

①立式起跑，匀加速 30 米中速跑。

②站立式起跑，中快速 60 米跑。

③站立式起跑，中快速 80 米跑。

④站立向前倒体顺势加速 50 米跑。

教学提示：

（1）步长、步频应逐步增加。

（2）以步频为主但应保持适宜的步长，跑后不要急停。

5. 学习蹲踞式起跑技术

（1）学习安装起跑器。

教学手段：

①介绍起跑器安装的"接近式""普通式""拉长式"三种方式。

② 30 米蹲踞式起跑做示范和讲解。

③学生分别安装三种起跑方式并进行练习，从而选择适合本人情况的起跑器安装方法。

教学提示：

①让学生动手安装起跑器，认真体会其优缺点，然后根据本人条件选择适合本人的起跑器安装方式。

②衡量起跑器安装是否适合学生本人要求的依据：蹬离起跑器时能否充分发挥肌肉的最大力量；起跑后在加速途中身体是否有较大的前倾角度；在"预备"姿势时，是否感到舒服、自然。

（2）学习"各就位""预备""跑"三声口令的技术动作。

教学手段：

①讲解示范起跑技术动作。

②学生做起跑练习，认真体会起跑技术动作。

教学提示：

"各就位"动作前利用短暂的时间调整一下自己的情绪，放松面部，做几次深呼吸，使心里有个准备。在"各就位"口令之后应站在起跑器前，屈膝下蹲，上体前俯，两手触地，然后将两脚轻轻地靠在起跑器的抵趾板上，单膝触地跪在 40～50 厘米处，注意听"预备"口令。听到"预备"口令后，随之吸半口气屏住，同时从容地抬起臀部，稍高于肩，身体的 70%～80% 重量主要落在两臂和在前起跑器的腿上。蹬在前起跑器的腿的大小腿夹角 90～100 度，后起跑器的腿为 120～130 度，两脚掌紧压抵趾板。听到枪声或"跑"的口令时，两手迅速推离地面。屈肘做有力的前后摆臂动作，同时两腿迅速蹬离起跑器。

（3）复习起跑后的加速跑技术。

教学手段：

站立式起跑 20～25 米，3～4 次。

教学提示：

起跑后立即转入加速跑。这段距离一般在 20～25 米之间，进入途中跑时"利用加速跑后的惯性"过渡 1～2 步，缓解用力起跑时带来的肌紧张。起跑后加速跑的步长不宜过大，否则易造成动作紧张，神经能量和体力消耗过多会影响后程段落的体力和技术。

6.学习蹲踞式起跑技术

教学手段：

通过各种快速反应动作练习提高注意力和兴奋性，使起跑的反应快，动作速率快。

7.学习弯道途中跑技术

教学手段：

（1）讲解弯道途中跑技术特点，示范弯道 30 米跑。

（2）学生在半径为 10～15 米圆圈上体会弯道跑。

（3）学生体会直道进入弯道跑技术，练习 30～40 米转 20 米。

（4）学生体会从弯道进入直道跑技术。跑 30～40 米转 10～20 米。

（5）弯道起跑 120～150 米并反复跑。

8.学习终点跑技术

教学手段：

（1）从慢速、中速和加速跑中练习撞线技术。

（2）在离终点 10～15 米处做上体前倾压线的终点跑技术。

9.巩固和提高全程跑技术

教学手段：

（1）复习途中跑的各种技法、专门练习等。

（2）起跑和加速跑各种技法。

（3）复习终点冲刺和撞线技术。

10.易犯错误、产生原因及纠正方法

（1）起跑时蹬起跑器无力。

产生原因："预备"时臀部抬起过高或过低，重心前移时脚未蹬紧起跑器，听到枪声后两臂摆动无力，等等。

纠正方法：多训练腿部力量和蹬起跑器的跳远、多级跳练习；起跑时做好正确的"预备"动作；枪响后两臂要配合两腿快速有力地前后摆动。

（2）起跑后加速跑上体抬起过早。

产生原因：起跑时后蹬角太大，过早抬头，两臂摆动无力，躯干前倾不够，腿部力量差，等等。

纠正方法：多训练腿部力量，注意起跑第一步落点不要太远，两臂要配合用力。

（3）"坐着跑"。

产生原因：跑时上体前倾太大，含胸塌腰，后蹬不充分，髋部前送不够且急于高抬摆动腿，髋关节灵活性差，等等。

纠正方法：应多做后蹬跑和发展髋关节灵活性练习，跑进时应保持上体正直情况下提腰，注意蹬、摆结合和送髋动作。

（4）跑时动作幅度小、步幅短。

产生原因：过分追求步频，后蹬不充分，摆动腿前摆时大小腿折叠不够且前摆太低。

纠正方法：多训练高抬腿跑、后蹬跑等跑的专门性练习，跑时注意摆动腿前摆时大小腿的折叠动作和快速大幅度的前摆高抬动作。

（5）摆臂紧张或方向错误。

产生原因：摆臂习惯不好，肩带力量差，肩部紧张，等等。

纠正方法：加强肩关节灵活性练习和肩带力量练习，多做原地正确摆臂练习，在慢跑和快跑时体会和改进摆臂技术。

（6）抢跑。

产生原因：对起跑的正确技术动作没有掌握；身体重心过分前移，手指力量不足；靠侥幸心理猜枪声，想压枪声跑。

纠正方法：示范正确的起跑技术，反复讲解起跑的技术要领；限制身体过分前倾，使肩部处在支撑点垂直面的延长线上；加强上肢手臂、手指的力量训练；加强教育，要求学生必须听到枪声后做出反应起跑，不能有侥幸心理去猜测响枪时间。

（7）加速跑中过早抬体，减弱了加速质量。

产生原因：对起跑后的加速跑技术理解不正确，急于抬起上体；腿部力量差，怕身体前倾大摔倒。

纠正方法：用前倾度较大的站立式起跑姿势来仿效起跑的第一步姿势，在欲摔而不倒的情形下做加速跑；让学生低头猫腰从线下跑过去，或者教师站在侧面手臂侧平举，高度同上，让学生从臂下跑过去；发展和提高腿部力量。

（8）不撞线或跳起撞线。

产生原因：对撞线技术概念不清楚，对撞线技术的意义不理解；误认为跳过终点线比跑过要快。

纠正方法：正确讲解和反复示范撞线技术动作；讲明跳起撞线腾空时间长影响成绩的道理；反复练习用慢、中等速度以肩或胸撞线的技术；逐步加快速度，在快跑中掌握撞线技术。

五、学习评价

对学生短距离跑的学习评价主要根据教学目标，采用过程性评价与终结性评价相结合的方法进行。

（一）理论评价

采用课堂提问、课后作业、卷面测试等形式，了解学生对短距离跑的基本理论知识掌握程度，以及运用短距离跑理论知识分析和解决教学中问题的能力情况。教师要有计划地安排并进行相关记录，以此作为评价依据。

（二）技术技能评价

技术技能评价主要采用技术评定和成绩达标两种方法进行。技术评定主要从短距离跑技术的经济性与实效性方面进行；达标课用 100 米、200 米的成绩进行评定。

（三）教学能力评价

通过学生的课堂短跑技术过程的描述、动作展示、课堂教学实习，完成课后错误动作分析及纠正方法的作业情况，设计中小学短距离跑教学案例的水平等进行评价。

（四）平时学习评价

通过平时的课堂实习、课堂表现、课堂回答问题的能力、上课的态度、考勤、作业质量、同学间的相互评价等进行综合评定。

第三节　短跑教与学的注意事项

一、学习直道途中跑技术应注意的问题

在途中跑教学中，教师要始终强调上肢与下肢的协调配合技术，让学生体会自然放松的技术和大步长技术，并随着技术的不断改进和完善，逐步加快跑速，延长跑的距离。

二、学习蹲踞式起跑和起跑后加速跑技术应注意的问题

起跑器安装及"预备"姿势的身体重心高低应根据个人特点，不断调整起跑器的位置和抵趾板角度。学习开始阶段，学生的技术不够熟练，这时不要过分强调身体前倾，以免摔倒或影响起跑后加速跑动作的连贯性。学习起跑技术初期，应以单个练习为主，听枪声集体起跑要在掌握技术后和教学后期进行。

三、学习弯道途中跑和弯道起跑技术应注意的问题

（1）在圆圈上练习跑时，应强调身体向圆心方向倾斜，而不是躯干向内倾斜。

（2）观察学生弯道跑技术，教师应站在弯道的圆心处或正对着学生跑进方向的前面。

四、学习终点跑技术应注意的问题

（1）终点撞线时，不能跳起撞线。

（2）跑过终点后，应随惯性逐渐减速，以免发生伤害事故。

（3）学生成组练习撞线时，要把跑速相近的编在同一组，以便提高教学效果。

五、改进和提高全程跑技术应注意的问题

（1）各部分技术衔接要连贯自然。

（2）采用接近全力跑，切忌过分紧张。

六、注意调节运动员在训练和比赛中的情绪

（1）在训练和比赛开始前，运动员应该做好充分的准备工作和准备运动，对训练和比赛中可能出现的各种情况进行分析，并做好应对措施。

（2）在比赛中，应当增强运动员的自信心，让运动员相信自己有实力做到最好，这有利于运动员在比赛中发挥出正常的专业水平。

（3）在训练和比赛中要确保运动员的注意力高度集中。运动员只有全身心地投入到训练和比赛中，才能够降低外界因素的影响，充分发挥自己的实力。

（4）比赛就会有输赢，胜败乃兵家常事。教导员在训练和比赛结束以后，应当注意运动员情绪的调节。对于在比赛中取得优异成绩的运动员，教导员应适当给予奖励和表扬，同时告诫运动员不要有骄傲自满的情绪，在以后的训练和比赛中应该保持平稳的心态，如此才能取得更高的成就。对于在比赛中失利的运动员，教导员要对其进行鼓励和安慰，帮助运动员化悲愤为动力，积蓄力量，发奋训练，以取得优异成绩。[1]

---

[1] 徐爱忠．中学体育短跑训练过程中应注意的若干因素分析 [J]．当代体育科技,2015,5（6）:45.

第七章　中长跑训练的教与学

第一节　中长跑的基本知识

一、中长跑技术的形成与发展

中长距离跑（简称"中长跑"）是 800 米到 10 000 米之间距离的跑。通常进行的中跑比赛项目有男、女 800 和 1 500 米；长跑比赛项目有男、女 5 000 米和 10 000 米。除此之外，国际田联还承认 1 000 米、2 000 米、3 000 米等项目世界纪录，其中 3 000 米还分别被列为世界杯赛男子比赛项目和世界锦标赛女子比赛项目。

（一）中长跑的起源

早在 2 500 多年，古希腊阿尔菲斯河岸的山崖峭壁上就刻着这样一句话："你想健壮吗？跑步吧！你想健美吗？跑步吧！你想聪明吗？跑步吧！"可见，古希腊人已把跑步作为强身、健体的手段了。中长跑项目的比赛最早产生于古希腊。公元前 1728 年的第 15 届古代奥运会上就有了"道力霍斯"的往返跑。当时，中长跑项目比赛是在 192.27 米的直道上进行的，终点处设立一根标杆，运动员跑到终点时绕过标杆再跑回来，反复进行。因此，当时的中长跑比赛也称"往返跑"比赛。

（二）中长跑的发展

近代中长跑技术起源于英国。18世纪初，英国有些穷人为了赚钱糊口，经常在一些重大节日里为观众表演赛跑。这种职业性中长跑激起了群众的极大兴趣，越来越多的人加入中长跑运动的行列。19世纪中叶，中长跑已经得到较为广泛的发展。1896年，第1届现代奥运会将800米和1 500米列为男子比赛项目；1912年，第5届奥运会上将5 000米和10 000米列为男子比赛项目。女子中长跑比赛在奥运会上开展得较晚，直到1928年第9届奥运会上，800米才被列入女子比赛项目，但只举行了一届便被取消，直到1960年罗马奥运会才恢复。1972年，第20届奥运会将1 500米列入女子比赛项目。在1984年第23届奥运上，3 000米曾被列为女子比赛项目，但在1988年第24届奥运会上被取消，并把5 000米和10 000米列为女子比赛项目。

二、当代中长跑技术的特点

中长跑属于耐力性、周期性的项目，需要在较长的时间内连续重复跑一个复步动作。由于是长时间连续重复跑，受耐力的影响绝对速度不可能与短跑一样，具有其跑进特征。但是，从概念上来理解不能认为中长跑是中等速度的跑，在实际的活动中它是耐力性的快跑。只有在耐力跑中表现速度，才能在长距离上跑得更快，才能真正表现其特点。鉴于中长跑运动的肌肉活动具有爆发性收缩特点，为了达到爆发式收缩，肌肉必须预先拉长，而做到肌肉的预先拉长，肌肉又必须做到放松，这是肌肉拉长非常重要的前提。放松的程度对掌握中长跑技术动作至关重要，越放松跑得越省力，效果越好。中长跑要在较长的时间、段落中跑得更快，必须具有明显的节奏特点，如果节奏紊乱，就会造成呼吸紊乱、心律失常以及肌肉用力程度的紊乱，使能量消耗、体力浪费增多，速度也会减慢，达不到合理的要求。

三、中长跑的第二次"呼吸"

中长跑时，由于内脏器官工作条件的改变，氧气供应落后于肌肉活动的需要，所以跑一段时间后，会出现胸闷、四肢无力、呼吸困难、跑速降低，产生难以继续跑下去的感觉，这种现象称为"极点"。这是一种正常的生理现象。当"极点"出现时，一定要以顽强的毅力坚持跑下去，加大呼吸深度，适当调整跑速，"极点"就会缓解，身体机能就会得到明显的好转，这就是生理上所谓的"第二次呼吸"。

四、中长跑技术的发展趋势

中长跑项目的世界纪录不断刷新，运动员的跑速越来越快。运动员在较长时间内，其中枢神经系统和肌肉活动处于连续不断地接受刺激中，要消耗大量的能量来维持比赛的高速运动。由于运动员跑速不断提高，中长跑技术动作结构朝着短跑的技术方面发展。后蹬力量的增加、后蹬幅度加大、后蹬时间缩短，后蹬的动作速度也逐渐加快；后蹬角度变小，后蹬时髋、膝、踝三个关节用力顺序更加明显，后蹬全过程身体重心前移距离加长，腾空时间与支撑时间也越来越接近。中长跑的完整技术表现出动作轻松自然、重心移动平稳、向前效果好。随着现代塑胶跑道的出现，中长跑的技术有了新的发展。为了适应和更好地利用塑胶跑道的弹性，跑时摆动腿更加积极地前摆，强调了摆腿速度加快，摆腿摆动力量增加，摆动方向更加向前，脚落的动作更加积极主动、积极后扒，且用力的时间更短，特别明显的是注意减少后蹬力量的消耗。当代中长跑的成绩取决于平均步长与步频。因此，中长跑步技术要求尽可能大的步长与步频或使两者合理结合。总体来看，现代中长跑技术仍然朝经济性和实效性两大方向发展。

五、中长跑的锻炼价值

中长跑是一种具有较大锻炼价值的运动，经常参加中长跑锻炼，能提高呼吸系统和心血管系统的功能，发展耐力素质，增强抗疲劳的能力，培养坚毅、顽强的意志和克服困难的精神。相关医学观察和研究证明，中长跑具有预防、治疗某些慢性疾病和增强体质、延年益寿的作用，尤其是长时间的跑步具有明显预防肥胖和减肥效果。因此，近年来在世界范围内掀起了群众性的健康长跑。在我国，中长跑不仅是各级各类学校体育与健康教学大纲规定的教学内容，还是《国家学生体质健康标准》和《全国田径业余锻炼等级标准》规定的锻炼、测验项目。中长跑运动已成为人们锻炼身体的重要手段之一。

六、中长跑锻炼身体的方法与手段

中长跑能有效增强心肺功能和耐力素质，提高健康水平。在中长跑技术教学时，可以采用以下方法。

（一）走与跑交替

走与跑交替是最初参加中长跑练习和心肺功能、耐力素质较差的人采用的一种方法。其具体方法是先用中等或中等以下的速度匀速跑一定距离，感觉疲劳时就走一定距离来调整、休息，然后再接着跑。例如，跑 1 000 米时，可采用中等或中等以下速度先跑 200 米，再走 100 米，共跑 5 次，即（200米跑 +100 米走）×5 开始练习，以后逐渐增加跑的距离，缩短走的距离。经过一段时间的锻炼，耐力稍有提高后，再过渡全程匀速跑。

（二）越野跑

在公路或自然环境中（如乡间小路、原野、山地、沙丘、雪地、林间小路）进行练习，可激发练习者的兴趣，提高练习者的练习效果。在自然环境下进行练习，因为没有距离标志，可采用定时跑的方式，如跑 20 ～ 30 分钟。

（三）匀速跑

就是一种在规定时间或规定时间内，用中等或中等速度以下匀速跑法来发展一般耐力。可从跑 3 ～ 5 分钟或跑 600 ～ 1000 米来开始练习，心率控制在 140 次 / 分左右。经过一段时间练习，随着体力提高和耐力的增强，可以逐渐增加跑的时间和距离，并适当提高跑的速度。这种定时或定距的匀速跑，可在田径场跑道上进行，也可在野外或公路上进行。

（四）变速跑

变速跑是一种在规定的距离内，采用快慢相间的跑法。先快跑一段距离，然后慢跑一段距离，快慢交替进行。例如，1 000 米跑可采用 100 米快跑 +100 米慢跑的跑法，2 000 米变速跑可采用 200 米快 +100 ～ 200 米慢跑或 300 米快跑 +100 ～ 200 米慢跑的跑法等。开始采用这种方法进行时，快跑段距离不要太长，跑速也不要太快。随着体力的提高和跑的能力增强，再逐渐增加快跑段的距离，缩短慢跑段的距离并提高快跑段的速度。

（五）间歇跑

间歇跑是由跑的距离、速度、次数、间歇时间、间歇方式 5 个因素构成的一种跑的方法。特点是跑速稍快，并且严格控制每次跑之间的间歇时间。一般要求跑完一个规定距离段落后，心率达到 170 次 / 分钟左右，待心率恢复到 120 次 / 分钟左右时，就立即准备下一次跑，以此来控制每次跑之间的间歇时间。间歇跑的距离可用 200 米、300 米或 400 米。开始采用这种方法练时，跑的段落可短一些，跑速可慢一些，跑的次数也可少一些。间歇方式可采用步走或慢跑。

（六）重复跑

重复跑是一种跑的速度稍快，距离稍长，但不严格控制间歇时间，待体力基本恢复时（心率接近恢复正常时）再进行下一次跑的方法。例如，300 ～ 500 米 ×2 ～ 4 次或 400 ～ 600 米 ×2 ～ 4 次等。开始采用这种方法时，跑的距离可短一些，跑的速度可慢一些，跑的次数也可少一些。

第二节　中长跑的教学设计

一、教学目标

（一）认识目标

学习中长跑的一般知识。通过教师讲解，使学生掌握中长跑的一般知识，了解中长跑的要求和注意事项，调动学生学习中长跑的积极性和主动性。

（二）技能目标

使学生掌握中长跑的基本技术、技能与方法，并能指导学生通过中长跑科学从事身体锻炼。

（三）情感目标

激发学生长跑健身的兴趣，培养学生吃苦耐劳、克服困难、坚韧不拔的意志品质，形成健康的生活方式。

二、学习者分析

教学对象为体育教育专业学生，身心发展已基本成熟，具有独立思考、分析和判断的能力，对中长跑的健身价值有所认识。由于普通学生心理素质和意志品质较差，缺乏吃苦耐劳的精神，加之中长跑教材枯燥乏味，学生自觉参与学习的兴趣和意识比较淡化。因此，在教学中不仅要重视中长跑的技术、技能与呼吸方法的教学，而且要更重视学生思想、心理和意志品质方面的教育。

三、教学内容分析

（一）中长跑介绍

中长跑是以有氧代谢为主的耐力性、周期性运动项目，经常参与中长跑锻炼能提高心肺功能、呼吸系统和心血管技能水平。现代医学观察和研究证明，中长跑具有预防和治疗某些慢性疾病、增强体质提高健康水平的作用。

（二）中长跑技术教学中的重点与难点

教学重点：掌握中长跑的途中跑技术是中长跑技术教学的重点。

教学难点：途中跑蹬与摆配合、呼吸节奏的协调配合是中长跑技术教学的难点。

四、教学策略

（一）准备活动

1.一般性准备活动

一般性准备活动的目的是热身，消除肌肉、关节的黏滞性，增加肌肉、韧带的弹性与伸展性，通常安排各类辅助练习、诱导练习等，采用慢跑、拉长等练习方法，为专门性准备活动做热身活动准备。

2.专门性准备活动

专门性准备活动的主要目的是去除内脏器官惰性，使内脏器官达到较高技能水平状态。通常采用各类辅助与诱导性练习及一些专门性练习。着重发展在接下来正常工作中使用的关节与肌肉，使之尽早进入工作状态。专门性准备活动具有针对性，是一般准备活动的补充与延伸。通常采用以下手段进行练习：

（1）慢跑 800～2 000 米或慢跑 10～20 分钟。

（2）伸展性活动：体前屈、弓箭步、侧压腿、体转、体侧、扩胸、振臂等运动。

（3）柔韧性：踝、膝、髋、腰、肩、颈等部位的屈、伸和绕环的练习。

（4）跑的专门性：小步跑、半高抬腿跑、后蹬跑。

（5）加速跑：直道、弯道的加速跑。

（二）技术教学

1.建立正确的技术概念

（1）明确学习目标，介绍中长跑的概况。

教学手段：

①介绍中长跑的发展状况。

②介绍中长跑的锻炼价值和学习意义。

③简介中长跑教学步骤和教学要点。

教学提示：

①讲解要有鼓动性，具有教育意义。

②要善于在课堂上调动学生的积极性和自觉性。

③教学中多用实证阐明锻炼的价值、生理效应和学习意义。

（2）让学生初步了解、体会完整技术。

教学手段：

①讲解示范中长跑的技术要点。

②学生根据自己的实际情况，用最快的速度跑完规定的距离。

教学提示：

①教师示范要以某个专项的节奏跑为例，要有起跑和冲刺跑的技术。

②要求学生及时了解自己跑的特点、跑的能力、呼吸方法、体力分配、跑的节奏感和速度感。

2.学习途中跑技术

教学手段：

（1）结合示范（或通过图片等直观教具）讲解途中跑技术，让学生了解途中跑技术的要求、方法和要领。

（2）中等以下速度匀速跑 80～100 米。

（3）中等以下速度到中等以上速度的加速跑 80～100 米。通过反复做上述练习，体会和初步掌握中长跑途中跑时的腿部动作、躯干姿势和摆臂动作外，还应注意呼吸和步伐的配合，掌握中长跑的呼吸方法。

（4）变速跑（或走、跑交替）：100 米中速跑 +100 米慢跑（或走）；200 米中速跑 +100～200 米慢跑（或走）；300 米中速跑 +100～200 米慢跑（或走）。变速跑总距离男生 1 500～2 000 米，女生 800～1 000 米。跑时要控制好跑速，注意跑的动作和呼吸方法的正确性。

教学提示：

注意以培养学生节奏感为前提，然后使肌肉活动达到相应的节奏，主要以信号做引导，在基本定型以后让学生自己练习。

3. 学习站立式起跑，起跑后的加速跑技术和巩固途中跑技术

教学手段：

（1）结合示范（或通过图片等直观教具）讲解站立性起跑和起跑后加速跑技术，让学生了解技术要求、方法和要领。

（2）以组为单位，在起跑线后做站立式起跑"各就位"口令后的起跑预备姿势若干次，让学生体会站立式起跑时两脚位置和身体各部位姿势。

（3）以组为单位，在起跑线后的集合线站好，听"各就位"和"跑"的口令，按站立式起跑和起跑后加速跑的方法，做站立式起跑 30～80 米。

（4）中等速度重复跑 200 米、300 米或 400 米。由站立式起跑出发进行中等速度的重复跑，要求起跑动作正确，跑时动作轻松、自然，跑速均匀，呼吸和步伐配合协调，并注意培养学生的速度感觉。跑的总距离男生 1 200～1 500 米，女生 600～800 米。

教学提示：

（1）先学习站立式起跑，再学习半蹲踞式起跑；先学习分道起跑，再学习不分道起跑。

（2）不分道起跑时要注意避免发生互相挤撞现象，以保证安全。

（3）要注意结合战术进行起跑练习。

4. 学习终点跑技术和掌握全程跑技术

教学手段：

（1）讲解终点跑和全程跑技术的要求和方法。

（2）按水平分组，由站立式起跑出发，进行 200 米、400 米或 600 米的中等速度重复跑，在最后 50～150 米处开始适当加速，冲刺跑通过终点。

跑的总距离，男生1 200～1 500米，女生600～800米。

（3）按水平分组，由站立式起跑出发，进行男生1 200米和女生600米的中等速度匀速跑，在最后100～200米处开始适当加速，冲刺跑过终点。

（4）按个人体力分配方案跑，男生1 200～1 500米、女生600～800米。

（5）全程跑，组织教学测验或比赛并进行技评。测验比赛距离：男生1 500米，女生800米。

（三）易犯错误、产生原因及纠正方法

1.脚落地重，没有弹性，八字脚，脚尖着地

产生原因：脚着地的方法不正确，脚掌、踝关节力量差。

纠正方法：反复练习正确着地方法；增加小腿肌肉、关节力量的练习；两脚内缘沿直线或跑道线跑；做小步跑过渡到加速跑练习。

2.大腿抬得太低，脚掌着地生硬，前蹬过于用力

产生原因：髂腰肌力量较弱；大腿后部肌肉伸展性差，脚掌着地时不是从上向下，而是小腿向前鞭打着地。

纠正方法：发展髂腰肌力量；做高抬腿练习，要求摆动腿向前方伸出；反复小步跑练习，强调小腿不要向前鞭打，而是从上向下运动，注意脚着地离身体中心投影点不要太远。

3.坐着跑，后蹬效果不好，大腿前摆不高，方向不正

产生原因：对蹬、摆动作理解不清，腿部、腰腹力量及髋关节灵活性差。

纠正方法：明确动作概念，体会蹬、摆方向角度；做后蹬跑、跨步跳、高抬腿跑、支撑跑等动作；发展腰腹肌力量，改善髋、膝、踝等关节的灵活性。

4.上体过于前倾，含胸，头前探，上体后仰，头后仰，身体左右摇晃

产生原因：动作概念不清，颈部、肩部和臀部肌肉紧张。

纠正方法：让学生明确技术概念；教师要用语言强调技术要点，要求背部、颈部肌肉放松；肩下沉、放松，做两臂前后放松摆动；做增强上肌力量和肩关节灵活性的辅助练习。

5.呼吸方法不正确和跑的节奏性差

产生原因：呼吸要领掌握不好，在长时间、大强度的跑中，呼吸功能跟不上机体的需要；机力分配不合理，没有形成固定的跑动节奏和稳定的步长和频率。

纠正方法：讲解分析呼吸节奏的重要性，由慢跑过渡到快跑，让学生练习呼吸和跑动的配合；采取规定时间分段跑的方法，培养节奏感和在跑动中控制体力的能力。

五、中长跑教学的考核与评价

依据中长跑的教学目标，主要从以下几个方面进行评价。

（一）知识与教学能力

知识与教学能力的评价采用提问中长跑的知识（教材特点、锻炼价值、技术的结构划分等内容）及中长跑教学说课形式进行。

（二）学习态度、意志品质评价

通过课堂出勤率和参与学习的态度进行评价。

（三）评价分值权重

学习态度 10%+ 知识 10%+ 技评 30%+ 达标 40%+ 能力 10%。

第三节　中长跑教与学的注意事项

一、中长跑技术在具体教学应用中需要注意的问题

在进行途中跑技术教学时，教师应注意学生对中长跑技术主要环节的掌握。初学时，让学生按统一要求去做，随着学生对技术的理解和掌握程度的提高，应逐渐对不同水平的学生提出相应的要求，使学生可以专门练习，如小步跑、高抬腿跑、后蹬跑、上下坡加速跑以及原地摆臂模仿练习等。

在进行起跑技术教学时，要求学生听信号后就快速启动，并注意姿势的稳定性。开始学习站立式起跑时，必须注意在身体前倾即将失去平衡的瞬间迅速跑出，在起跑和加速跑后，不应突然降低跑速，而是随惯性继续跑一段距离。弯道跑时，应尽量靠近跑道的内侧分道线跑。两眼注视跑进方向，因

为正确的视线方向保证头部和躯干的姿势正确，同时影响着地和摆臂动作。此外，还应注意抢占有利位置，防止因绊、撞等造成的伤害事故。

在改进和提高中长跑技术时，教师应先要鼓励学生克服困难，全力以赴进行练习。还应从学生的实际出发，区别对待，掌握好运动量，鼓励学生在"极点"出现时，应积极调整跑速和呼吸，以顽强的意志来克服"极点"带来的不适。

全程跑教学时，除了要求技术动作必须正确外，还要特别强调要跑得放松、平稳和注意跑的节奏，也可以采用分段报时的方法来培养学生的速度感。同时对学生进行战术意识的培养，包括全程体力分配，起跑后的加速跑及途中跑的领先跑、跟随跑，超越对手和终点冲刺跑的时机等。

二、我国寒冷地区冬季中长跑教学中需要注意的问题

（一）注意天气情况

众所周知，冬季寒冷地区天气复杂多变，总有寒流袭来，而寒冷地区的院校（除体育院校外）很少有室内田径场，这要求体育教师掌握天气变化，关注天气预报，根据天气情况来定是否进行中长跑教学活动。在 –30 ℃、风力 4 级以上时，应减少外出，外出时应戴口罩，以减少冷空气对口腔黏膜、鼻腔黏膜、呼吸道的刺激，否则不利于健康。在 –24 ℃、风力 3 级以下时，可进行户外活动，应注意用鼻子呼吸。因此，从学生的健康考虑在天气不利的情况下，不应进行中长跑教学，在 –18 ℃ ～ –24 ℃时，应采用有氧练习，且采用鼻式呼吸。–18 ℃以上可正常进行中长跑的教学活动。[1]

（二）注意服装保暖性的运用

（1）上课之前要向学生讲明，要选择那些保暖、松软、轻便、易穿脱的服装。对鞋的要求是保暖，鞋底要富有弹性（最好是旅游鞋）。因为天寒地冻，场地早已失去原有的弹性，长时间的运动容易伤及踝关节、膝关节。帽子、手套更是不可缺少的，这些要求只是完成对学生的基本要求。

（2）教师要如何根据运动量、天气情况来告诉学生何时要脱去防寒服，何时要穿上。学生由于年轻，易激动，运动到情绪高涨时不管不顾，如果不

---

① 文谦 . 寒冷地区冬季中长跑教学注意事项 [J]. 田径 ,2002（6）:28.

加强控制，容易造成能量过早流失，达不到良好的教学效果。脱去防寒服时，应控制心率在 130 次 / 分左右，面色红润，脸上可略见汗水。脸上没有汗水时应立即穿上防寒服。

（3）技术教学或下课结束前，应及时地让学生穿上或披上防寒服，在进行技术教学或总结时，要言简意赅，时间不宜过长。下课后应立即将学生疏散到教室或寝室，有条件的要换下内衣，同时要强调科学饮水。

第八章　跨栏跑训练的教与学

第一节　跨栏跑的基本知识

一、跨栏跑的起源和发展

（一）跨栏跑的起源

跨栏跑起源于劳动人民的劳动和生活，由人们跨越障碍物的基本技能演变而来。公元17～18世纪英国的畜牧业十分发达，牧羊人经常跳越羊圈，相互追逐嬉戏。牧民在节日里举行跳越羊圈的比赛，看谁跳得多，跳得快，随后又把栅栏埋在草地上进行比赛，这可以认为是最原始的跨栏比赛。

（二）跨栏跑的发展

作为竞技运动的跨栏跑经历了100多年的变迁和发展。竞赛项目最初有男子110米栏，逐渐增设了男、女400米栏和女子100米栏。在跨栏跑的发展过程中，还曾设过女子80米栏和男、女200米栏。我国为适应少年基础训练，对少年跨栏跑比赛的距离、栏架数量、栏高、栏距等作了特殊规定，如表8-1所示。

表8-1　少年栏架设置统计表

组　别	全程距离/米	栏架数量/个	栏架高度/米	起点至第一栏距离/米	栏间距离/米	最后一栏至终点距离/米
男少	200	10	0.762	16	19	13
女少	200	10	0.762	16	19	13
男少乙	110	10	0.914	13.72	8.70	17.98
	300	8	0.762	15	35	40
女少乙	100	10	0.762	13	8	15
	300	8	0.762	15	35	40

二、跨栏跑的发展阶段

跨栏跑的技术演变、发展与场地器材的革新和裁判规则的变化有着直接关系。栏架从最初是跨越埋在地上的笨重木栏改为可移动的"⊥"形栏架，最后演变成现行的"L"型栏架。栏架的改进，极大消除了运动员跨越栏架的心理障碍，促进了跨栏技术的发展。1934年以后，去掉了"如碰倒三架栏则成绩无效"的条款，进一步激发了运动员勇于进取的精神。综合跨栏跑的技术发展过程，大致可分为以下四个阶段。

（一）自然跨跳阶段

1837年，英国埃通大学首次举行了跨栏跑比赛，当时跨栏跑尚未被承认为正式比赛项目，过栏技术也很差，还保持着收腿跳过障碍物的自然动作。1896年第1届奥运会上，运动员过栏采用的方法仍是直体屈腿过栏，下栏后有明显的停顿，其动作带有明显的"跳跃"现象。

（二）技术成型阶段

1900年第2届奥运会上，跨栏技术有了很大突破，美国运动员首先采用摆动腿伸展前摆，降低身体重心腾起高度的"跨栏步"技术，改变了跳栏动作，加快了过栏速度。1908年第4届奥运会上，美国运动员福·史密森采用了新的过栏技术——起跨脚蹬地后，起跨腿弯曲，膝关节由体侧向前提拉，加快了起跨腿的过栏速度。1920年第7届奥运会上，加拿大运动员埃·汤姆逊过栏时采用了加大上体前倾和积极前伸摆动腿异侧臂的技术。至此，现代跨栏跑的过栏技术基本成型。

（三）跨栏跑结合阶段

进入 20 世纪 30 年代后，跨栏跑成绩提高较快，普遍重视提高跑速并与过栏技术有机结合。1936 年美国运动员汤斯三破世界纪录，跑出了 13.70 秒的成绩。他的平跑速度非常快，110 米栏与 110 米平跑的时间成绩只差两秒；在过栏技术上表现出起跨攻栏时摆动腿大腿充分高抬，下栏更积极，过栏时身体重心轨迹更接近于平直，几乎擦栏而过。1959 年德国运动员劳洛尔依凭借平跑速度好的优势和充分前倾上体的"折刀式"过栏技术，创造了 13.20 秒的世界纪录，被视为速度与技术有机结合的典范。

（四）完善提高阶段

20 世纪 50 年代末出现了由跨栏向跑栏发展的观点，国内外优秀运动员为实现这种技术进行了不懈的努力。60 多年来，跨栏技术虽未发生本质性的改变，但是更加注重技术的实效性、经济性。美国运动员米尔本虽然身材矮小，但他利用自己速度快、力量强的优势，注重过栏时上下肢配合，加快两腿剪绞速度，终于以 13.10 秒的成绩打破了劳洛尔保持 14 年之久的世界纪录。法国运动员德鲁特凭借身高腿长和全面的身体发展水平，在过栏时上体保持适度前倾并加快两腿剪绞速度，同时注重跑跨结合和良好的全程跑节奏，合理缩小了"跨栏步"的长度，加大了栏间第一步的距离，使每一跨栏周期由"三步一跨"变为"四步中有一大步"的更接近于跑的良好节奏，创造了 13.00 秒的世界纪录。美国运动员内赫米亚采用并改进了米尔本的过栏技术，集劳洛尔、德鲁特技术特点于一身，起跨攻栏积极，过栏"剪绞"速度快，摆动腿下压更加积极主动，跑跨动作衔接紧密。内赫米亚凭借良好的栏间跑节奏和速度耐力，于 1979 年以 12.93 秒的成绩第一个突破 13.00 秒大关。我国优秀跨栏运动员刘翔在 2004 年雅典奥运会上以 12.91 秒的成绩打破了 12.93 秒的奥运会纪录并平了保持 11 年之久的世界纪录。

三、跨栏跑技术的发展趋势

（一）速度是提高跨栏跑成绩的主要因素

跨栏跑的运动成绩主要决定于速度水平。例如，美国优秀运动员内赫米亚、福斯特等十七八岁时百米跑已具有 10.3 秒的水平，以后的训练中主要致力跨栏专项训练。正如美国教练所说："百米不跑到这样的水平，是不会选他来跨栏跑的。"说明提高平跑速度是提高跨栏跑成绩的重要手段，跨栏跑技术也只有建立在高水平的平跑速度之上，才有其竞技的实质意义。

（二）跨栏跑运动员平跑技术突出"高重心，频率快"

短跑运动员的速度是由合理的步长和步频决定的。运动员可以是大步幅，稍慢的频率；也可以是较短的步长，很快的频率；跑的时候可以是低重心也可以是高重心的。只要能够跑出好的速度就可以认为是优秀的短跑运动员。但跨栏跑项目受一定高度的栏架和一定栏间距离的限制，因此，跨栏跑的平跑技术是高重心和频率快的跑，只有在这种技术形式下练出的平跑速度才具有实用性。

（三）过栏技术更要重视改进下栏技术

过栏技术一直强调上栏或攻栏技术，但过栏技术既要强调上栏技术，又要强调下栏技术的观点得到多数人的认可。只有充分认识到过栏技术不仅要重视上栏，还要改进下栏技术，才能使跨栏跑技术更加接近平跑的技术。尤其是摆动腿的下栏要加快，重视摆臂与躯干的技术，要加强下肢力量的训练。加强对下栏与栏间跑衔接技术的训练，注重栏间快速节奏的训练，使跨和跑结合得更好，全程栏的节奏更合理，突出现代跨栏技术的特点。跨栏跑对运动员的要求是身材高大、平跑速度快。400 米栏的发展趋向于栏间减少步数，左右腿过栏技术更成熟。

第二节　跨栏跑的教学设计

一、教学目标

（一）认知目标

（1）了解跨栏跑的发展与演变概况。

（2）了解跨栏跑场地、器材的革新和裁判规则的变化。

（3）了解跨栏跑的技术演变。

（4）理解并掌握跨栏跑的概念、技术环节、动作要领以及影响运动成绩的因素，初步掌握跨栏跑的教学设计。

（二）技能目标

（1）掌握跨栏跑的动作技术，完成并合理示范跨栏跑技术组成部分的动作。

（2）能对动作技术进行讲解，分析技术中存在的问题，给予解决的手段。

（3）能够熟练掌握并运用教学设计的内容组织中学跨栏课的教学。

（三）情感目标

（1）培养学生的组织纪律性，注意安全，养成严格遵守课堂常规的习惯。

（2）利用跨栏跑项目的特征，培养在快速奔跑中跨越障碍、不怕困难和障碍的顽强意志品质；增强学生的自信心。

（3）培养学生锻炼自我、超越自我的良好品质，形成良好的归因风格，增强学生的自我效能感。

二、学习者分析

体育教育的学生都是经过严格的训练和测试考入大学的，有着良好的身体素质，但对跨栏跑项目还比较陌生。对场地、器材、规则都没有深入的了解。对于跨栏跑技术没有形成正确的动作表现。在学习初期，学习热情比较高，随着学习的深入，对学生的身体素质、运动能力、心理素质等也提出了较高要求。因此，在教学中，要充分调动学生的积极性，认真仔细地观察学生每次练习及每个动作，帮助学生克服各种困难，激励学生要先树立自信心，并把学生的心理锻炼和身体运动能力的锻炼结合起来。

三、教学内容分析

（一）跨栏跑项目的特点与价值

跨栏跑是速度快、强度大、节奏性强、技术复杂的运动项目，对于运动员各项身体素质及正确掌握技术都有较高的要求。有利于培养学生顽强的意志，增强学生的自信心。

跨栏跑技术练习能很好地发展学生的速度、力量、耐力、柔韧性、灵敏性等身体素质，为其他项目的学习提供良好的身体条件并对其他理论学习与应用有较好的促进作用。

（二）教学中的重点与难点

（1）重点：起跑到第一栏技术，"跨栏步"技术。尤其是快速攻栏及两腿、上下肢的配合技术。

（2）难点："跨栏步"与栏间跑的衔接，跨栏步和下栏后身体的平衡。

（三）决定成绩的主要因素

主要取决于运动员的平跑速度，合理的过栏技术及跑跨结合的技术。

四、教学策略

（一）准备活动

跨栏跑是田径运动项目中技术性较强、对身体条件及素质要求较高，节奏性较强的项目之一。为了充分利用课堂教学时间，促进学生尽快掌握跨栏技术，准备活动中除了采用常规活动内容外，建议多采用专项性练习内容进行准备活动。

教师利用教材、网络资源创编相关内容、采用讲解示范等方法组织学生进行身体各部位的活动练习，专项准备活动主要结合专项技术要求进行设计，主要以下肢（跨栏步）的专门性练习为主。例如，髋关节柔韧性练习、利用肋木与栏架进行起跨腿的提拉和摆动腿蹬地与积极下压的练习，徒手或利用栏架原地、行进间跨栏的诱导练习和各种压腿练习等，贴近技术特点，加强学生对技术的掌握。

（二）技术教学

在教学过程中，通常以跨栏步、栏间跑、蹲踞式起跑后加速跑过第一栏和下第十栏后的终点跑四个环节进行教学。在教学的初期以学习跨栏步和栏间跑相结合的技术为重点。在以前的教学中较多采用分解教学法，而在近年的跨栏教学中教学顺序有所改变，突出跑跨结合的能力，以先教栏间跑为主，在教学方法上也采用了先完整后分解的方法，以提高学生的跑跨能力，当学生体会到跨栏跑的正确动作路线后便可直接过栏。在教学中，可以根据不同学生的具体情况来选择栏架的高度和栏间的距离，降低难度，易于学生掌握技术。

1.介绍跨栏跑的一般知识，建立跨栏跑的完整技术概念

（1）教学手段。

简要介绍跨栏跑的特点，比赛项目和锻炼价值，栏高、栏距等。

跨栏跑技术示范，用站立式起跑过 2～3 个栏。

结合示范或通过图片讲解跨栏跑的基本技术，也可按技术环节边演示边讲解。使学生形成正确的动作表象，帮助学生建立正确的跨栏跑技术概念。

（2）教学提示。

教师示范时不要强调速度，而应要求动作轻松，让学生感到轻松自如，帮助学生克服恐惧心理。

2.学习跨栏步技术

（1）学习摆动腿过栏技术。

教学手段：原地摆动腿过栏练习。伸直的支撑腿以前脚掌支撑地面，上体正直或稍前倾，摆动腿屈膝高抬，带髋向前，然后大腿积极下压，膝关节放松，小腿随惯性摆出，在身体重心投影点稍前方着地。

走步或慢跑中做摆动腿过栏练习。走步或慢跑3～5步做一次，动作熟练后一步做一次，练习速度逐渐加快，动作自然放松。

走步或慢跑中栏侧摆动腿过栏练习。在摆动腿靠近栏架一侧，走或慢跑至栏架侧后方约1米处以起跨腿着地，摆动腿屈膝高抬，小腿迅速向栏架上方摆出，然后大、小腿积极下压，直腿下落用前脚掌支撑。动作熟练后跑速可加快，连续过3～4栏。

（2）学习起跨腿过栏技术。

教学手段：

手扶肋木做起跨腿提拉练习。起跨腿靠近栏架一侧站立，栏架横放或纵放，距肋木1米左右，两手扶肋木，上体前倾，两眼平视。开始起跨腿伸直向后摆至最远处，接着屈膝外展经腋下向前上方提拉过栏。要求展髋、抬膝有较大的幅度，减小身体扭转，练习速度由慢到快。栏架也可以纵放或栏板前端略高于后端，起跨腿沿栏板向前提拉，膝提拉到身体正前方，小腿自然下垂。

走步中做起跨腿过栏练习。走3～5步摆动腿做出过栏动作并着地，起跨腿离地后，大、小腿折叠外展，经体侧在栏架上方向前提拉过栏，上体稍前倾。要求起跨腿大腿提拉到身体正前方。

慢跑或快跑中在栏侧做起跨腿过栏练习。在起跨腿靠近栏架的一侧慢跑或快跑，当跑至离栏架1.5～2米处，摆动腿攻摆，起跨腿离地后大、小腿折叠外展经体侧在栏架上方迅速向前提拉。摆动腿着地后，起跨腿向前提举迈出下栏后的第一步，并继续跑进。要求起跨腿充分蹬地，迅速提拉过栏，摆动腿协调配合。过3～5个栏，栏间距离7～8米，先走动中做，后慢跑中做。

教学提示：

练习时始终保持前脚掌着地，高重心、高支撑。

提拉其跨腿时边提边拉，不要先抬高后提拉。

提拉起跨腿到体前时要成高抬腿姿势。

（3）学习过栏时两腿的剪绞动作和上下肢配合动作。所谓"剪绞"动作，就是在腾空阶段，摆动腿迅速主动下压着地的同时，起跨腿迅速提拉过栏的两腿积极配合的动作。上、下肢的协调配合有利于缩短腾空时间，尽快重新获得支撑。

教学手段：

原地做"跨栏步"模仿练习。原地自然站立，摆动腿屈膝高抬大腿，随之前摆小腿用脚前掌落地，摆动腿下落的同时，起跨腿蹬离地面后屈膝外展，经体侧向前提拉落地。

原地摆动腿过栏练习。面对栏架起跨腿支撑站立（离栏 30 ～ 40 厘米），上体正直，将摆动腿屈膝置于栏板上，小腿放松下垂。然后摆动腿直腿摆起，起跨腿蹬离地面，接着摆动腿下压用脚前掌落地，同时起跨腿迅速向前提拉过栏。

慢跑中做跨栏步练习。慢跑中摆动腿屈膝向前上方摆出，接着大腿下压以前脚掌落地，同时起跨腿蹬离地面，屈膝外展经体侧向前提拉到身体正前方。要求两臂协调配合。开始练习时跑 3 步做一次，熟练后可一步一次。

高抬腿跑从侧栏或栏上过栏。身体保持高重心，向前高抬腿跑至栏前约 1 米处起跨。练习时要求腾空时间短，两腿剪绞速度快，上下肢配合协调，下栏后继续高抬腿跑准备跨越下一栏。

栏间跑一步连续过栏。栏间距离 3 ～ 3.5 米（依据学生能力而定），用较快的速度跑向第一栏，过栏时两腿和两臂协调配合，下栏后跑一步接着跨下一个栏。可先做栏侧跑一步连续过栏的练习，再过渡到栏上过栏。

教学提示：

注意两臂动作配合的作用。

腰部保持一定程度的紧张，以便减少扭转幅度。

3. 蹲踞式起跑过第一栏技术

起跑过第一栏的技术总结概括为"快"，即起跑快，加速快；"准"，即栏前步点准，特点是起跨点准；"稳"，即栏前跑节奏稳。

（1）教学手段。

试跑练习。用站立式起跑技术跑 8 步，检查步长和起跨距离。

在跑道上画点或放置标志物，以帮助学生建立起跑至第一栏 8 步步长的空间定位感。

跑 8 步跨越横杆或橡皮条练习。去掉跑道上的标志物，按已熟悉的步长和节奏，快跑 8 步跨过横杆或橡皮条后继续跑进。

起跑过第一栏专门练习：起跑后跑 8 步以起跨腿或摆动腿的动作在栏侧过栏。

站立式起跑过第一栏。

蹲踞式起跑过第一栏。使用起跑器，听信号起跑过栏。

（2）教学提示。

8 步加速跑时，速度应有所控制，逐渐加速。

让学生默念 8 步节奏，按节奏跑提高起跑到第一栏的准确性。

4.跨栏步和栏间跑相结合技术

现代跨栏跑体现在跨栏周期快，栏间跑得快，完成动作快，跑转跨、跨转跑转换快。教学中重点体会，掌握快速奔跑中转换的能力。

（1）教学手段：

站立式或蹲踞式起跑跨 2～3 个栏：男生练习的栏高为 91.4 厘米，栏间距离 11～12.5 米，跑 5 步，或 8.5～8.9 米，跑 3 步。女生用 76.2 厘米高的栏架，栏间距离 10～11 米，跑 5 步；或 7.5～8.5 米，跑 3 步。

站立式起跑过 3～5 个栏练习：栏高和栏间距离根据学生情况确定。

适当缩短栏间距离，站立式起跑连续跨过 5～8 个栏架：培养学生栏间快节奏跑的能力。

蹲踞式起跑过 5～10 个栏练习：重点提高栏间跑节奏。

（2）教学提示：

在跑出 4～5 步时要抬起上体，便于起跨前抬高身体重心。

注意起跑器安装应适应跨栏跑的要求。

5.学习全程跨栏跑技术

（1）教学手段。

站立式起跑，跨越缩短栏间距离的 8～10 个栏，栏高也适当降低。

不同栏高、栏距的组合练习：前 3 个栏较高，中间两栏较低，后 2～3 栏较高；或前 2 栏较低，中间 3 栏较高，后 2～3 栏较低。栏间距离也可做相应调整。

降低栏架高度的节奏跑练习（8～10 栏）：栏高 76.2 厘米，栏间距离 8.3～8.5 米。

蹲踞式起跑过 5～7 个栏：重点提高跑速，改进跨栏步与栏间跑相结合的技术，建立正确的栏间跑节奏。

成组听信号站立式起跑或蹲踞式起跑过 5～10 个栏练习。

半程跨栏跑（男生 55 米，女生 50 米）或全程跨栏跑的技术评定与计时检测。

（2）教学提示。

栏间跑要求接近平跑技术，敢于加速。

注重建立栏间跑跨的节奏。

（三）跨栏教学中常出现的错误、产生原因及纠正方法

1. 跳栏

产生原因：起跨时身体重心低，并且靠后；起跨点近，怕栏；上体直，摆动腿踢腿上摆。

纠正方法：起跨点摆放标志；降低栏架高度，消除怕栏思想；掌握摆动腿屈腿摆动攻栏技术。

2. 摆动腿直腿过栏或盘腿绕栏

产生原因：动作概念不清；摆动腿前摆时大小腿折叠不够；小腿过早前伸，柔韧性差。

纠正方法：讲清摆动腿屈膝前摆的原理和技术；反复做屈腿前摆模仿练习；反复做摆动腿侧栏过栏练习，要求大小腿折叠前摆。

3. 腾空后两腿动作消极，"剪绞"幅度小速度慢

产生原因：起跨腿蹬地不充分，过早提拉起跨腿；髋关节灵活性差；摆动不积极，上体直，两臂配合不协调。

纠正方法：反复练习起跨腿栏侧过栏技术，强调充分蹬直起跨腿再迅速提拉过栏；适当加长起跨距离；发展髋关节灵活性和柔韧性。

4. 下栏时身体失去平衡，动作停顿

产生原因：过栏时起跨腿拖在后面；摆动腿脚掌着地时，起跨腿提拉不到位；摆动腿下压不积极，身体重心落后；上下肢配合不协调，上体扭转，起跨腿同侧肩落后。

纠正方法：多做各种跨栏专门练习；多做上下肢协调配合模仿练习；提高髋关节的灵活性；强调两臂动作的控制使设备提拉过栏时和落地后维持平衡。

5. 栏间第一步太小，影响栏间跑的节奏

产生原因：重心在后，下栏停顿；起跨腿提拉过早，两腿落地的时间差小；摆动腿下栏支撑不好，起跨腿提拉不到位。

纠正方法：栏间跑第一步着地处放一标志物，反复练习，增大下栏第一步；栏侧起跨腿过双重栏架；发展摆动腿支撑力量。

6. 蹲踞式起跑至第一栏起跨点不准确、不积极

产生原因：对蹲踞式起跑技术掌握不好；起跑加速不够；起跑后第一步太小；起跑至第一架栏的节奏不稳定，自信心不强。

纠正方法：改进起跑技术，反复练习起跑后8步节奏；摆放8步步长标志，降低第一栏高度，建立自信心。

7.全程跑节奏不稳定：直道栏间节奏不能用3步跑完全程，弯道栏全程节奏前快后慢，体力分配不均

产生原因：全程栏练习较少，节奏感不强；跑跨能力差，专项耐力差。

纠正方法：加强全程栏练习次数，提高练习的强度；反复练习，教师用击掌节奏让学生建立正确的全程跑节奏感。

五、学习评价

（1）理论评价：采用课堂提问、课堂讨论、课后作业的形式进行评价。教师有计划地安排并进行相关的记录。

（2）技术技能评价：技术和成绩评定两种方法进行考核评价。

（3）教学能力评价：采用课堂技术描述、动作展示等方式，完成课后作业，设计中、小学生跨栏跑项目的教学案例等方法进行评价。

（4）平时学习评价：采用出勤情况，上课的积极性、课堂提问、回答情况等课堂表现进行综合评定。

（5）学生自评、学生互评及教师评价相结合。

第三节　跨栏跑教与学的注意事项

一、直道栏教学方法与步骤应注意的问题

（1）跨栏跑技术比较复杂，对身体素质发展水平要求较高，因此跨栏跑的教学一般安排在短跑技术教学以后进行。

（2）教师的讲解应简明扼要，不宜分析过细，示范动作力求准确，以建立正确概念，形成清晰表象。

（3）降低条件的跨栏跑，主要使学生粗略体验跨栏跑的技术，可根据学生的实际水平缩短栏距，降低栏高，使学生重点体会跨栏的技术和栏间跑的动作。

二、学习掌握过栏技术应注意的问题

（1）跨栏步的教学是跨栏跑技术教学的重点。教学中可以通过分解练习和

专门性练习帮助学生掌握动作。但分解练习不宜过多，同时，要结合跨栏步教学，安排较多的发展柔韧性和髋关节灵活性的练习，以利教学任务的完成。

（2）跨栏步教学中，应注意观察学生的练习足迹，根据足迹的实际情况帮助确定适宜的起跨距离。

（3）跨栏步的专门性练习和技术的教学都要强调下肢动作与上体动作的协调配合。

三、学习起跑过第一栏技术应注意的问题

（1）起跑到第一个栏的步点要求准确、节奏感强、积极加速。

（2）重心抬起较早，跑到第 6 步时身体姿势已接近途中跑。

四、学习过栏与栏间跑相结合技术应注意的问题

（1）栏间跑的教学，要安排在起跑过第一栏后开始。从跨栏跑速度曲线的特点来看，一般要在第 3 栏后才能达到或接近个人的最高速度，因此前 3 栏是跨栏的疾跑阶段，应将栏间跑与起跑至第 1 栏技术有机地结合起来，完成前 3 栏的加速任务。

（2）第 3 栏后的跨栏进入途中跑阶段，主要任务是提高学生跨栏跑专项耐力，防止后半程的技术动作变形，以保证跑的速度。

五、学习全程跨栏跑技术应注意的问题

（1）着重改进个人过栏与栏间跑技术，建立正确的跨栏跑节奏。

（2）下最后一栏时尽力跑向终点，做冲刺撞线动作。

第九章 接力跑训练的教与学

第一节 接力跑的基本知识

一、接力跑的起源

接力跑是田径运动中唯一的集体项目。以队为单位，每队 4 人，每人跑距相同。关于其起源有多种观点，有人认为起源于古代奥运会祭祀仪式中的火炬传递，有人认为与非洲盛行的"搬运木料"或"搬运水坛"游戏有关，也有人认为是从快递信件文书的邮驿演变而来。

作为一种比赛项目，历史上出现过男子 4×200 米、4×800 米、4×1 500 米、4×880 码（1 码 =0.9144 米）、4×1 英里（1 英里 =1.609 344 千米）接力跑世界纪录的记载，此外，曾有过异程接力跑比赛。目前，接力跑包括场地接力跑和公路接力跑两种。作为现代奥运会的比赛项目，1908年第 4 届奥运会首次设立男子 4×400 米接力跑，1912 年第 5 届奥运会又增设了男子 4×100 米接力跑；女子 4×100 米、4×400 米接力跑分别于 1928年、1972 年列为奥运会的比赛项目。在正式田径比赛中，接力跑的比赛项目有男、女 4×100 米和 4×400 米。

二、接力跑的发展

19 世纪末接力跑被正式列为比赛项目。当时的比赛规则规定，各参赛队在各自指定的跑道内跑进，接棒人在 20 米接力区内起跑和完成传、接棒。1962 年以后，国际田联规定，在 20 米接力区的始端向后延长 10 米作为预跑区，接棒队员可以在 10 米预跑区域内任选一处开始预跑，但传、接棒仍然必须在 20 米接力区内完成。此外还涉及如下主要规则：

4×100 米接力跑：在中心线前后各 10 米构成 20 米接力区，接力区的开始和结束都从接力区分界线的后延算起；运动员必须手持接力棒跑完全程；仅以接力棒的位置决定是否在接力区内完成接力；运动员在接棒之前和接棒之后，应留在各自分道或接力区内，直到跑道畅通，以免阻挡其他运动员。

4×400 米接力跑：第一接力区的中心线与 800 米起跑线相同；第二、三接力区为第一直曲线分界线前后 10 米之间的距离；第二棒运动员在 800 米跑的抢道线处可以离开各自的分道，切入里道；第三、四棒的运动员应在裁判员的指挥下，按照同队传棒运动员跑完 200 米时的先后顺序（由内向外）排列各自的接棒位置。一旦传棒运动员跑过 200 米处，接棒运动员须保持其排列顺序，不能改变其在接力区起点处的位置。

接力跑是随着人类社会历史的发展而发展的。20 世纪科学技术的进步为接力跑的发展注入了活力，塑胶跑道、起跑器、合金空心接力棒的出现，为接力跑增添了各种科技手段，为促进接力跑的发展提供了保障。人类潜能的极尽挖掘与规则的改进、跑技术和传接棒技术的研究越来越深入、社会发展对人与人之间合作的高需求都对接力跑在素质、技术、规则及配合方面起到推动的作用，促进接力跑成绩的提高，使其竞技性更高、表演性更强。接力跑中"奋勇争先"和"通力合作"的拼搏精神和团队精神，从精神文化的高度较好地诠释了接力跑这一田径项目。

第二节　接力跑的教学设计

一、教学目标

（一）认知目标

通过学习，了解接力跑的概念、发展、特点、锻炼价值、基本技术和战术、基本规则与裁判法等。

（二）技能目标

通过学习，掌握接力跑的基本技术及教学手段与方法，发展接力跑的专项身体素质。

（三）情感目标

（1）通过接力跑的学习，培养学生的合作精神和集体责任感、荣誉感。
（2）提高学生对接力跑学习的兴趣及自信好胜、勇于拼搏的心理品质。
（3）使学生能够感知、欣赏接力跑的速度美、衔接美与协作美。

二、学习者分析

（一）认知基础

从神经系统发育方面来看，学生正处于脑细胞建立联系的上升期，沟回增多、加深，神经联络纤维的数量大大增加，联络神经元的结构和皮层细胞的结构机能迅速发展，是智力水平高、记忆功能强、抽象思维获得重大发展，分析综合能力明显提高的时期。这对学习接力跑传接棒技术、理解适宜的传接棒的时机与位置、接棒者对起动时机的判断及全队顺畅的协同配合等奠定了认知的物质基础。另外，由于接力跑内容是在跑的内容的基础上发展而来的，而跑又是人类在幼儿期习得的周期性运动，对场地器材要求不高，加之其在中小学开展较普及，而且接力跑在体育专业田径课中又是在短跑项目之后授课等原因，因而学生对接力跑内容并不陌生，有一定的认知基础。

（二）技能基础

跑是接力跑的主要技术结构，而教学中主要以短距离接力跑为主，因此短跑的专项身体素质基本能够反映短距离接力跑的专项身体素质要求。前者的专项身体素质主要有力量素质、速度素质和速度耐力素质等。由于体育专业的学生在中小学体育学习时期是体育基础相对较好的学生，尤其对体育教育专业的学生来讲，这些身体素质在学生参加高考的体育加试中已得到检验，因此学生基本具备学习接力跑的身体素质基础。又因为接力跑的特点与价值使其成为中小学体育教学的一般常见内容，体育专业的学生在中小学的体育课教学中已经有过各种游戏性质的接力跑的实践和体验，故而有一定的运动技能储备。

（三）情感基础

体育专业的学生一般在 18～21 岁，处于青少年晚期，从其情绪情感发展的特点来看，随着知识结构的完善、社会经验的丰富及自我意识、想象能力的发展，他们的情绪体验日益深刻，体验的内容日益广泛，道德感、理智感、美感等社会性情绪情感已占主导地位，社会性情绪的水平程度较高，与人交往时的友谊感，与遵守行为准则规范相关的道德感、与精神文化需要相关的美感和理智感等是他们的主要追求，而接力跑由于团队合作的集体性质赋予其增进友谊、背负责任、提升速度与交接完美、准确、达到传接棒技术学习目标等特点，能够满足学生对社会性情感发展的需要。

三、教学内容分析

接力跑是由周期性的短跑与非周期性的传、接接力棒技术构成的，以规定人数、限定距离，并以接力棒为传统工具的团队性竞赛项目。能量代谢类型主要以磷酸原代谢形式为主，糖原代谢为辅。生理机能的特点着重表现在神经过程灵活性高，转换速度快。

每个队员为争取团队的胜利而不遗余力地奔跑所呈现出来的流畅速度、棒次之间传接接力棒的默契合作或突如其来的变数，造成各队争先恐后的竞速场面，使接力跑充满了较强的同场竞技性、观赏性和戏剧性，有较强的视觉冲击力。

接力跑符合体育专业学生身心发展的特点，深得学生的喜爱。通过接力跑教学能有效地提高中枢神经系统的强度，改善心血管系统和呼吸系统机能；发展学生的力量、速度素质与快速奔跑的能力；增强竞争意识、树立团结协作的观念和培养集体主义精神。

接力跑成绩取决于第 1 棒队员的起跑速度，各棒次队员的跑速，棒次之间传接棒的时机与技术的顺畅程度和棒次安排的战术策略等影响因素。

接力跑教学的重点是掌握在高速奔跑中顺利地完成传接棒的方法；教学难点是接棒人的起动时机和传接棒时机的确定。

四、接力跑教学的重点和难点

（1）接力跑教学的重点：传、接棒技术。
（2）接力跑教学的难点：传接棒的位置和起跑标志线的确定。

五、教学策略

（一）准备活动

1. 活动关节
（1）活动肩关节。前后直臂摆动联系。前后屈臂摆动练习。
（2）活动肘关节。后甩臂联系：在前后屈臂摆动的基础上，当臂以肩关节为轴后摆至一定高度时，将小臂以肘关节为轴向后甩开。
（3）活动髋关节。
髋的屈伸练习：大小腿屈腿，向后高抬大腿至与地面基本平行；向后大小腿直腿，后伸整条腿，将髋关节伸展开。
髋绕环练习：一腿支撑，另一腿大小腿折叠，做跨栏的过栏动作。两臂、上体协调配合。
（4）活动膝关节。
抚柔膝关节：两腿并拢，体前屈两手扶膝关节处，使膝关节向左、右、内、外各个方位运动。
蹲起练习：两腿并拢下蹲，两手扶膝关节处，两脚跟不离地面，身体微微上下振动。起立后成体前屈，两手扶膝关节处向后振压。
2. 腿部肌肉拉长练习
静力和动力、原地与行进间相结合的腿部各部位肌肉的拉长练习。
3. 跑的专门性练习
（1）行进间小步跑接放松跑练习。
（2）行进间高抬腿接放松跑练习。
（3）行进间后蹬跑接放松跑练习。
4. 接力跑游戏
（1）迎面接力。
（2）环形接力。

（二）技术教学

1. 学习有关接力跑的基本知识

（1）教学手段。

①教师介绍比赛项目、发展、特点、锻炼价值、基本规则与裁判法等。

②教师通过技术挂图讲解接力跑技术传接棒的技术和要求。

（2）教学提示。

讲解要简明扼要、全面系统，突出传接棒的重点。

2. 学习传、接棒技术

（1）教学手段。

①教师讲解上挑式和下压式传、接棒技术的动作要领及其优、缺点。

②请一名学生配合教师示范，演示上挑式、下压式传、接棒技术。

③原地徒手上挑式、下压式传、接棒技术的单个动作练习。

④原地徒手上挑式、下压式传、接棒技术的配合动作练习。

⑤原地徒持棒挑式、下压式传、接棒技术的配合动作练习。

⑥慢跑徒持棒挑式、下压式传、接棒技术的配合动作练习。

⑦中速跑持棒上挑式、下压式传、接棒技术的配合动作练习。

（2）教学提示。

采用学生成体操队形散开的形式，在教师统一口令指挥下练习。

学生成体操队形散开，前后排2人一组，相距1.3～1.5米，传棒者身体的右侧与接棒者身体的左侧相对，在教师统一口令下（或自由）练习，传、接方法及传、接者可互换。

3. 学习各棒起跑技术

（1）教学手段。

①教师讲解并示范各棒起跑技术。

②第1棒弯道蹲踞式起跑技术练习。

③第2、4棒直道半蹲踞式或站立式技术练习。

④第3棒弯道半蹲踞式或站立式技术练习。

（2）教学提示。

在教师统一口令指挥下，在4×100米接力跑各分道起跑线后持棒分组练习。

在教师统一口令指挥下，在4×100米接力跑各分道第1、3接力区内分组练习。

在教师统一口令指挥下，在 4×100 米接力跑各分道第 2 接力区内分组练习。

4.学习接力区内的传、接棒技术

（1）教学手段。

①教师讲解接力区的范围、起动标志线的确定及适宜的传、接棒时机。

②2 人 1 组在接力区内传、接棒技术练习。2×50 米接力跑练习。

（2）教学手段。

①采用 2 人一组高速在接力区内完成传、接棒的自由练习。

②采用在教师统一口令指挥下，2 人一组高速在接力区内完成传、接棒的分组练习。

5.学习全程接力跑技术

（1）教学手段。

①教师讲解各棒棒次安排的策略。

②4 人成队的接力跑练习。

③4×50 米接力跑练习。

④4×100 米接力跑练习。

（2）教学提示。

①采用 4 人一组高速跑中完成传、接棒的自由练习。

②在教师统一口令指挥下，4 人一组高速在接力区内完成传、接棒的成组练习。各棒次可依次轮换。

③在教师起跑口令指挥下，4 人一组完成标准的 4×100 米接力跑练习。

6.简介 4×400 米接力跑技术

（1）4×400 米接力跑技术的特点、主要规则和裁判法。

（2）各棒起跑位置。

（3）传、接棒的方法。

（三）易犯错误、产生原因及纠正方法

1.传棒人追不上接棒人

产生原因：接棒人由于过于紧张，高估传棒人的跑速，起动过早或起跑标志线离接力区过远。

纠正方法：缩短起跑标志线至接力区的距离，情绪放松，准确判断起动的时机。

2.传棒人超过接棒人

产生原因：接棒人低估传棒人的跑速，反应迟缓、起动过晚或起跑标志线离接力区过近。

纠正方法：延长起跑标志线至接力区的距离，全神贯注，准确判断起跑的时机。

3.接棒人接棒时回头

产生原因：缺乏系统的训练，对顺利完成传接棒信心不足，精神过于紧张。

纠正方法：在各种跑速下反复练习正确的传接棒技术，形成动力定型，有把握面对比赛。

4.传（或接）棒人没有按合理的位置跑进，给传接棒人造成困难

产生原因：各棒次缺乏合理的站位配合训练。

纠正方法：明确各棒次合理的站位配合，并加强训练。

5.传棒人持棒臂前送太早，或接棒人接棒臂后伸太早，或起跑时接棒臂即拖曳在体后，影响跑速的发挥

产生原因：传棒人跑到接近传接棒时过于疲劳，担心不能赶上接棒人，或接棒人担心不能及时接到棒。

纠正方法：传棒人根据两人之间的跑速、状态和情况以口令的形式反复进行联系。

6.掉棒

产生原因：传接棒动作过于紧张，在接棒人还未做好接棒动作即开始传棒，或手持棒的部位不正确。

纠正方法：传棒人应在能正确将棒安全地传递到接棒人手中时再传棒，确保正确的传接棒动作。

六、学习评价

依据接力跑的教学目标，主要从以下几个方面进行评价。

（一）认知目标学习评价

任课教师根据学生掌握接力知识的情况给予评价。包括平时和考试时的知识掌握情况。

（二）技能目标学习评价

任课教师或考试小组从学生掌握接力跑技术的情况给予评价。包括平时和考试时的技术掌握情况。后者可通过任课教师或考试小组的考试测评，从学生掌握接力跑技术的情况和成绩表现的情况两方面给予评价。

（三）情感目标学习评价

任课教师从学生对学习接力跑的态度、参与学习的行为表现等方面给予评价。包括平时和考试时的学习态度与行为表现，前者尤为重要。

第三节　接力跑教与学的注意事项

一、接力跑教学的注意事项

教师要合理制订课时及课堂计划，提前做好充分准备。教师要通过多种方法提高学生学习接力跑的兴趣，培养学生的团结协作能力。

教师在接力跑教学中要时刻要求学生检查相互间的配合默契程度，并查找原因。例如，接棒人起跑标志是否准确，传棒人的信号是否适时，接棒人伸手是否果断稳定，掌型是否正确，肘关节是否伸直，等等。

接力跑教学中，如果两个人配合不好，跑到距离接力区末端 2～3 米处时，传棒人仍未能赶上，接棒人应立即减速，以免越区传接。

在练习中，当接棒人手中感触有棒时，应迅速将棒握紧，并主动从传棒人手中夺过来，传棒人要适时（有拉劲时）松手，防止失棒。①

二、传接棒注意事项

持棒与接棒：第 1 棒起跑时以右手持棒，则 2、4 棒以左手接棒，3 棒以右手接棒。这样中途不必换手，以免影响速度。

起动标记：第 2、3、4 接棒人的起动时间，要根据本人的起动速度及传

---

① 应再飞，应兴达. 接力跑技术的教学步骤及其纠错 [J]. 湖州师范学院学报, 2000（S1）：171.

棒人的速度确定起动标志的距离，并通过实践予以验证。

传接棒信号：接棒人起动后不要过早向后伸臂，当传棒人距接棒人约1.50 米时，给接棒人以信号"嘿"或"接"，此时接棒人迅速向后伸臂，完成传接棒任务。

队员安排：在 4×100 米接力跑中，一般将起跑好的队员安排在第 1 棒，将速度耐力好的队员安排在第 2 棒，第 3 棒安排弯道跑技术好的队员，而冲刺能力强的队员安排在第 4 棒。

在原地练习传接棒时，要在接棒队员按棒手臂前摆、传棒队员传棒手臂后摆时发出信号，这样，听到信号做出反应时，两个人的接、传棒的手臂正好处在一个后摆一个前摆的阶段。

在跑动中练习传接棒时，接棒队员要靠近跑道内侧，传棒队员要靠近跑道外侧，或者相反，以免互相碰撞。

接棒队员起动时机要准确，一定要在传棒队员到达标志的一刹那再起跑，并尽量在接力区后半段完成传接棒的动作。同时要在保持最快速度的情况下，完成传接棒动作。

第十章　跳高训练的教与学

第一节　跳高的基本知识

一、跳高的起源

跳高是通过一定的起跳技术动作，以克服人体自身质量，征服垂直高度为目的的运动项目。早在远古时代人们以适应生产、生活和战争的需要，就把垂直跳跃运动作为技能与能力训练的内容之一，人们经常以这项运动进行比试或作为竞赛的项目。据有关文字记载，跳高作为一种游戏或活动可以追溯到远古时代。春秋战国时期，我国就出现了用"愈高超距"作为挑选和训练士兵的手段，在民间也流传着跳高的游戏。公元 560 年左右南北朝名将周文育 11 岁时就"跳 6 尺与群众戏，众莫能及"。相传在中世纪时，古代日耳曼人曾盛行跳跃横排马匹的比赛，一位日耳曼王公吞吐波德曾经一跃跳过六匹骏马。在骑士时代，跳跃成为骑士们必备的基本技能，他们经常做"跳剑"练习。因此，可以说"剑"是跳高运动员最早的横杆。跳"马"和跳"剑"是最古老的跳高运动。

二、跳高技术的发展

跳高史上第一个用量尺丈量高度的运动员是美国的 A. 威尔逊，他在 1827 年跳过了 1.57 米。1839 年，加拿大的运动员沃弗兰跳过 1.69 米，这是公认的第一个正式跳高纪录。1860 年，在牛津大学与剑桥大学的田径对抗赛中，英国的罗伯特·柯奇运用了与众不同的"跨越式"成功地越过了 1.70 米的高度，创造了新纪录。跨越式跳高技术的出现，标志着古老跳高运动的结束。

跨越式技术把助跑与起跳完美地结合在一起，充分体现了速度与力量的和谐与统一，有效提高了跳高成绩。1876 年 3 月，英国运动员布鲁斯先后跳过了 1.80 米和 1.83 米。1877 年，他在伦敦又跳过了 1.89 米。一直到 1887 年，身高只有 1.69 米的美国人培基把跳高纪录提高到 1.93 米。他采用的技术是腾空后上体稍后仰的跨越式技术。

19 世纪末，人们开始认真探索合理的跳高方法。1895 年美国的斯威尼在跨越后仰的基础上，演变为在杆上急速转体，面对横杆落地。最初人们称它为"波浪式"，他以这个姿势跳过了 1.97 米，这一记录一直保持了 17 年。由于这种跳高姿势首先是美国东部采用的，故称为"东方剪式"。东方剪式继承了跨越式跳高技术中助跑的优点，同时降低了人体在横杆上方的身体重心，技术有了较大的改进。

1923 年，苏联运动员贝·伏佐洛夫第一个采用俯卧式跳高技术。这种姿势可使人体横卧在横杆上，面对横杆旋转过杆，大大降低了人体重心在横杆上的高度。1936 年，德·奥尔布顿用俯卧式技术跳过了 2.07 米的横杆。直到 1972 年苏联的亚辛科用俯卧式技术跳出了 2.35 米的世界纪录，俯卧式跳高技术一直主导跳高舞台近半个世纪。

在 1968 年墨西哥第 19 届奥运会上，背越式跳高技术首次登场。美国 21 岁运动员福斯贝里在跳高决赛时，从横杆左侧作弧线快速助跑，以右脚起跳，腾空转体，头在前，背朝下，双腿高高抛起，跳过了 2.24 米的高度，很多运动员使用这种跳高姿势创造了优异成绩，并逐渐淘汰了俯卧式跳高技术。

从事跳高运动不仅需要优秀的专项身体素质，还需要有坚韧不拔的精神和良好的心理素质。经常参加跳高运动，不仅能增加人的腿部力量，提高弹跳能力，发展灵巧性和协调性，还能培养勇敢、鉴定、沉着、果断的意志品质，是一种很好的体育锻炼项目。

第二节　跳高的教学设计

一、教学目标

（一）认知目标

了解跳高运动的起源与发展、跳高运动技术的演变过程及不同跳高姿势的技术特点，建立正确的背越式跳高的概念，明确跳高运动的锻炼价值，掌握跳高比赛的基本规则与裁判方法。

（二）技能目标

掌握跳高（背越式跳高）的基本技术和发展跳跃能力的基本方法，学会不同阶段跳高技术的正确教学方法与手段，发展学生垂直跳跃的能力，提高学生成绩。

（三）情感目标

学会如何审视跳高运动的美感，激发学生对跳高运动的兴趣，启发学生对跳高技术的学习欲望，激发学生的学习动机，培养学生勇于挑战自我和勇敢顽强的意志品质。

二、学习者分析

（一）技术基础

中学体育课只开展了跨越式或俯卧式跳高的教学，绝大部分学生没有学习背越式跳高的经历。因此，背越式跳高的教学应从最基本的技术开始进行完整的技术教学。

（二）身体素质基础

本科学生能够经受较大强度的垂直跳跃项目的练习刺激。另外，学生通过高考，已具备了较强的跳跃素质，通过合理的统一安排的教学，应能够掌握背越式跳高的技术。

（三）情感基础

现代跳高运动特别是背越式跳高一直是一种赏心悦目的运动。无论是背越式跳高优美的运动形式，还是跳高运动员俊美的身材，都是学生非常向往的。因此，学生有非常强烈的学习原动力，教师应善于把握学生对背越式跳高的向往，将学生学习的原动力转化为持久的学习动力。另外，背越式跳高是一项不同于人体自然动作规律的运动，过杆时人体要求背向横杆。因此，学习过程中会引起学生一定的恐惧感，教师要因势利导，运用科学的教学方法和鼓励性的语言，帮助学生克服学习障碍。

三、教学内容分析

（一）背越式跳高的技术特点

背越式跳高是集技术、速度、力量于一体的运动项目，技术虽然先进，但不易掌握，主要原因是背越式跳高的腾空过杆动作是在空中以向后仰卧的姿势完成的。身体在空中完成动作时，人的反射性保护动作都是团身，而初学背越式跳高的学生，尤其是女生，起跳后有恐惧心理，害怕向后倒会造成伤害，不敢以身体背部过杆而出现团身或起跳后侧身且用手去推横杆等错误动作。有协调用力的感知、快速助跑是背越式跳高的项目特点。因此，如何在快速助跑的情况下完成起跳动作是背越式跳高技术教学要解决的重点问题。

（二）决定跳高成绩的主要因素

运动员起跳后身体重心上升的高度主要取决于人体离地瞬间的垂直初速度的大小。垂直初速度的大小又是由起跳时身体重心腾起的角度和腾起初速度决定的。另外，跳高的技术因素，特别是背越式跳高的过杆技术对跳高成绩也有重要影响。因此，在分析技术背越式跳高成绩的主要因素时应从以下三方面入手。

1.决定身体重心腾起角度的主要因素

背越式跳高的起跳是在助跑中完成的，起跳后身体重心的飞行方向即身体重心腾起角度是由运动员起跳时的技术动作决定的，主要是由起跳脚着地时的起跳角度、摆动腿和两臂的摆动方向，以及头、肩的引领方向决定的。

2.决定身体重心腾起速度是跳高成绩的主要因素

身体重心的腾起速度是决定跳高成绩的最主要因素，主要由助跑速度、踏跳力量、起跳时的动作速率决定。

3.决定跳高成绩（背越式）的技术因素分析

跳高运动员要想取得最佳成绩，必须利用合理的技术将自身的体能充分发挥。背越式跳高技术之所以先进，是因为背越式跳高可以通过过杆上"桥"式的背弓动作，利用身体重心腾起的高度越过横杆。而背越式跳高杆上技术的好坏与起跳技术有直接关系。

（三）教学重点与难点

1.背越式跳高技术教学的重点

（1）助跑和起跳的结合。由助跑转入起跳，是周期性运动变为非周期性运动，不但动作结构变化很大，而且转换必须十分连贯、自然。这一技术环节完成的好坏，直接关系到起跳的效果和过杆技术的好坏。它很大程度上取决于对助跑速度和节奏的控制，还取决于助跑倒数第二步的动作完成情况。因此，这一技术动作的每一环节都必须认真对待。

（2）起跳技术。跳高技术由助跑、起跳、过杆和落地四个环节组成，其中起决定作用的起跳技术，它是跳高技术的关键环节。因此，在教学中把学习和掌握起跳技术作为起点和重点，然后将技术学习过程向前后延伸，直至完成整个跳高技术的教学任务。

（3）弧线助跑。背越式跳高最后几步呈弧线助跑形式。弧线助跑的技术对较好地完成背越式跳高技术起着至关重要的作用，它直接影响起跳的速度和效果，以及过杆动作的姿态。一般情况下，初学者往往把弧线跑成了直线跑，上体直冲横杆而去，无法做出合理的起跳动作。因此，要加强助跑的教学和练习。在正确的弧线助跑的基础上完成过杆的"背弓"动作是背越式跳高教学过程中最重要的教学内容。完整技术教学时，在正确的助跑节奏和弧线内倾的基础上完成起跳并形成杆上的"背弓"则是教学中的重点。

2. 背越式跳高教学的难点

（1）蹬摆配合技术。要想跳得高，仅靠起跳腿蹬地的力量是不够的，必须充分利用摆动腿及双臂的摆动和躯干的屈伸力量。摆动在跳高技术中的作用很大，能提高腾空时的身体重心高度，增大支撑反作用力，上摆制动时，增大垂直速度，为过杆创造有利条件。在起跳中，摆腿的作用很大。但只有在恰当的时机做出合理的动作，才能发挥其应有的作用。因此，必须重视起跳动作的蹬摆配合。在蹬摆教学中要抓住两个环节，第一是助跑倒数第二步摆动腿本身的蹬与摆，第二是最后一步摆动腿和臂的摆动与起跳腿的蹬伸配合。摆臂的动作在教学中不能忽视，摆臂不但有助于伸展躯干，而且对摆动动作有积极影响。

（2）杆上动作。背越式跳高过杆"背弓"动作的肌肉本体感觉与过杆的"空"感觉是背越式跳高技术中最难体会和掌握的，特别是在快速助跑的情况下则更难掌握。所以，助跑与起跳并结合杆上技术的"背弓"动作是背越式跳高技术教学的难点。起跳后使身体重心升到横杆以上的高度，是助跑起跳的主要目的。但是如果身体重心高于横杆则不能确保成功顺利过杆。充分利用已获得的高度，合理地处理身体各部分与横杆的关系，使其依次从横杆上通过，才能取得过杆的成功。杆上技术力求简单，不做多余动作，切忌"鲤鱼"打挺式的抖动动作。过杆时，必须掌握身体各部分动作的实时性、动作顺序与节奏的正确性。但是，初学者往往缺乏空间的位置感、时间感，不能很好地把握倒肩挺髋的技术动作。

（3）适宜的起跳点。过杆动作的成功率，受起跳点位置的影响较大，因此必须掌握好适宜的起跳点，起跳点离横杆距离远或近对过杆都会产生一定的影响。初学者由于助跑的节奏感差，步长不稳定，以及对横杆有一定的畏难感，很难跑准步点。

四、教学策略

跳高教学策略主要体现在教学内容的分配（即教学步骤）、教学方法与手段、教学的重点与难点，以及错误动作产生的原因与纠正方法等方面。

（一）准备活动

背越式跳高动作各部分连接紧密而且技术复杂。所以，适宜的专项准备活动不仅可以更好地活动身体，还可以为技术学习打好基础。常用的跳高专项准备活动有以下几种：

（1）发展专项柔韧性的准备活动：背向肋木进行大腿前侧肌的拉伸练习；行进间"波浪起"练习垫上背弓练习等。

（2）提高起跳技术的准备活动：小弧线大步走；沿弧内倾跑；跑道直曲段跑。

（二）技术教学方法和手段

1.建立正确的技术概念

教学手段：

利用挂图、录像片帮助学生建立初步的技术印象。

讲解、示范完整背越式跳高技术，让学生了解助跑、起跳、过杆和落地各技术环节的联系。

教学提示：

利用直观的资料时必须结合讲解，讲解要简明扼要，不宜过细，技术动作示范要正确。

2.学习背越式跳高的辅助性练习

教学手段：

（1）原地做挺身展髋练习；单臂支撑做挺身展髋练习；双脚连续起跳做挺身展髋练习。

（2）利用器械做各种挺身展髋练习；背对肋木做挺身展髋练习；背对高海绵垫做挺身展髋练习；站在弹跳板上做跳上海绵垫的挺身展髋练习。

（3）利用海绵垫做各种挺身展髋练习；在垫上做送髋成桥练习；在垫上倒体成桥练习；在垫上双人送髋成桥。

（4）利用橡皮筋做过杆练习；背对皮筋原地起跳越过橡皮筋；面对橡皮筋2～3步弧线助跑双脚起跳越过皮筋。

教学提示：

（1）原地挺身展髋，身体重心由高到低进行练习，开始做练习时挺身展髋停留3秒钟，体会动作是否到位。

（2）在进行肋木练习时，两脚与肩同宽开立，尽量靠近肋木，向前方跪膝送髋屈体成桥。

（3）在垫上送髋要高于肩，停留 2～3 秒，为了加大幅度手可以握住踝关节做练习。

（4）在弹跳板上做练习时，要求双腿快速起跳充分向上，不要过早倒体，杆上充分送髋，用肩背落垫。

3. 学习和掌握起跳技术

教学手段：

（1）原地迈步放起跳腿练习。

（2）直线走动中做放起跳腿练习。

（3）弧线走动或跑动中做放起跳腿练习。

（4）上步做放起跳腿和摆腿、摆臂配合练习。

（5）沿弧线助跑 4 步起跳做蹬摆配合练习。

（6）沿弧线、直线助跑起跳，起跳后摆动腿放置适当高度的练习。

（7）在横杆前面做 2～4 步助跑起跳练习。

（8）在海绵垫前做 3～5 步助跑起跳，跳上海绵垫的练习。

教学提示：

（1）做迈腿练习时，身体重心稍低，起跳腿向前迈腿时同侧髋向送出，肩和上体不要后仰，摆动腿的足跟要提起，完成动作后稍停顿一会儿。

（2）上步练习时，蹬地迈步要积极，摆腿屈膝收小腿向前上方摆动带髋，上摆的同时起跳腿蹬伸提踵，摆臂提体顶肩要协调配合。

（3）上步练习时，要做到放起跳脚快、摆腿摆臂快和起跳蹬伸快。还要做到蹬摆一致，转体时应使整个身体几乎和地面垂直，并使身体背对横杆。

（4）注意掌握正确的用力起跳技术和助跑与起跳的衔接。

4. 学习和掌握助跑技术

教学手段：

（1）在不同半径的圆中练习助跑加速。

（2）由直线转入不同半径的弯道跑练习。

（3）面对横杆和海绵垫沿弧线助跑练习。

（4）学习丈量助跑步点的方法。

教学提示：

（1）加速时身体保持内倾，大腿高抬有弹性，上下肢摆动要协调配合，身体重心保持平稳，注意跑的节奏。

（2）助跑脚落地时，起跳脚外侧、摆动腿内侧先着地，并迅速滚动到前脚掌。

（3）助跑的整个过程要求连贯，要表现出明显的加速性和节奏感。

5.学习掌握全程助跑与起跳相结合技术

教学手段：

5～7步弧线助跑起跳头顶高物练习。

5～7步弧线助跑起跳后双手触高物练习。

杆前做弧线助跑起跳练习。

6.学习和掌握过杆落地技术

教学手段：

（1）选择辅助性练习中的相关练习。

（2）原地起跳背越过杆练习。

（3）3～7步助跑过杆练习。

7.掌握助跑起跳和过杆相结合技术

教学手段：

（1）选择辅助练习中相关起跳和过杆技术的练习。

（2）3～4步助跑起跳落在加高的海绵垫上。

（3）3～4步助跑起跳过杆练习。

（4）全跑助跑起跳过杆练习。

教学提示：

（1）起跳腾空后积极攻向横杆。

（2）起跳接过杆动作要连贯、自然。

（3）空中送髋展体要明显，臀部过杆后及时收小腿离开横杆。

（4）起跳快速有力向上腾起，做到蹬伸、摆腿摆臂、提肩拔腰顶头协调一致。

（三）跳高教学中易犯错误、产生原因及纠正方法

1.起跳前未采用弧线助跑

产生原因：过于专注起跳而忽视了助跑技术。

纠正方法：采用画线或语言提示方法。

2.弧线助跑身体没有内倾

产生原因：由错误1导致，或弧线助跑曲率太小，或身体重心太低。

纠正方法：加大外侧肢体动作幅度，有意识加大身体内倾幅度，增大弧线助跑曲线，提高身体重心，特别是外侧的重心。

3.助跑加速不均匀，节奏紊乱，致使起跳失败

产生原因：助跑步点不准确，缺乏节奏感，学生对横杆有恐惧感，注意力不集中。

纠正的方法：调整助跑距离，找出最适宜的助跑步点，采用画线的方法培养学生的节奏感，可用橡皮筋代替横杆克服恐惧心理。

4.起跳后过早倒杆

产生原因：由上述导致，或是学习时心里恐惧。

纠正方法：在上述方法的基础上，再加上采取跳高台等形式形成正确的起跳技术。同时，对学生多使用鼓励性语言可以消除学生心里恐惧。

5.屈体过杆

产生原因：没有建立正确的"背弓"动作的肌肉感觉，起跳时摆动腿屈膝积极上摆，然后挺髋展体完成背弓动作。

纠正的方法：采用垫上送髋，倒体成桥，原地高台过杆和助跑过杆等练习。

6.落地时臀部着地

产生原因："背弓"动作时间太短，过杆时收大腿。

纠正方法：延长杆上"背弓"动作的时间，过杆时在保持"背弓"的基础上"踢"小腿过杆。

7.全程助跑没有节奏

产生原因：学生没有建立全程助跑节奏的正确概念和不同阶段助跑的用力感觉。

纠正方法：在跑道的直曲段分界线处，先让学生做 10 米的直线后蹬跑，即将进入弯道是变成加速跑 10 米；教师用声音提示正确的助跑节奏。

五、学习评价

根据跳高教学应达到的教学目标，跳高学习评价应包括如下内容。

（一）理论知识评价

可通过课上提问、课外作业、理论考试等形式对学生跳高理论知识进行评价。

（二）技术技能评价

技术技能评价是跳高教学评价的主要内容。评价标准应由田径教学的基

本单位根据学情、大纲规定的教学时数等内容具体制定评价标准，由教师或考核小组对所有学生的技术技能掌握情况进行评价。

（三）教学能力评价

在跳高教学过程中可通过作业和提问的方式让学生带领准备活动，进行正误动作分析，讲述各部分技术动作的要领等方式培养学生讲解与示范的能力，同时对学生教学能力进行评价。

（四）教育技术评价

由教学单位对教师及教育结果，通过集体考核的方式去评价。

第三节　跳高教与学的注意事项

一、背越式跳高的注意事项

背越式跳高容易出现的伤害事故主要有以下几种：①落地时，不注意用肩背着垫，容易扭伤颈部；②弧线助跑起跳时脚外撇易扭伤踝关节；③初学者过杆时收腿动作过大，膝部易碰撞鼻子和脸部。对这几个方面，教师要随时提醒学生注意，以防伤害事故的发生。

在教学中，要不断提高助跑速度并形成正确的助跑节奏，尽量少做短助跑的练习和慢速速度起跳的练习，这样有利于尽快形成快速助跑与快速起跳的技术定型。

在助跑和起跳快速紧密的结合中，提高助跑和快速蹬伸的能力，从而提高起跳效果。熟练掌握正确的摆腿、摆臂协调配合技术，这在起跳中起着重要作用。

过杆技术应注重身体重心与横杆所处的正确位置，要始终顺着身体重心运动的方向快速、连贯地完成过杆动作，并使整个动作具有实效性和明显的节奏感。在学分解练习和完整练习中，要注重完整技术的教学。

二、跨越式跳高的注意事项

（一）要注意学生的生理特点

（1）在学生没有掌握正确的起跳和落地动作之前，不要提高、加难动作要求，以避免错误动作对其内脏、脊柱、骨盆和大脑产生不良影响。

（2）注意腿部的对称练习，均衡发展身体。

（3）发展弹跳力的练习应采用中、小负荷（以自重负荷为主），不能用大负荷的练习。

（4）学生的肌肉力量较弱，神经过程的兴奋与抑制过程还不稳定，还往往（特别是男生）会做一些力不能及的动作，教师要加以控制。不要组织超量比赛和做负荷量过大的练习等。

（二）要注意各年级不同的教学任务

（1）一、二年级学生以学习起跳和落地为主，做些发展弹跳力和腿部力量的练习。

（2）三年级学生注意摆动腿的摆动和踏跳腿越过横杆的动作；助跑不限步数，不倒小步，不跨大步即可，横杆高度适中，以学生能做出蹬地起跳动作为宜。

（3）四年级学生注意加快摆动腿的动作，过杆动作应以摆动腿为重点，放置踏跳板提高起跳效果，增强过杆能力。

（4）五年级学生注意增加助跑距离和速度，但要恰到好处，切不可过分，起跳点不要过近，以免影响杆上动作。[①]

（5）中学阶段，学生对跨过或跳过高度已有简单的认识，下肢力量与身体的协调性有了一定改善。逐渐掌握过杆摆动腿移髋动作，以发展跳跃能力和身体的灵敏、协调能力。要训练学生的自我保护能力，以防受伤。

在教学过程中，一定要考虑教材与教材之间的纵横关系，并注意结合学生的生理和心理特点，才能较好地完成教学任务。

---

① 方惠础.小学跨越式跳高教学注意事项[J].学校体育,1982（5）:31.

第十一章　跳远训练的教与学

第一节　跳远的基本知识

一、跳远运动的起源

跳远是一项古老的田径运动项目。公元前708年，古代奥运会设的五项运动（铁饼、标枪、192.27米赛跑、摔跤和跳远）就有跳远项目。五项运动中的跳远是立定跳远，以立定跳远的形式首先在奥运会成为正式比赛项目。当时的立定跳远方法与现在的立定跳远相似，所不同的是运动员手里要拿石块或金属重物。石块或金属物的重量为1.07～4.63千克。手持重物的目的有两个，一是为了增加跳的远度，二是为了保证运动员能稳定落地。

公元前648年，古代奥运会的比赛项目设了助跑跳远。这时的跳远作为单项出现，运动形式由手持重物的立定跳远演变成手持重物的助跑跳远，手持重物的重量为1～10千克，称之为急行跳远。这时的跳远比赛开始有简单的规则，即有一条起跳线，规定运动员在起跳线的后面起跳。跳远的成绩是从起跳点到落地点的距离，由裁判员用脚掌丈量测定。这就形成了所谓的古代跳远，这种跳远一直延续到公元394年古代奥运会的消亡而绝迹。但跳远作为锻炼体魄的手段、方法，依然存在于人类的文化生活中，并不断地有所变化和发展，乃至形成现代的跳远运动。

二、现代跳远运动的发展

自 1896 年在希腊首都雅典举行的第一届奥运会以来，跳远运动的技术运动成绩和训练方法等方面都有了很大的变化和发展。大致经历了 3 个阶段：1896 ～ 1936 年的自然发展阶段；1937 ～ 1968 年的跳远技术兴盛阶段；1969 年至今的系统科学训练阶段。

（一）跳远技术自然发展阶段（1896 ～ 1936 年）

这个阶段的基本特点是人们在跳远运动的实践中，通过直接观察并运用直觉的综合到演绎的思辨，获得了对跳远运动的总体认识。由于认识水平不高，对跳远的内在规律和各部分细节了解得不甚清楚，带有浓厚的经验性，未能形成完整的系统理论。当时人们认识、掌握、利用跳远运动的能力有很大局限性，处于自然发展的状态，尚属积累经验的过程。此阶段的跳远运动技术是蹲踞式跳远。这是人们日常生活中，跑动单脚跳跃动作的自然发展，具有简单、易学、实用的特点。但它主要依靠人与生俱有的自然运动能力，而没有经过专门训练。因此，这阶段的运动成绩增长缓慢。1935 年，美国运动员欧文斯以他杰出的天赋在完成起跳时像是直接跑过起跳板的独特技术，创造了令世人惊讶的 8.13 米的新纪录，率先突破了 8 米大关。欧文斯的一跳，引起世界各国对跳远运动的极大关注，人们开始对跳远运动进行深入、系统的研究，注重技术的创新，挺身式跳远技术、二步半和三步半的走步式跳远技术等相继出现，并迅速在世界各国传播，从此跳远进入了大发展时期。

（二）跳远技术兴盛阶段（1937 ～ 1968 年）

1968 年美国运动员比蒙在墨西哥城创下当时被人们颂扬为"进入 21 世纪的一跳"的 8.90 米的惊人成绩。此阶段女子跳远开始兴起，并在 1948 年被列为奥运会的正式比赛项目。但早在 1928 年，日本运动员人见娟枝就创造了女子跳远的第一个世界纪录 5.98 米。女子跳远运动开展较晚，但成绩的提高和发展很快。从 1939 年德国运动员舒尔茨创造了 6.12 米的世界纪录并首次突破 6 米大关，到 1968 年罗马尼亚的维斯科布良创造了 6.82 米的新纪录，较男子的提高率更高（约每年提高 2.42 厘米）。

（三）系统科学训练阶段（1969 年至今）

这一时期，科学技术革命席卷全球，冲击着各个领域。各个学科在继续分化的同时，也彼此渗透。系统论、信息论、控制论及电子学不断被运用于跳远项目的教学与训练，跳远训练进入了系统科学训练的新时代。人们运用多学科的理论，从综合的角度来认识、研究跳远运动的内在规律，进行系统科学的训练，有效地开发和挖掘运动员的自身潜力。虽然跳远运动的技术原理并没有大的突破和改变，但跳远技术朝着高速度、高强度的方向发展，迫使人们去寻找提高助跑速度、起跳速度和跳远动作速度的有效方法和途径。世界优秀运动员的跳远成绩，要比前两个阶段高得多。在男子跳远方面，1991 年美国运动员鲍威尔在第 3 届世界田径锦标赛上创造出 8.95 米的成绩，使所谓"进入 21 世纪的一跳"的说法成为陈年旧话。而女子跳远发展得更快，女子技术日趋男子化，其成绩增长迅猛。1978 年，苏联运动员 B. 巴尔道斯克涅，第一个突破 7 米大关后，至今有 40 多名运动员跳过 7 米。目前女子跳远的世界纪录是苏联运动员契奇斯佳娃在列宁格勒创造的 7.52 米的成绩。

三、当代跳远技术的发展趋势

人们对跳远的关注更集中在速度和起跳的结合上。经过多年的努力，在 1991 年日本世界田径锦标赛中，鲍威尔以 8.95 米的优异成绩打破了比蒙保持了 23 年之久的世界纪录，刘易斯也同场创造了 8.91 米的好成绩，显示出男子运动员已具备了冲破 9 米的实力。世界优秀跳远运动员的技术和成绩，揭示了当代跳远技术的发展趋势。

（一）助跑速度快

助跑速度与跳远成绩成正相关，许多专家经过大量的科学研究和运动实践表明：100 米成绩越好，跳远成绩也就越好。苏联运动生物力学专家丘伯认为，助跑速度为 9～11 米/秒与跳远成绩为 6.56～8.84 米是相对应的。我国研究人员对本国优秀运动员进行统计表明：助跑速度每下降 0.1 米/秒，跳远成绩就会下降近 30 厘米。

（二）增加助跑距离，提高助跑速度

优秀跳远运动员的助跑距离一般在 22～24 步，跑速与距离成正相关。速

度提高了，助跑距离就要相应加长。例如，刘易斯和鲍威尔的助跑距离分别为51.3米和50.64米。增加助跑步数需要加长助跑距离，以获得更快的助跑速度。

（三）保持稳定的助跑节奏，提高上板速度

跳远不仅要发挥助跑速度，还要有稳定的助跑节奏和恒定的步长。在助跑最后4步，速度的加快主要是在步长基本保持不变的前提下，靠加快频率来实现。"力量型"的运动员应该逐渐、平稳地增加速度；"速度型"的运动员一开始就要快，并在踏跳前顺势保持快的动作频率。"全面型"的运动员开始就要积极加速，到最后几步速度达到最高。

（四）快速上板

起跳脚上板时，以髋发力，在大腿积极下压的同时，小腿必须快速积极做"后扒"的动作，使起跳脚产生一个向后移动的速度。其速度的大小应与身体重心向前移动的速度相一致：一方面可以有效地减少由于制动造成的水平速度的损失，避免起跳动作前旋过大；另一方面有利于在快速水平运动中获得较大的起跳垂直速度。

（五）增大起跳腿屈膝缓冲角度

起跳过程中支撑起跳腿缓冲时屈膝角度增大，这在世界优秀运动员的身上表现较为明显。例如，比蒙在跳8.90米时最大屈膝角度有142度，鲍威尔跳8.95米时的屈膝角度为140度，比过去的一些运动员有所增大。增大屈膝角度主要是为了缩短蹬伸时间，因而加快了起跳速度。

第二节 跳远的教学设计

一、教学目标

（一）认知目标

了解跳远的起源与发展，清楚跳远运动技术的演变过程及不同跳远姿势

的技术特点，建立正确的蹲踞式跳远和挺身式跳远的概念。

（二）技能目标

掌握跳远（特别是挺身式跳远）的基础技术和发展跳跃能力的基本方法，学会不同阶段跳远技术的正确教学方法与手段，发展学生水平跳跃能力，提高学生跳远成绩。

（三）情感目标

学会如何审视跳远运动的美感，激发学生对跳远运动的热爱，启发学生对跳远技术的学习欲望，激发学生的学习动机，培养学生勇于挑战自我和勇敢顽强的意志品质。

二、学习者分析

（一）技术基础

中小学体育课只开展了蹲踞式跳远的教学，对于挺身式跳远来讲，绝大部分学生没有学习的经历，因此挺身式跳远的教学应从最基本的技术开始进行完整的技术教学。

（二）身体素质基础

体育专业本科学生已属于成年人，能够经受较大强度的水平跳跃项目的练习刺激。另外，学生通过高考，已具备了较强的跳跃素质，通过合理的和一定时间的教学，应能够掌握挺身式跳远的技术。

（三）情感基础

现代跳远运动是一项舒展优美的运动。特别是挺身式的空中动作的舒展是学生特别是体育专业学生非常向往的。因此，学生会有非常强烈的学习原动力，教师应善于把握学生对挺身式跳远的向往，将学生学习的原动力转化为持久的学习动机。

三、教学内容分析

（一）跳远的技术特点

1.蹲踞式跳远技术特点

蹲踞式是跳远项目中动作最简单的水平跳跃项目，也是最能展现人的基本技能的运动项目。只有能够发挥一定的助跑速度，较正确地踏上起跳点才能够完成跳跃任务。蹲踞式跳远具有简单、易学的特点，在中小学的田径教材中出现的较多，体育专业本科学生已具备了一定的基础。因此，蹲踞式跳远的教学应以简单介绍为主。

2.挺身式跳远技术特点

挺身式跳远是集技术、速度、力量于一体的运动项目，技术虽然先进，但不易掌握，主要原因是挺身式跳远腾起角度小，腾空高度低，导致没有时间完成动作。而初学挺身式的学生，尤其是女学生，起跳还没来得及展体就落地了。此外，还存在动作不一致的现象。

（二）决定身体重心腾起角度的主要因素

（1）起跳是在助跑中完成的，起跳后身体重心的飞行方向即身体重心腾起角度是由运动员起跳时的技术动作决定的，主要是由起跳脚着地时的起跳角度以及摆动腿和两臂的摆动方向决定的。

（2）身体重心的腾起初速度是决定跳远成绩的最主要因素，它主要由助跑速度、踏跳力量、起跳时的动作速率决定的。

（3）决定跳远成绩的技术因素。跳远运动员要想取得最佳成绩，必须利用合理的技术将自身的体能充分发挥出来。

（三）跳远教学的重点与难点

针对跳远的完整技术，助跑与起跳结合是教学的重点。技术教学的难点是过渡阶段技术。实际是各技术环节也有其自身的教学重点和难点。例如，助跑的教学重点是"助跑的加速方法"，难点是助跑的准确性；起跳的教学重点是起跳腿的蹬伸技术，难点是起跳腿的着地缓冲技术；蹲踞式跳远腾空技术的教学重点是掌握腾空步技术，难点是并腿团身前伸腿准备落地技术；挺身式腾空技术的教学重点是两腿前伸的技术，难点是缓冲引体移过落点技术。

四、教学策略

跳远技术教学的顺序有如下三种。

第一种：按照跳远技术结构的先后次序，依次进行教学。

第二种：从跳远技术结构的中心环节"起跳准备阶段"开始教学，然后逐步转向助跑和起跳、腾空和落地的教学。

第三种：开始完整的跳远技术教学，然后针对学生的具体情况，按照教师设计来确定具体的、行之有效的教学顺序。

（一）准备活动

跳远是田径运动项目中对身体条件以及素质要求较高、节奏性较强的项目之一，为了充分利用课堂教学时间，促进学生尽快掌握跳远技术，准备活动中除了采用常规活动内容外，建议多采用专项性练习内容进行准备活动。

教师利用教材、网络资源创编相关内容，采用讲解、示范等方法组织学生进行身体各部位的活动练习，专项准备活动主要结合专项技术要求进行设计，以"腾空步"的专门性练习为主，促进学生对技术的掌握。

（二）技术教学的方法和手段

1.了解跳远的一般知识，建立正确的跳远技术概念

（1）教学手段：

①讲述跳远的发展过程和锻炼价值。

②通过挂图讲解跳远的基本技术和技术特点。

③结合优秀运动员的技术录像进行技术分析。

（2）教学提示：

通过教师讲解跳远的一般知识，激发学生学习跳远技术的积极性和主动性。

2.初步掌握跳远起跳技术

（1）教学手段：

通过挂图讲解或示范起跳技术，体会起跳脚踏板技术的动作过程，体会

起跳时上下肢动作的协调配合。走 3 ～ 4 步做起跳模仿练习，上 2 步模仿起跳练习，行进间一步一起跳模仿练习。助跑 3 步做 1 次起跳练习，助跑 5 步做 1 次起跳练习，助跑 7 步做起跳越过栏架练习。

（2）教学提示：

①起跳是跳远教学的重点之一，要掌握正确的起跳技术。

②起跳时动作的幅度与用力要协调一致。

③起跳时要强调摆动腿和摆臂的摆动意识。

3. 学习助跑与起跳相结合技术

（1）教学手段：

①讲解助跑技术。讲解助跑的技术特点及要求，介绍起动方式，助跑的步数和距离，加速的方式。

②学习全程助跑技术。在跑道上按预定的步数进行不起跳的全程助跑练习。在助跑道上按全程助跑的每一步的步长画好的标记点进行有意识起跳的全程助跑练习。

③学习助跑与起跳结合技术。

a. 短程（6 ～ 8 步）助跑与起跳结合的练习。

b. 中程（10 ～ 12 步）助跑与起跳结合的练习。

c. 全程助跑与起跳结合的练习。

（2）教学提示：

①助跑与起跳是跳远技术的关键，要积极引导学生掌握好正确的起跳技术。

②起跳的方式和加速的方式应相对稳定。

③强调最后 4 步的节奏和快速上板的意识。

4. 学习蹲踞式跳远技术

（1）教学手段：

①原地模仿蹲踞式的动作。

②助跑 4 ～ 6 步，起跳后做"腾空步"练习。

③助跑 4 ～ 6 步，起跳成"腾空步"后，将起跳腿向前提举与摆动腿靠拢（形成空中蹲踞动作），然后两腿伸下落于沙坑。

④短距离助跑，做完整的蹲踞式跳远练习。练习时，起跳要有一定高度，要抓住"腾空步"动作和收起跳腿时机这些关键技术进行练习。"腾空步"要做得充分，将该姿势延续片刻时间，不要急于做向前收起跳腿的动作。

⑤改进和完善空中技术。原地向上跳起，在空中收腹腿屈膝做蹲踞式姿势。助跑4～8步，在起跳区做蹲踞式跳远，起跳区宽30～35厘米。练习时，应注意助跑与起跳的结合，助跑不要"跨大步""错小步"或减速。练习前应初步教会学生用反方向助跑丈量步点的方法，培养学生在规定区域内起跳的能力。助跑6～10步，在缩小的起跳区或起跳板上做蹲踞式跳远。通过练习，要使学生初步掌握蹲踞式跳远技术，为了帮助学生掌握该技术，在进行这一练习时，可采用"先高后远"的作业条件限制方法。所谓"先高后远"是在起跳区（起跳板）前所跳远度的1/3处放置一根高30厘米左右的横杆或松紧带，在沙坑里所跳的2/3处的沙面上放一明显的标志物（如白布带），练习者经助跑起跳后，先做腾空步跨过横杆再做蹲踞动作，接着两腿前伸越过沙面上的标志物，然后下落于沙坑。

⑥全程助跑蹲踞式跳远。

（2）教学提示：

①教学开始阶段要强调上体不要前倾，头要保持正直，以防止身体产生前旋失去身体平衡。

②蹲踞式跳远技术比较简单，教学中主要以介绍为主。

5. 学习和初步掌握挺身式跳远

（1）教学手段：

①结合示范或通过挂图讲解挺身式跳远技术，使学生建立正确的挺身式跳远技术概念，了解挺身式跳远技术的要求、方法和要领。

②学习掌握挺身跳远下放摆动腿和两臂的配合。原地模仿下放摆动腿和两臂的配合练习。原地向高跳起，在空中做挺身送髋和摆动腿下放成伸展动作，然后举腿前伸落于沙坑。走动中做摆动腿下放成挺身动作。3步助跑起跳做下放摆动腿成直体动作，两臂配合做上摆或绕环摆的动作落地。在自然跑进中起跳做下放摆动腿成挺身动作，双腿落地。利用踏跳板或低跳箱盖起跳完成挺身动作。

③学习掌握完整的挺身式跳远。助跑4～6步，采用踏跳板起跳做挺身式跳远。这个练习可以增加腾空的高度和时间，便于在空中做挺身动作。助跑4～6步，在起跳区起跳做挺身式跳远。助跑6～8步，在缩小的起跳区或跳板起跳做挺身式跳远。中程距离（10～12步）助跑挺身式跳远。全程助跑挺身式跳远。

（2）教学提示：

①腾起后摆动腿的积极下压要有伸膝动作。

②展髋挺身动作要充分，两臂要协调配合。

6.学习掌握走步式跳远

（1）教学手段：

①结合示范或通过挂图讲解走步式跳远技术，使学生建立正确的走步式跳远技术概念，了解走步式跳远技术的要求、方法和要领。

②学习走步式跳远交换步与两臂摆动动作。原地学习体会（二步半）交换步与摆臂的模仿练习，走动中做换步、摆臂练习，利用单、双杠支撑做交换步的练习，上台阶进行走步动作过程的模仿练习，下台阶进行走步动作过程的模仿练习，短程助跑起跳交换步成弓步落入沙坑。

③学习掌握走步式跳远。短程助跑在踏跳板上起跳完成二步半走步式跳远练习。短、中程助跑走步式跳远练习。全程助跑走步式跳远练习。

（2）教学提示：

①建立正确的走步式跳远概念。

②做完整的走步式跳远示范。

③结合示范或挂图，讲解走步式的动作过程及要领。

7.学习掌握下落着地技术

（1）讲解示范落地动作。

（2）原地向高跳起，在空中做收腹举腿练习。练习时，要求大腿向胸部靠近，几乎触及胸部。

（3）立定跳远练习：在沙坑边沿站立做立定跳远，落地前提举大腿，两臂后摆，然后两腿伸出，用脚跟领先落于沙坑，接着迅速屈膝，两臂迅速前摆，使身体重心移过落点。在沙坑内接近个人落地点附近放置标志物（如白色布带），用作业条件限制法让学生进行跳远练习，在下落前两腿向前提举，然后小腿前伸，两脚跟在标志物前着地。

8.巩固和提高完整的跳远技术

（1）丈量全程助跑的步点，全程助跑的蹲踞式、挺身式跳远练习，全面巩固和提高技术。

（2）根据每个学生的具体情况，分别采用相应的有效手段，巩固和提高各技术环节的技术水平。

（3）进行完整动作的技术评定。

（4）组织跳远教学比赛。

（三）易犯错误、产生原因及纠正方法

1. 助跑步点不准

产生原因：助跑起动方法不固定；助跑加速节奏和步长不稳定；气候、场地、身体状况和心理因素的影响。

纠正方法：固定助跑的起动方式，正确使用助跑标志；反复跑步点，固定助跑的动作幅度和节奏；在各种环境下练习，培养适应能力，提高助跑的稳定性。

2. 助跑最后几步减速

产生原因：助跑步点不准，最后几步拉大步或倒小步；起跳前上身后仰，臀部后"坐"，后蹬不充分；害怕犯规和害怕跑快了跳不起来。

纠正方法：助跑要果断，要建立用速度去争取远度的意识，消除害怕心理；保持跑的直线性和动作结构，加快上板前几步的步频；踏上第二标志后积极进攻性的加速。

3. 起跳制动过大

产生原因：最后一步起跳腿上板不积极，身体重心落后，过分前伸小腿致最后一步过大；盲目追求腾空高度。

纠正方法：注意加快起跳腿上板时的速度，在快速跑进中自然地完成起跳；提高助跑身体重心，用"扒"地式踏板起跳；在斜坡跑道上做下坡跑起跳。

4. 起跳后身体前倾、失去平衡

产生原因：起跳时身体前倾；急于做落地动作。

纠正方法：反复进行起跳腾空步的练习；加大空中动作幅度以加长旋转半径；注意起跳时头和上身的姿势。

5. 挺身式跳远中以挺腹代替挺胸展髋

产生原因：起跳不充分，起跳后摆动腿膝关节紧张，摆动腿下放过晚，未向身体垂直面之后摆动；头和上身后仰。

纠正方法：起跳要充分，上身肩要顶住保持正直；腾空后，摆动腿膝关节放松积极圆滑地下放和后摆。

6. 走步式跳远中换步动作幅度小

产生原因：换步时两大腿摆动不够，只倒小步；上下肢配合不协调。

纠正方法：强调以髋发力，大腿带小腿运动；重点放在下肢的换步动作上，在此基础上强调上肢动作。

7.跳远落地小腿前伸不够

产生原因：上体过分前倾；腰腹力量和下肢柔韧性差。

纠正方法：做立定跳远，要求落地前大腿抬起小腿尽量前伸，落地后积极做屈膝缓冲；加强腰腹力量和下肢柔韧性的练习。

五、学习评价

根据跳远教学应达到的教学目标，跳远学习评价包括以下几方面内容。

（1）理论知识评价：可通过课上提问、课外作业、理论考试等形式对学生跳远理论知识进行评价。

（2）技术技能评价：跳远技能评价是跳远教学评价的主要内容。评价标准应由田径教学单位根据学习情况、大纲规定的教学时数等内容集体制定评价标准，由教师或考核小组对所有学生的技术技能掌握情况进行评价。

（3）教学能力评价：在跳远教学过程中，可通过作业和提问的方式让学生做跳远的准备活动，进行正误动作分析；通过讲述各部分技术动作的要领等方式培养学生讲解与示范的能力，同时对学生教学能力进行评价。

第三节　跳远教与学的注意事项

一、跳远教学环节的注意事项

在跳远教学中，应注意教学主要环节的内容，让学生了解跳远技术教学的重点和难点，并加大教学力度。注意各技术环节的衔接配合，把技术教学与提高身体素质练习结合起来。

应注意抓好技术教学，将分解教学与完整教学有机结合起来。不要急于求成，忽视技术动作的掌握。

跳远运动量比较大，教学中应充分做好准备活动，认真布置好跳远场地，防止伤害事故的发生。

在教学中应注意助跑速度的发挥和助跑节奏的稳定，提高助跑步点的准确性。

在教学中要把快速助跑和起跳结合的技术作为教学的重点，注意助跑速度应适应快速起跳技术，并多做一些助跑与起跳结合的技术练习。

在起跳教学中，要注意掌握正确的起跳技术，强调起跳速度、摆动速度和腾空速度。

二、跳远运动训练专项力量的注意事项

跳远运动员"专项力量"就是在跳远动作技术和比赛战术运用的基础上，人体参与跳远运动的肌肉或肌群收缩克服阻力的能力。跳远运动训练专项力量的很多方面契合速度训练，特别是在起跳的时候需要运动员必须具有快速的力量才能完成起跳的动作。运动员的起跳动作包括起跳腿的缓冲蹬伸、摆动双臂和腿的能力，所以运动员除了掌握专项快速力量训练的基础动作能力之外，还应该具备紧密衔接各起跳动作较快的动作速度，使其快速有效地完成起跳动作。

跳远运动训练专项力量中，要深入理解助跑速度、快速力量、快速起跳能力、最大力量之间的关系，为提升跳远专项体能训练打下坚实基础；通过对力量体能进行有效合理的训练，可以使全身每个部分的配合协调能力都得到有力的保障；要对上肢力量加强训练，使整个身体在助跑起跳中的协调一致性得到有效的保障；训练最大力量的时候应该把跳远时跑跳用力的特点有效地结合起来，进而提升其最大力量，进一步推动决定起跳效果的快速力量的提升。①

---

① 贾三刚,张泽宇.跳远运动员专项速度和力量素质的特征与训练 [J].体育研究与教育,2018,33（3）:79.

第十二章　三级跳远训练的教与学

第一节　三级跳远的基本知识

一、三级跳远起源

据记载，早在 18 世纪就出现了单足三级跳远的跳跃运动，到了 19 世纪后期爱尔兰人改为两次单足跳和一次两足跳跃，即现在三级跳远的雏形。当时人们喜欢各种各样的多级跳跃运动，常常以四级或五级跳的跳跃形式进行比赛或锻炼。随后希腊人采用助跑后用左右腿跨步跳 3 次的形式进行比赛。当时，欧洲先后出现了爱尔兰式的"单足跳＋单足跳＋跳跃"、希腊式的"跨步跳＋跨步跳＋跳跃"和苏格兰式的"单足跳＋跨步跳＋跳跃"三种三级跳形式，比赛的规则和技术要求都无法统一，只要求助跑后连续跳跃 3 次，不管是单足跳还是跨步跳都可以计算成绩。1908 年国际田径联合会经过反复讨论和比较，最后正式确定的三级跳远比赛技术是苏格兰式的三级跳远技术，并且将其写进比赛规则中。从此，世界上正式将三级跳远的技术统一起来，各国运动员都用统一的技术进行比赛，这种技术一直使用到现在。

二、三级跳远技术的发展

三级跳远技术的发展可分为五个阶段：

第一阶段（1900 ～ 1930 年）：发展比较缓慢，自然形成三级跳远技术，按运动员的习惯跳，看重第一跳和第三跳的远度，而把第二跳作为技术的一个过渡环节。因此，这一时期三级跳远的成绩提高的幅度很小，从 1911 年第一个由美国运动员丹·艾亥尔尼创造的正式世界纪录 15.52 米到 1924 年巴黎奥运会上澳大利亚奥索尼·温特跳出的冠军成绩 15.53 米，时隔 13 年三级跳远的成绩只提高了 1 厘米。

第二阶段（1930～1950 年）：人们逐渐对三级跳远技术有了比较清晰的认识。以日本运动员采用的跳跃方式尽可能发挥第一跳远度，他们先后连续三次获得奥运会冠军，并于 1936 年将三级跳远成绩提高到 16 米。当时的技术认为三级跳远是独立的三次跳跃，只强调弹跳力，不重视三跳技术的连贯性，每一跳的水平速度损失过大。

第三阶段（1951～1959 年）：以苏联的打击式跳法为主，双臂摆动，增加下肢交换动作幅度，增加大腿高抬的高度，上身前倾，以打击地面减少制动，提高跨步跳的远度，成绩提高较快，如克列耶尔跳出了 16.71 米的好成绩。

第四阶段（1960～1980 年）：在技术上重视助跑速度，强调三跳适宜的比例，以三跳的比例分为高跳和平跳技术类型，促进了三级跳远水平的大幅度提高。1960 年，波兰运动员施密特第一个跳过了 17 米大关，成绩为 17.03 米。1975 年，巴西运动员奥利维拉跳出了 17.89 米的世界纪录并保持了 10 年之久。

第五阶段（1981 年至今）：人们对三级跳远进一步研究，各种类型的技术都强调助跑的速度和三跳速度的保持及利用，强调三跳的合理性、个人技术特点的适应性、强有力起跳动作与大幅度向前动作的一致性。1985 年，美国运动员班克斯跳出了 17.97 米，逼近了 18 米大关。1995 年，英国运动员爱德华兹以 18.29 米的成绩成为第一个跳过 18 米大关的运动员。

21 世纪男子三级跳之王是美国名将克里斯蒂·泰勒，他 4 次跳过 18 米大关，却一直无法打破爱德华兹的世界纪录。

第二节　三级跳远的教学设计

一、教学目标

（一）认知目标

了解三级跳远的起源与发展，清楚三级跳远运动技术的演变过程及不同类型三级跳远的技术特点，建立正确的三级跳远的概念。

（二）技能目标

掌握三级跳远的基础技术和发展跳跃能力的基本方法，学会不同阶段跳远技术的正确教学方法与手段，发展学生的跳跃能力，提高学生的三级跳远成绩。

（三）情感目标

学会如何审视三级跳远运动的美感，激发学生对三级跳远运动的热爱，启发学生对三级跳远技术的学习欲望，激发学生的学习动机，培养学生勇于挑战自我和勇敢顽强的意志品质。

二、学习者分析

（一）技术基础

中小学体育课只开展了跳远的教学，对于三级跳远来讲，绝大部分学生没有学习的经历，因此三级跳远的教学应从最基本的技术开始进行完整的技术教学。

（二）身体素质基础

体育专业本科学生已属于成年人，能够经受较大强度的水平跳跃项目的练习刺激。另外，学生通过高考，已具备了较强的跳跃素质，通过合理的和一定时间的教学，应能够掌握三级跳远的技术。

（三）情感基础

现代三级跳远运动是一项舒展优美的运动。特别是空中动作的舒展是学生特别是体育专业学生非常向往的。因此，学生会有非常强烈的学习原动力，教师应善于把握学生对三级跳远学习的欲望，将学生学习的原动力转化为持久的学习动机。

三、教学内容分析

（一）三级跳远的技术特点

1. "平跳型"三级跳远技术特点

快速高重心上板，低腾空向前，身体腾空轨迹增长。运动员助跑速度快，并保持到踏跳之前。在踏跳前两步，人体重心平稳，不过分降低身体重心，以较快的速度向第一跳过度，其垂直分力相对较小，所以水平速度损失小，第一跳的抛物线比较低，远度相应减小，为第二跳达到最好的重心抛物线高度创造了条件。平跳型的主要特征：第一跳人体重心抛物线低，比第三跳的距离稍短，起跳角度小，落地时水平速度损失小，主要采用单臂摆动方式。三跳的比例：第一跳为 34.5%，第二跳为 30%，第三跳为 35.5%。

2. "高跳型"三级跳远技术特点

"高跳型"三级跳远技术具有力量强、上板速度较快、重心偏低的特点。采用双臂摆动，助跑最后两步适当减速，身体重心适当下降，用强有力的腿部力量完成起跳，起跳充分，垂直分力增大，但水平速度损失较大，影响二、三跳的远度。主要特征：起跳角度大，第一跳比第三跳高而远。三跳的比例：第一跳 38%，第二跳 29%，第三跳 35%。

（二）三级跳远教学的重点与难点

教学的重点：助跑接第一跳的衔接技术。

三级跳远是人体通过快速助跑和有力起跳，尽可能跳跃远的远度项目。没有快速的助跑和有力的起跳，就不可能达到预想的远度。另外，如果第一跳完成不好，就无法进行其后的两跳。所以，助跑接第一跳的衔接技术，第一跳起跳腿的交换技术，第一跳、第二跳的落地动作，适合个人特点的三跳比例是教学的重点。

教学的难点：三级跳远技术教学难点是三跳过程中水平速度的保持率及各跳产生的垂直速度。三级跳远技术不同于跳远技术（借助助跑所获得的水平速度，通过一次起跳动作获得最佳的跳跃远度），而是需要做三次跳跃动作，由于助跑中获得的水平速度在三次跳跃中不断降低，所以力求减少水平速度的损失而又能获得合理的垂直速度是三级跳远技术教学要解决的问题。

因此，在三个连跳的每一跳中，保持每一跳的水平速度是三级跳远的教学难点。

四、教学策略

跳远技术教学按照三级跳远技术结构的先后次序，依次进行教学。

（一）准备活动

三级跳远是田径运动项目中对身体条件以及素质要求较高、节奏性较强的项目之一，为了充分利用课堂教学时间，促进学生尽快掌握三级跳远技术，准备活动中除了采用常规活动内容外，建议多采用专项性练习内容进行准备活动。

教师利用教材、网络资源创编相关内容，采用讲解示范等方法组织学生进行身体各部位的活动练习，专项准备活动主要结合专项技术要求进行设计，主要以"交换腿""跨步跳"的专门性练习为主，促进学生对技术的掌握。

（二）技术教学的方法和手段

1.建立正确的三级跳远技术概念

（1）教学手段：

①通过全图或录像帮助学生建立正确的概念。

②通过完整的技术示范让学生了解三级跳远动作过程。

（2）教学提示：

①讲解时要简明扼要，语言生动，抓住重点。

②技术动作示范尽可能规范，完整示范与单个动作分解示范相结合，注意示范位置和方向。

2.学习单脚落地、跨步跳、单足跳及单跨结合技术

（1）教学手段：

①原地模仿单脚积极落地技术练习。

②走动中做单脚积极落地技术练习。

③单足跳远做单脚积极技术练习。

④小幅度连续跨步跳练习。

⑤立定多级跨步跳练习。

⑥短程助跑的连续跨步跳练习。

⑦小幅度到大幅度的单足连续跳。

⑧连续跳上跳下器械的练习。

⑨短程助跑单足跳上高台的练习。

⑩由小幅度到大幅度的单足跳接跨步跳练习。

⑪单足跳接跨步跳—垫步—单足跳接跨步跳的练习。

（2）教学提示：

①必须用全脚掌落地或用脚后跟先着地迅速滚动到全脚掌着地。

②摆动腿积极快摆至与地面平行，产生一个突停形成跨步。

③两腿交换要协调，幅度要大，要注意两腿交换的时机。

④单足跳接跨步跳的动作自然连贯，落地积极，起跳有力。

3.学习立定或上步三级跳远

（1）教学手段：

①立定小幅度的三级跳远技术练习。

②画标志的立定三级跳远技术练习。

③上1～3步的三级跳远技术练习。

（2）教学提示：

①摆腿、摆臂协调配合起跳。

②三跳的节奏应均匀。

③上步时要放松，三跳的动作要连贯。

4.学习三级跳远的助跑技术

（1）教学手段：

①4～6步的助跑练习。

②8～10步的助跑练习。

③全程助跑的练习。

（2）教学提示：

①逐渐加速，最后两步积极上板。

②助跑距离选择适当，踏板要准确。

③注意反复练习短程、中程和全程助跑，以达到准确。

5.学习完整三级跳远技术

（1）教学手段：

①短程助跑小幅度的三级跳远练习。

②短程助跑三级跳远过障碍物的练习。

③中程助跑的三级跳远练习。

④全程助跑的三级跳远练习。

（2）教学提示：

①助跑节奏要求稳定，后两步积极上板。

②第一跳要低且向前，两腿交换应在腾空的最高点开始。

③第三跳起跳要重视提肩拔腰，尽力蹬伸，做好空中动作。

④三跳的比例要适应个人的身体素质和技术特点。

⑤三跳之间衔接要自然、连贯、平稳和直线性好。

（三）三级跳远教学中容易出现的错误动作、产生原因及纠正方法

1.起跳蹬伸不充分

产生原因：腿部力量较差；腿和两臂的摆动不协调；起跳前身体重心没有及时前移。

纠正方法：加强腿部力量的训练；加强摆动腿、摆臂的协调摆动力量的练习；多做单足或跨步跳上高台的练习。

2.第一跳两腿交换过早，上体前倾，交换腿时屈髋

产生原因：起跳腿没有充分蹬伸；上体前倾过大；急于向前抬腿交换，造成屈髋。

纠正方法：要求起跳腿充分蹬伸后再做交换腿动作；上身不要过于前倾，强调两臂的摆动力量和摆动的方向。

3.落地不够积极，制动比较大

产生原因：技术概念不够清晰；膝屈高抬不够，小腿前伸时快速前摆及迅速回扒的动作不够积极；膝关节过于紧张。

纠正方法：讲清积极落地的技术概念；加强膝关节灵活性的训练，单足跳、跨步跳时要做好屈膝高抬动作；多做小腿快速前摆和回扒动作的练习。

4.空中失去平衡

产生原因：腿的摆动不高，上体前压产生前旋；两臂摆动力量不均匀，摆动腿和摆臂用力不一致；摆动腿和摆臂的方向不一致。

纠正方法：多做连续小幅度的练习，认真体会摆动腿和摆臂的协调配合；在连续小幅度的跨步跳中体会大幅度的摆动方向和用力配合的一致性。

5. 第二跳步幅过小

产生原因：第一跳过大、过高产生的制动大；落地时腿的支撑力量弱；第一跳落地时上体过于前倾。

纠正方法：加强支撑腿的力量训练；适当缩小第一跳的距离或适当降低第一跳身体重心的高度，增大第一跳的远度；采用画标志线控制三跳的比例。

6. 助跑最后两步减速

产生原因：步点不准确，后几步拉大或倒小步；提前做准备起跳，双臂的摆动幅度过大；踏板的意识不强。

纠正方法：采用标志助跑接起跳；加强踏板意识训练。

五、学习评价

根据三级跳远教学应达到的教学目标，三级跳远学习评价包括以下几方面内容：

（一）理论知识评价

可通过课上提问、课外作业、理论考试等形式对学生三级跳远理论知识进行评价。

（二）技术技能评价

三级跳远技能评价是三级跳远教学评价的主要内容。评价标准应由田径教学单位根据学习情况、大纲规定的教学时数等内容集体制定评价标准，由教师或考核小组对所有学生的技术技能掌握情况进行评价。

（三）教学能力评价

在三级跳远教学过程中可通过作业和提问的方式让学生做三级跳远的准备活动，进行正误动作分析；通过讲述各部分技术动作的要领等方式培养学生讲解与示范的能力，同时对教学能力进行评价。

第三节　三级跳远教与学的注意事项

三级跳远的技术比较复杂，教学时应注意抓住基本技术环节的教学，对基本技术要求正确、准确掌握，课堂上要反复进行练习。让学生了解三级跳远技术教学的重点和难点，并加大教学力度。注意各技术环节的衔接配合，把技术教学与提高身体素质练习结合起来。

比赛中要进行六次跳跃，这就要求学生要具有在较短时间内反复发挥最高跑速度的持续能力。注意抓好每一跳的技术教学。由于三级跳远技术比较复杂，练习强度大，所以教学中应多采用分解教学法。另外，教学中应充分做好准备活动，布置好练习场地，防止伤害事故的发生。

训练时所选择的练习手段要和专项技术紧密结合。专项素质训练的练习要集中，数量不宜过多，以免分散学生的精力。力量练习应循序渐进地进行，应采用各种手段全面训练运动肌群，为以后的专项训练打下良好的基础。力量训练不宜在疲劳状态下进行。力量训练前必须做好准备活动，训练时要注意渐进增负荷原则，练习结束后要注意放松与按摩。

在教学中，要注意专项素质与技术动作的有机结合，应注意抓好技术教学，使分解教学与完整教学有机结合起来；不要急于求成，忽视技术动作的掌握；交替安排不同练习方法，注意练习的多样性。

在教学中应注意助跑速度的发挥和助跑节奏的稳定，提高助跑步点的准确性。发挥助跑速度，培养"攻板"意识，注意控制第一跳的高度，交换腿的时机以及上下肢的协调配合。在教学中要把快速助跑和起跳结合的技术作为教学的重点，注意助跑速度适应快速起跳技术，应该多做一些助跑与起跳结合的技术练习。

在起跳教学中，要注意掌握正确的起跳技术，强调起跳速度、摆动速度和腾空速度。要注意第二跳和第三跳的身体平衡，尽量加快后两跳的动作速度，要注意每一跳之间的技术衔接及水平速度损失，掌握好三跳的比例和节奏。尽量选择平坦又不过于坚硬的地面进行练习，如跑道、土地、地板地、沙坑等。过滑的地面不宜练习。提高爆发力的练习，重复次数一般不超过 10 次。[①]

---

① 马东升.三级跳远技术动作训练的方法及注意事项[J].甘肃教育,2014（15）:70.

第十三章　标枪训练的教与学

第一节　标枪的基本知识

一、掷标枪的起源

掷标枪运动具有悠久的历史。在古代，人们就用类似标枪的器具作为武器去猎取野兽，后来成为战争的武器，即"投枪"。投掷标枪作为古代奥运会的正式比赛项目是在公元前 708 年的第 18 届古代奥运会，而且属于古代"五项竞技"之一。1792 年，瑞典的法隆开始举行现代标枪比赛。到了 1886年，在斯堪的纳维亚国家的运动会上，瑞典运动员以 35.81 米的成绩首创男子掷标枪纪录。男子标枪和女子标枪分别于 1908 年和 1932 年被列为现代奥运会比赛项目。

二、标枪的发展

掷标枪技术的产生与发展，有它独特的演变过程。标枪是古代劳动人民为了求得生存，在与大自然做斗争中为获取必需的生活资料而创造的一种原始投掷工具，在当时也作为一种运动器械。到了奴隶社会，其被统治阶段用来作为训练士兵、镇压奴隶、掠夺财富和进行战争的一种武器。现代掷标枪运动起源于斯堪的纳维亚国家。瑞典和芬兰人在研究投掷标枪的技术和原理方面做出了贡献。瑞典人研究了握枪和肩上持枪助跑的合理方法，芬兰人采用了"自然臂"引枪和"前交叉步"的技术，使助跑与最后用力的衔接得到了改善。20世纪50年代，滑翔标枪问世，通过更好地将力作用于枪的纵轴，发挥了良好的滑翔性能，从而提高了成绩。到了20世纪70年代又广泛采用了塑胶助跑道，使运动员在最后用力时下肢得到更好的支撑，进一步提高了用力的效果。

原始的标枪构造很简单，把石头磨尖装在木杆的一端即为枪头。随着生产力的发展，改用金属做枪头。最初的枪杆是平滑的，没有绳把，只在手上系着一条布带，投出时可使标枪旋转。根据古代比赛场地的遗址，可知当时有助跑道，也有一定的界线，掷标枪时不能踏出界线，但和现在场地规格是不一样的。

随着田径运动的蓬勃发展以及科学技术在田径运动中的运用，掷标枪的技术也不断变革与发展，由古代发展而来的原始投掷技术在漫长的历史过程中，因不断得到改革而逐渐完善。

掷标枪技术的演变是非常有趣的，在古代可以在标枪上缠绕皮带帮助用力，可以用手指顶在标枪的尾端进行投掷，此外还有加助跑的投远和原地投准。持枪法由过去的肩下携枪助跑，发展为现在的肩上持枪助跑。握枪法由古老的钳式握法，发展为现在的现代式握法。投掷步由过去的"单足跳""后交叉"发展为现在的"前交叉"。现代的投掷技术，有利于投掷步的加速，表现出良好的超越器械，加长了投掷的工作距离，并能很好地沿着标枪纵轴用力。事物在不断发展，人们在探讨更为合理的技术过程中，应尽可能在使掷标枪技术符合人体解剖结构和生物力学的原理上，研究更新的投掷技术。

握枪方法是将标枪斜放在掌心上，大拇指和中指握在标枪把手末端第一圈上沿，食指自然弯曲斜握在标枪上，无名指和小指握在把手上。也可将拇指和食指握在标枪把手末端第一圈上沿，其余手指按顺序握在把手上。

持枪的方法是屈臂举枪于肩上，大小臂夹角约为90度，稍高于头，枪尖稍低于枪尾。助跑的距离应根据投掷者发挥速度的快慢而定，一般在25～35米之间。助跑分为两个阶段，其中预跑阶段主要是加速，在跑进中上身稍前倾，用前脚掌着地，大腿抬得较高，后蹬力量强，动作轻快而富有弹性，持枪臂随着跑的节奏与左臂配合，自然前后摆动，并与下肢动作协调一致，在加速中进入投掷步。

随着掷标枪技术的迅速发展，男子的世界纪录到20世纪80年代已达到96.72米，女子掷标枪运动的历史虽然不长，但成绩的提高也是很快的，从第一个43.68米的世界纪录，迅速提高到69.32米。标枪成绩的不断提高，已对在同一场地上的其他项目的运动员有了一定的威胁，因此 1987 年国际田联将标枪的重心进行了调整（前移），进行严格的限定，使标枪的投掷距离有了较大的缩短。

掷标枪，是一个比较复杂的多轴性旋转项目。它的完整技术，是由肩上持枪经过一段预先助跑连接投掷步获得动量，通过爆发式的最后用力作用于标枪的纵轴上，将标枪经肩上投出去。标枪在空中飞行，因而被称为"滑翔标枪"。

20 世纪 60 年代，瑞典制造出金属标枪，使标枪的滑翔性能更强，大幅度提高了运动成绩。国际田联为保证看台观众的安全，1986 年将男子标枪重心向枪尖方向前移 4 厘米，以降低飞行性能；1999 年又将女子标枪重心向枪尖方向前移 3 厘米。标枪可用金属或其他适宜的类似材料制作。男子标枪重 800 克，长 260～270 厘米；女子标枪重 600 克，长 220～230 厘米。比赛时，运动员必须单手将标枪从肩上方掷出，枪尖必须落在投掷区角度线内方为有效。男、女标枪分别于 1908 年和 1932 年被列为奥运会比赛项目。

三、现代标枪技术

掷标枪技术是一个连贯的动作过程，为了便于分析，可把完整技术分为握枪与持枪、助跑、最后用力和标枪出手后维持身体平衡 4 个部分。

（一）握枪与持枪

常用的握枪方法有现代式握法和普通式握法两种。

1. 现代式握法（拇指和中指握法）

将标枪放在右手掌心上，用拇指和中指握在缠绳把手末端上沿，食指自然弯曲斜放在枪身上，无名指和食指握在缠绳把手上。

2. 普通式握法（拇指与食指握法）

将标枪斜放在右手掌心上，用拇指和食指握在缠绳把手末端上沿，其余手指依次握在缠绳把手上。

目前广泛采用的是现代式握法，其优点是在标枪出手瞬间，能充分地利用长而有力的中指对标枪施力，有利于加快标枪出手的初速度，并使标枪产生绕纵轴的旋转，保持空中飞行的稳定性。

常见的持枪方法有肩上持枪法和先肩下后肩上持枪法两种。

肩上持枪法：右手持枪于右肩上方，右臂弯曲，肋关节稍向外，根据个人习惯，持枪稍高于头或在头侧，枪尖稍低于枪尾或枪身与地面平行。

先肩下后肩上持枪法：在预跑的前半段，右臂自然下垂，右手持枪于髋侧或腰间，枪尾向前，随向前跑进两臂自然前后摆动。在预跑的后半段，右臂举起成肩上持枪姿势。

目前，多数人采用肩上持枪法，这两种方法动作简单，有利于控制标枪，能使持枪助跑平稳地转入引枪。

（二）助跑

助跑包括预跑和投掷步两个阶段，采用直线助跑的形式，通常在助跑距离内设两个标准，第一标志点是助跑的开始点，第二标志点是投掷步的开始点。助跑距离一般在 22 ～ 35 米，女子稍短一些。预跑距离从第一标志点起到第二标志点止，一般在 12 ～ 21 米，通常跑 8 ～ 14 步。投掷步从第二标志点起到投掷步最后一步左脚着地处止，长 8 ～ 12 米，用 4 ～ 6 步完成。此外，标枪出手后的缓冲距离在 2 米左右。

1. 预跑阶段

预跑前，通常是面对投掷方向，原地两脚前后站立，左脚前踏在第一标志点的延长线上，右脚开始预跑，这种方法预跑步点稳定，有利于踏上第二标志点。也可以持枪向前走或小步慢跑几步，以左脚踏上第一标志点的延长线开始进入预跑，这种方法易使跑的动作放松，有利于发挥预速度。

预跑是周期性动作。预跑时，下肢动作基本上同平跑，要求跑得放松自然，富有弹性和节奏。保持直线性，步点稳定，控制好标枪，持枪臂随跑的节奏自然小幅度前后摆动，并于两腿动作协调配合，在逐渐加速中流畅地进入投掷步阶段。

2. 投掷步阶段

投掷步是掷标枪的专门助跑阶段，不但要保持较高的助跑阶段，完成引枪交叉步和超越器械等动作，而且要实现由助跑向最后的过渡和衔接。助跑投掷成绩要比原来投掷远 20 ～ 30 米。下面介绍四步投掷步和直接向后引枪的技术。

第一步：左脚踏上第一标志点的延长线，右脚积极前摆，同时上身向右转动，持枪臂开始向后引枪，左肩向标枪靠拢，左臂自然摆于胸前，目视前方。右脚着地时，髋部正对投掷方向，右臂尚未伸直，标枪靠近身体。

第二步：右臂落地后，左脚积极前摆，同时右脚蹬地，上身继续向右转动，持枪臂继续向后引枪。左脚着地时，身体已转至侧对投掷方向，右臂伸直完成引枪动作，右手约同肩高，枪头靠近右眉，躯干与地面基本上保持垂直，眼睛注视投掷方向。

第三步（交叉步）：这是投掷步中关键的一步。当第二步左脚一着地，右脚自然屈膝，以大腿带动小腿快速前摆，左腿积极蹬地，同时左臂自然摆于胸前，帮助作肩内扣和加大躯干向右扭转的幅度，使肩轴与髋轴形成交叉状态，躯干后倾逐渐加大。紧接着左脚蹬离地面，左脚快速、低平前摆并超过右腿，为左脚快速落地创造条件。随之以右脚跟外侧先着地并迅速过渡到全脚掌支撑，右脚尖与投掷步方向约成45度角。此时躯干后倾角度为20～25度，右臂充分后伸位于肩轴延长线上。

第四步：这是从助跑过渡到最后用力的衔接步。右脚着地后，右腿迅速屈膝缓冲，以减小制动和加快身体重心前移。等身体重心前移超过右脚支撑点时右脚积极用力蹬地，推动髋部向投掷方向前移和转动，左腿快速下插以脚跟或脚内侧先着地，完成有力的制动支撑。左脚着地的位置在右脚前方偏左20～30厘米处，脚尖内扣与投掷方向约成20度角。此时上体仍保持向后倾斜的姿势，为最后用力创造条件。

投掷步的形式有跳跃式、跑步式和混合式3种，目前用混合式投掷步的运动员较多。不管用哪一种投掷步形式，都应表现出低、平、快的特点。

投掷步节奏是掷标枪助跑的显著特点。良好的投掷步节奏，不仅取决于完成各步动作的时间、准确性等方面，而且与各步的步长密切相关。优秀运动员通常表现出第一、二步较快，第三步稍慢，第四步最快的节奏特点。投掷步各步的步长，优秀运动员一般是第一步长、第二步较长、第三步最长、第四步最短。投掷步第四步步长最短，有利于实现助跑与最后用力的衔接，正确完成左侧支撑动作。

（三）最后用力

最后用力从投掷步第三步右脚着地，身体重心前移超过支撑点垂直面，右腿转入蹬地动作时开始。由于右髋向投掷方向加速运动，使髋轴超越肩轴并牵引着向投掷方向移动。左脚着地形成制动与支撑，为上身向投掷方向运动创造了条件。左臂同时积极摆向身体左下方，左肩适当压低并有效制动，右胸前挺带动投掷臂向上转动，前臂和手腕向上翻转，当上身转至正对投掷方向时形成了"满弓"姿势。此时投掷臂伸直留在身后，与肩同高，与躯干几乎成直角，右腿、右髋、右胸和右臂的连线像"弓"一样向后反张。

　　形成"满弓"后，立即转入屈体挥臂的"鞭打"动作。身体重心逐渐移向左腿，迫使左腿微屈支撑。胸部继续前挺带动投掷臂的上臂向前，上臂又带动前臂向前，使肘关节被动弯曲。当上臂移至肩关节垂直上方时，左腿快速有力蹬伸，被拉长的腹部肌群强有力地收缩，胸部和左肩带动上臂向前并快速完成伸肘、挥前臂和甩腕的掷标枪动作，使全身力量通过投掷臂、手腕和手指的动作作用于标枪纵轴上。标枪离手瞬间，手腕和手指要积极甩动，使出手后的标枪沿纵轴按顺时针方向旋转飞进，提高飞行的稳定性。标枪出手的适宜角度为 29 ～ 36 度。

四、标枪出手后的维持身体平衡

　　为了防止由于惯性作用使人体继续向前运动而造成的犯规，在标枪出手后，右腿应及时向前跨出一大步，屈膝降低身体重心，两臂配合自然摆动，以便减弱人体向前的冲力，维持身体平衡。

第二节　标枪的教学设计

一、教学目标

（一）认识目标

（1）了解掷标枪运动的文化，了解掷标枪的场地、器械、规则的变更。

（2）了解掷标枪技术的发展。

（3）掌握掷标枪的概念、技术组成、技术动作要领及影响运动场地的因素。

（4）理解掷标枪的教学设计。

（二）技能目标

（1）能够完成示范合理的助跑掷标枪技术组成部分的动作。

（2）能够精炼地对技术动作进行讲解。

（3）能够分析技术中存在的问题，给予解决的手段。

（4）能够运用教学设计的内容组织中小学掷标枪课教学。

（三）情感目标

培养学生的组织纪律性，注意安全，养成严格的遵守投掷规则的习惯。培养学生在练习中不怕脏、不怕累、克服困难的品质，塑造良好的教师风范；培养学生相互帮助、相互指导的互助精神，建立良好的人际关系；培养学生超越自我的良好品质，增强学生的自我效能感。

二、学习者分析

体育教育专业的本科学生都是经过训练考入大学的，对掷标枪并不陌生，对掷标枪的场地、规则、器械的规格等有一定的认识。部分学生基本上掌握了掷标枪技术，并取得了一定的成绩。

三、教学内容分析

（一）掷标枪项目的特点与价值

掷标枪是田径教学大纲规定的重点项目之一，是体育教育专业教学的重点内容。掷标枪为持器械项目，教学过程中的安全性要求较高，有利于培养学生的安全意识。掷标枪能够很好地提高学生的身体协调性、力量等素质，为其他项目的学习奠定基础，并对其他理论知识的学习与应用有较好的促进作用。

（二）影响掷标枪成绩的主要因素

从技术角度和心理学、生理学角度分析影响掷标枪成绩的主要因素有出手速度、出手高度和动作技术的流畅程度以及心理应激和生理机能状态。

四、教学策略

（一）准备活动

掷标枪项目因其技术性较强，为了充分利用课堂教学时间，促进学生尽快掌握技术，在课堂准备活动中除了采用常规的活动内容外，建议多采用专项练习进行准备活动。

利用教材、网络资源创编相关内容，采用讲解、示范等方法组织学生进行身体各部位的活动练习。

上肢活动内容：按照掷标枪最后用力时手臂、手腕和手指的技术要求进行内容设计。

躯干活动内容：以躯干侧屈、转动、挺胸等练习内容为主，符合助跑掷标枪技术不同阶段的要求。

下肢活动内容以交叉步练习为主。

（二）技术教学

1.建立掷标枪技术的正确概念

（1）教学手段：

①通过观看录像、技术挂图了解掷标枪的完整技术，同时讲解完整技术的各技术环节和各环节的作用。

②结合投掷技术原理，介绍投掷标枪技术的特点与铅球技术的相同和不同之处。

③介绍标枪的器械规格。

④简介掷标枪的发展，反复进行安全教育，提出安全措施。

（2）教学提示：

①讲解突出掷标枪反关节运动、纵轴用力及较大的水平速度。

②听从指挥是确保安全和提高教学质量的关键之一。

2.学习掷标枪技术的专门性练习

（1）双手持枪原地转肩。

（2）双手持枪原地绕肩。

（3）肩扛枪原地交叉步跳。

（4）肩扛枪原地转髋。

（5）持枪原地翻肩模仿练习。

（6）单手持枪顶物原地模仿。

（7）单手持枪转肘。

（8）原地、上一步、上三步、投掷步投掷全球。

3. 学习最后用力技术（以右手投掷为例）

（1）教学手段：

①学习中指握枪与食指握枪。

②学习肩上持枪。

③学习原地正面插枪。

④学习上两步正面插枪。

⑤学习原地侧向投掷标枪。

（2）教学提示：

①握持枪要牢固，但要放松，以便出手时快速发力。

②掌握插枪技术后，要求在前送髋关节的同时振胸挥臂甩腕。

③投掷臂要放松伸展，肩部要充分拉紧。

④用力时右腿要提踵、压膝，前送髋关节。

4. 学习交叉步投掷标枪技术

（1）教学手段：

①学习上一步投掷标枪。

②学习交叉步投掷标枪技术。

徒手连续做交叉步练习，持枪连续做交叉步练习，半蹲状态的连续跳跃练习，连续交叉步投掷标枪练习。

（2）教学提示：

①左腿前迈落地制动与右脚提踵用力是同时进行的。

②连续交叉步时要迈步低，落地快，重心平稳起伏小，要求低、快、平，建立正确的投掷步节奏。

③右脚的落地、扒地、用力三者同时进行，体会交叉步与最后用力的衔接。

④主动蹬地用力形成"满弓"，体会进行中借速用力拉紧肩带和躯干肌肉群的动作。

5. 学习投掷步掷标枪技术

（1）教学手段：

①原地引枪。

②行进间引枪。

③慢跑中的引枪。

④走步引枪接"满弓"练习。

⑤徒手引枪接"满弓"挥臂练习。

⑥投掷步掷标枪。

（2）教学提示：

①引枪时，迈步、引枪、转体三者要协调一致。

②引枪、交叉步、最后用力三者要协调一致。

6.学习短程助跑投掷标枪技术

（1）教学手段：

①学习持枪助跑技术。

②助跑4～6步接投掷步练习。

③助跑4～6步接投掷步掷标枪练习。

（2）教学提示：

①重心不宜过高，助跑速度不宜过快，随着技术的不断掌握可逐渐加快速度。

②投掷步引枪时右腿用力蹬地，帮助推送髋关节，做好用力前的预备姿势。

7.学习全程助跑掷标枪技术

（1）教学手段：

①徒手预跑8～10步接投掷步练习。

②预跑8～10步接投掷步做中小强度的投掷标枪。

③确定个人助跑步数。

④固定步点的全程助跑投掷标枪。

（2）教学提示：

①动作要协调放松，要求做好各环节动作的衔接。

②以能完成各环节动作、发挥自己的速度和做好最后用力来确定自己助跑的距离。

③全程步点一定要服务于技术。

（三）教学中常出现的错误的原因及纠正方法

1.握枪时食指不是缠绕标枪而是抵在标枪上

产生原因：动作过分紧张。

纠正方法：讲明危害，多练习，体会如何握而不紧。

2.持枪时掌心空

产生原因：持枪时肘过低，手腕紧张。

纠正方法：讲清动作要领，反复练习。

3. 投掷步重心过高

产生原因：膝关节过直或上身和左肩领先。

纠正方法：讲清动作要领，持枪做半蹲状的跑，右腿承担身体重量的半蹲跳等练习。

4. 引枪不到位

产生原因：引枪时身体和投掷臂过分紧张或过分放松或不转体而先向左拉左肩。

纠正方法：引枪时要顺枪后引并转体，进行多跑的引枪练习。

5. 助跑接最后用力中间有明显停顿

产生原因：用力前一步右腿落地过直或迈腿过高。

纠正方法：运用信号反复强化练习。

6. 投掷步用力前一步右脚落地时脚尖与投掷方向角度过大

产生原因：上身在投掷步中前倾过大，髋轴平行于投掷方向，躯干比较松。

纠正方法：持枪反复做交叉步练习，强调右脚尖与投掷方向的角度。

7. 没有左侧支撑动作

产生原因：缺乏双支撑用力的意识。

纠正方法：明确技术概念，用跳投的方式投掷。

8. 步点不准

产生原因：助跑两端的步数没有固定，跑速不稳定。

纠正方法：固定助跑步数和节奏，全程计时反复练习。

9. 全程减速

产生原因：投掷步不积极，过早准备用力。

纠正方法：讲清全程助跑适宜速度的重要性，加强投掷步技术节奏的练习。

五、掷标枪的学习评价

根据掷标枪教学应达到的教学目标，掷标枪学习评价包括以下几方面内容：

（一）理论知识评价

可通过课上提问、课外作业、理论考试等形式对学生掷标枪理论知识进行评价。

（二）技术技能评价

掷标枪技能评价是掷标枪教学评价的主要内容。评价标准应由田径教学单位根据学生情况、大纲规定的教学时数等内容统一制定评价标准，由教师或考核小组对所有的学生的技术技能掌握情况进行评价。

（三）教学能力评价

在掷标枪教学过程中可通过作业和提问的方式让学生做掷标枪的准备活动，进行正误动作分析；通过讲述各部分技术动作的要领等方式培养学生讲解与示范的能力，同时对教学能力进行评价。

第三节　标枪教与学的注意事项

标枪教学作为一种新奇的体育运动方式，能有效提升学生进行体育锻炼的积极性，但是标枪使用不当就会影响投掷的效果，还有可能对学生造成伤害，所以在标枪教学中要特别注意这些问题。

一、积极引导做准备

投掷标枪是一项较为剧烈的体育活动方式，因为标枪本身含有很大的重量，所以投掷的时候很容易造成肌肉拉伤。所以，教师在进行标枪教学前，要为学生设计一套完整的课前活动方法，保证肌肉可以得到充分伸展。为了进一步提升学生肌肉的伸展能力，教师可以利用铅球让学生进行肌肉练习，为接下来的标枪教学打好坚实的基础。

二、科学规范化教学

学习是一个循序渐进的过程，教师在教学前要设计一个合理的教学计划，然后按计划带领学生进行标枪的学习。首先，投掷标枪是一个技术型的体育活动方式，所以教学的时候要注意细节。教师应带领学生进行原地标枪的投掷练习，帮助每一位学生掌握正确的站立姿态，使学生有一个良好的原地投掷练习过程，当他们可以熟练掌握后，教师就可以带领学生进行适当的交叉步练习，让学生进行适当的移动。学生学习到这个阶段的时候，对于自己投掷的距离会感到一丝不满，这个时候教师就可以鼓励学生积极进行助跑练习。开始的时候让学生找一些标枪的替代品进行练习，熟练后再用标枪。这可以在一定程度上保护学生免受伤害。当最后一个教学步骤结束后，学生就会掌握良好的标枪投掷的技能，这对学生的体育锻炼有积极影响。

三、教学中要抓住重点

在掷标枪教学中，应注意教学主要环节，让学生了解掷标枪技术教学的重点和难点，并加大教学力度。注意各技术环节的衔接配合，将技术教学与提高身体素质练习结合起来。应注意抓好技术教学，使分解教学与完整教学有机结合起来。不要急于求成，忽视对技术动作的掌握。掷标枪要求局部用力比较大，教学中应充分做好准备活动，认真布置好投掷场地以防止伤害事故的发生。在教学中应注意助跑速度的发挥和助跑及最后用力节奏的稳定，提高用力的效果。在教学中要把助跑和最后用力结合的技术作为教学的重点，注意助跑速度适应最后用力技术，应该多做一些助跑与最后用力结合的技术练习。在最后用力的教学中，要注意掌握正确的最后用力技术，强调用力的顺序、出手角度和速度。

四、注意安全问题

除了积极带领学生进行标枪投掷的学习外，教师还要注意学生在学习过程中有无拿标枪打闹的情况发生。为了减少伤害事件的发生，教师可以采取定时发放和收取标枪的方式严格管理学生。当学生自己进行练习时，教师要格外注意学生的动作规范性，耐心地对他们进行教导，保证学生可以安全有效地学习标枪。开展多种多样的体育活动课程，可以有效促进学生锻炼身体，使他们可以健康成长。标枪的投掷含有很大的危险性和技术性，教师要积极进行教学研究，让学生在和谐的气氛中学习体育项目。

第十四章　铅球训练的教与学

第一节　推铅球的基本知识

一、推铅球的起源

奴隶社会时期，掷重石作为军队作战的武器和训练军队的手段之一。我国史书记有古代战争中用滚木、雷石作为防守或进攻的武器。古印度人常开展投石游戏并一直流行至今，古阿拉伯人从投石截羊群动作演变成为以石击羊的游戏。古希腊时期，一度流传投掷石块的比赛，并以之作为选拔大力士的科目，凡能把石块掷得远的人就会被公认为力气最大的力士。石块的重量、投掷的方法没有正式的历史记载，无法进行考证。

大约14世纪有了炮兵，当时的炮弹是圆形铅制作的，为了使炮手在作战时装填炮弹迅速、敏捷，以提高作战能力，平时就让士兵用与炮弹重量近似的石头练习，并进行比赛。后来又用金属物或废炮弹代替圆石作为训练。这种炮弹的重量为16磅（合7.257千克），这一重量就一直沿袭成为男子比赛的重量标准。

二、推铅球的发展

早期推铅球的比赛，曾经有按体重分级的规则。但实践证明，铅球推出的远度与选手的体重没有太大的关系，所以这个规则后来就被取消了。在推铅球的比赛初期，比赛规则比较简单，只规定一条直线作为限制线，可采用原地或任何形式的助跑推。后来又限制在一个方形区域内推球，到了 19 世纪中叶，英国人为了更合理地丈量投掷远度，规定了直径为 7 英尺（约 2.13 米）的投掷圈和 90 度的扇形铅球落地有效区。投掷区角度也在不断变化，从开始的 90 度改为 60 度、65 度、60 度、45 度，1978 年改为 40 度，而在 2003 年 1 月 1 日又启用了新的角度 34.92 度。铅球的重量为 7.257 千克，源于 16 磅重的炮弹（并非所有炮弹都是 16 磅），1978 年当时的国家业余田径联合会决定把成年男子铅球重量定为 7.26 千克。投掷圈为 2.135 米，这也是从英尺换算过来的（7 英尺）。铅球的制作经历了用铁、铅以及外铁内铅的过程。正式比赛男子铅球的重量为 7.26 千克，直径为 11 ～ 13 厘米；女子铅球的重量为 4 千克，直径为 9.5 ～ 11 厘米。

推铅球作为田径项目始于 19 世纪 60 年代。1866 年记载了第一个铅球记录，成绩为 10.62 米。女子铅球第一个记录是奥地利的克普尔在 1926 年创造的，成绩为 9.37 米，铅球重 5 千克，后又改成 4 千克。男子推铅球在 1896 年被列为第 1 届现代奥运会比赛项目，成绩为 11.22 米；女子推铅球在 1948 年被列为第 14 届奥运会比赛项目，成绩为 13.75 米。

铅球运动的发展史，也是铅球运动的变革史。最初，推铅球是在一条直线后进行的，其助跑方式五花八门，因而投掷技术也比较乱杂。后来为限制运动员的活动范围，规定在一个正方形场地内进行比赛，之后又改为直径 2.135 米的圆圈内进行，并限制铅球必须落在一定区域内才有效。投掷场地的变革，限制了人的活动范围，并且对投掷的准度性提出了较高的要求。

（一）垫步推铅球与侧向滑步推铅球技术的初始阶段（1910 年以前）

最初的推铅球是在一条直线后进行的，推铅球技术繁多，其中用得最多的是垫步推铅球技术。垫步推铅球技术是在投掷线后，身体侧对投掷方向，左腿连续摆动几次，以跳跃的方式向投掷方向移动，最后将铅球推出。这种投掷方式，助跑速度慢，身体扭曲角度小，重心起伏大，最后用力工作的距离短，出手速度小，推出铅球几乎全靠上身力量，身体高大的运动员全凭臂力投掷。因而当时人们把铅球运动称为大力士运动。1893 年，加拿大的格雷使用该技术第一个突破 14 米大关。他的技术已大致具备了侧向滑步推铅球技术的特征。

美国运动员 R. 罗斯是记载中的第一个创造和使用侧向滑步推铅球技术

的人。其技术特点是预备时站在圈的后半部，身体左侧正对投掷方向，接着微微后倒，左腿预摆几次，右腿紧接着做一次较高的单脚跳，着地后身体仍保持一定程度的后倾，做推球动作。正是这种初级技术，使 R. 罗斯在力学效应上表现出了较前人延长器械做功距离的优势，使铅球成绩达到 15.54 米，这也是有正式记载的第一个铅球记录，当时被人们认为是铅球运动的极限。

（二）半背向滑步推铅球技术（1921～1950 年）

1920 年前后出现了半背向滑步推铅球技术。这种技术的特点是动作开始时，身体额状面与推铅球方向呈 45 度，躯干向后方倾斜，在滑步过程中躯干向后方转动，形成推前姿势时，身体的额状面与推球方向成 135 度左右，然后将球推出。这种技术与滑步推铅球相比，加大了身体的扭紧程度，加长了最后用力的工作距离，提高了铅球的出手初速度。半背向滑步技术兴盛了 30 年之久，美国运动员杰·福克斯是该技术的杰出代表，他在 1950 年创造了半背向滑步技术的最高纪录，成绩为 17.95 米。

（三）背向滑步技术开创了推铅球运动的新纪元（1953～1973 年）

奥布莱恩敢于创新，采用背向滑步技术。从 1953 年到 1959 年，奥布莱恩共参加了 116 场比赛，11 次破世界纪录，是第一位突破 19 米大关的推铅球运动员。马特森在 1967 年采用传统的背向滑步技术创造了 21.78 米的世界纪录。背向滑步的技术特点：背对投掷方向，滑步过程中，眼睛始终注视前下方（推球反方向）；躯干与地面几乎平行，支撑腿弯曲较大，最后靠转体和抬体的力量将铅球推出。这种技术与侧滑步和半背向滑步相比，铅球运动的路线加长，滑步过程中，右脚内扣 45 度并与推铅球反方向成 135 度左右，这样就加大了身体的扭紧程度，加长了最后的工作距离，提高了铅球的出手初速度。

整个 20 世纪 50 年代可以说是以奥布莱恩为代表的背向滑步推铅球技术的统治时代。在这一时期采用传统的背向滑步技术，推铅球成绩从 19.75 米提高到了 21.78 米。进入 70 年代，美国运动员费尔巴哈采用背向转体技术将这项运动成绩提高到了 21.82 米。至此结束了从 20 世纪 50 年代到 70 年代初这个 20 多年单一的背向滑步推铅球技术的时代，开始向多极化发展。

基于传统背向滑步技术的类型主要有两种：一种是背向滑步转体技术；一种是短长节奏推铅球技术。背向滑步转体技术的代表人物是费尔巴哈，其技术特点是滑步过程中右脚内扣90度，重心相对较高些，身体扭紧程度相对比传统背向滑步技术大，铅球出手速度快。费尔巴哈采用这种技术创造了21.82米的世界纪录。短长节奏推铅球技术的代表人物是基斯，其技术特点是开始滑步时左脚不摆动，直接插向抵趾板附近，从而形成滑步短的特点，滑步距离60厘米左右，而最后用力距离达1.4米左右。基斯采用该技术创造了21.27米的好成绩。

（四）推铅球技术多元化时代（20世纪70年代至今）

1972年，慕尼黑奥运会的铅球比赛中除传统的背向滑步推铅球技术之外，又出现了一种类似掷铁饼技术的新式推铅球技术——旋转推铅球。采用该技术的运动员是24岁的苏联运动员芭蕾什尼克夫。该技术类似于铁饼投掷的旋转方式，但又有所不同。铁饼的旋转式通过铁饼人体的转动获得速度，运行路线是曲线，最后在曲线的路线上飞出。而旋转推铅球则是人体和铅球共同完成向圆心方向的"直线运动"，铅球最后是在直线方向推出。巴雷什尼克夫一开始未获得惊人的成绩，甚至连铅球资格赛的标准也未达到，但他并未放弃对旋转推铅球技术的研究和实践。四年之后，巴雷什尼克夫仍采用旋转推铅球技术，在1976年终于以22米的优异成绩创造了新的世界纪录，充分显示了旋转推铅球技术的威力。从前，奥德菲尔德也采用旋转式推铅球技术推出了22.86米的好成绩，但由于他是职业运动员，成绩未被承认。旋转推铅球技术的特点是背对投掷方向，上体稍前倾，旋转以左脚为轴转动180度，右脚落地后再继续旋转360度，共旋转540度，将铅球推出。现代旋转推铅球技术的杰出代表是美国运动员兰迪·巴恩斯。兰迪·巴恩斯在中学时代使用的是最常见的背向滑步技术。一开始使用旋转推铅球时，其技术比较原始，完全类似于投掷铁饼的旋转技术。1985年，教练帕克狠抓了兰迪·巴恩斯8个月的技术训练，1986年年仅19岁的巴恩斯采用旋转式推出了21.88米，成绩提高了4.51米，到1988年奥运会又以22.39米获得银牌。随着技术的完善，1990年兰迪·巴恩斯以23.12米的成绩创造了当时新的世界纪录。到目前为止，该项记录仍然没人能够打破。

第二节　推铅球的教学设计

一、教学目标

（一）认识目标

（1）了解推铅球运动的文化。

（2）了解推铅球的场地、器械、规则的变更；了解推铅球技术的发展。

（3）掌握推铅球的概念、技术组成、技术动作要领及影响运动场地的因素。

（4）理解推铅球的教学设计。

（二）技能目标

（1）能够合理地完成背向滑步推铅球技术组成部分的动作。

（2）能够精炼地对技术动作进行讲解。

（3）能够分析技术中存在的问题，给予解决的手段。

（4）能够运用教学设计的内容组织中小学铅球课教学。

（三）情感目标

（1）培养学生的组织纪律性，注意安全，养成严格的遵守投掷常规的习惯。

（2）培养学生在练习中不怕脏、不怕累、克服困难的品质，形成良好的教师风范。

（3）培养学生相互帮助、相互指导的互助精神，建立良好的人际关系。

（4）培养学生超越自我的良好品质，增强学生的自我效能感。

二、学习者分析

体育教育专业的本科学生都是经过训练考入大学的，对铅球并不陌生。

对推铅球的场地、规则、器械的规格等有一定的认识，使学生基本掌握了原地推铅球技术，并取得了一定的成绩，能简单地对原地推铅球技术进行描述。部分学生还会侧向滑步推铅球技术，这为进一步学习背向滑步推铅球技术奠定了基础。

三、教学内容分析

（一）推铅球项目的特点与价值

推铅球是田径教学大纲规定的重点项目之一，是体育教育专业教学的重点内容。背向滑步推铅球教材为持器械项目，教学过程中的安全要求较高，有利于培养学生的安全意识。

推铅球技术能够很好地发展学生的身体协调性、力量等素质，为其他项目的学习提供身体条件，并对其他理论知识的学习与应用有较好的促进作用。

（二）影响推铅球成绩的主要因素

从技术角度和心理学、生理学角度分析影响推铅球成绩的主要因素有出手速度、出手高度和动作技术的流畅程度以及心理应激和生理机能状态。

（三）教学中的重点与难点

1. 教学重点

（1）教学之初让学生掌握正确推铅球技术的最后用力顺序是推铅球技术教学的重点。

（2）随着教学的深入，教学重点转变为沿投掷圈中线向投掷方向做出大幅度的滑步动作。

（3）在进行完整技术教学过程中，教学重点为滑步与最后用力的连贯衔接。

2. 教学难点

背向滑步推铅球技术中滑步动作的摆蹬配合，最后用力前形成良好的身体扭紧以及超越器械是教学过程中的难点。

四、教学策略

（一）准备活动

推铅球项目因其技术性较强，所以为了充分利用课堂教学时间，使学生尽快掌握技术，在课堂准备活动中除了采用常规的活动内容外，建议多采用专项练习进行准备活动。

利用教材、网络资源创编相关内容，采用讲解、示范等方法组织学生进行身体各部位的活动练习。

1.上肢活动内容

按照推铅球最后用力时手臂、手腕和手指的技术要求进行内容设计，如压腕练习，推臂压腕练习等。

2.躯干活动内容

以躯干侧屈、前屈、转动、挺胸等练习内容为主，符合背向滑步推铅球技术不同阶段的要求。

3.下肢活动内容

以倒退走、倒退体前屈走、倒退兵步跳、摆动团身、转蹬、提踵等练习为主，与推铅球技术各阶段的下肢动作相吻合。

（二）技术教学

1.建立正确的推铅球技术概念

（1）教学手段：

①通过讲解技术图片，教师做完整推铅球技术动作示范，使学生建立完整的推铅球技术概念。

②向学生简单介绍推铅球技术发展的历程、比赛场地、器材、规则及国内外优秀铅球运动员的基本情况。

（2）教学提示：

讲解简明扼要，突出重点，示范准确、清楚。

2.学习握球和持球方法（以右手为例）

（1）教学手段：

①让学生观察握球的手形、球的位置、持球的部位和手形等，让学生建

立正确的动作表象。

②让学生练习握球和持球动作，并相互观察提出存在的不足。

（2）教学提示：

根据手指、手腕力量的强弱，调整铅球在手中的位置，力量强的可以将球放在手指前端。为了方便完成推球技术动作，保持持球手臂自然、放松。

3. 学习推铅球技术的诱导性练习

（1）宽站立半蹲跳起转髋练习。

（2）团身迅速蹬起提踵站立练习。

（3）连续向后小幅度的滑步练习。

（4）左腿积极落地的滑步练习。

（5）双人拉手团身起动的练习。

（6）扶肋木团身起动和深蹲蹬起练习。

（7）摆动腿后摆踢实心球标志物的练习。

4. 学习最后用力技术动作

（1）教学手段：

①通过教师讲解、动作示范等手段使学生建立推铅球技术和各部分技术表象。

②向下拨球练习。两脚左右开立，持球于右肩前下方，上体前倾，躯干向右扭转，借助扭转和伸臂的力将铅球向下推出。

③双脚支撑单手向前推球练习。

④原地侧向推铅球练习。

⑤原地背向推铅球练习。

⑥双脚宽站立原地推铅球练习。

（2）教学提示：

①球离开手时，肩、肘充分伸直，手指拨球。

②可设置一目标点，使铅球飞进方向与目标点一致。

③在用力的过程中要注意左侧支撑的用力效果，左肩打开的时机要适宜。

5. 学习背向滑步推铅球技术

（1）教学手段：

①讲解示范完整技术。

②团身技术的练习。

③滑步摆蹬配合的分解练习。

④收拉右小腿的练习。

⑤小幅度的滑步练习。

⑥滑步推轻器械或标准器械的练习。

⑦强调左右脚落地节奏的完整技术练习。

（2）教学提示：

①由预备姿势到团身的动作要连贯、柔和，左腿回收不超过右膝，铅球投影点在右脚尖前外侧。

②注意掌握摆蹬适宜时机，左腿的摆动应指向抵趾板。

③右腿应沿直线回收，上体不要主动抬起，注意滑步后两脚、上身及头的位置。

（三）推铅球技术教学中学生常出现的错误及纠正方法

1.握球时一把抓并将球托在肩上或离开颈部

产生原因：持球的手形及球的置放位摆不正确。

纠正方法：讲明技术要领，反复练习。

2.团身动作不到位，右膝弯曲不够，重心偏高

产生原因：右腿的肌肉力量差，缺乏正确的屈膝肌肉感觉。

纠正方法：通过团身蹲起至脚尖的练习建立正确的屈膝肌肉感觉；加强右腿支撑平衡能力的训练。

3.滑步时蹬、摆动作幅度小，滑步距离短

产生原因：团身后身体重心没有后移就开始摆腿蹬地；没有把握好摆蹬的时机及方向；右腿力量不足。

纠正方法：强调摆腿蹬地的时机；反复做团身起动的模仿练习。

4.滑步时上体抬起，左臂后摆

产生原因：身体主动用力不协调；下肢滑步能力差。

纠正方法：做连续滑步的模仿练习；在同伴的帮助下反复做滑步模仿练习。

5.滑步结束时身体重心没有落在弯曲的右腿支撑点的附近

产生原因：右腿回收不到位；滑步过程中上身主动抬起；左脚落地不及时。

纠正方法：强调右腿蹬地后回收的技术要求；徒手模仿练习改进支撑腿蹬地的技术动作；持重物做右腿蹬收的练习。

6.滑步与最后用力衔接不好

产生原因：没有做出良好的转换动作；右腿动作不及时。

纠正方法：讲清滑步的目的和最后用力的技术要求；通过小幅度滑步推

铅球，有意识地缩短左、右脚着地的间隔时间，建立肌肉快速用力感觉；滑步后迅速做衔接右腿的蹬转、送的练习。

7.最后用力时上体前屈，臀部后坐，只靠上臂用力推球

产生原因：用力顺序不够清晰；全身用力的协调性差，用力顺序不对。

纠正方法：强化原地推铅球技术，体会正确的用力顺序；多采用由轻器械逐渐到重器械的练习，在完整技术练习中体会用力顺序。

8.推球时跳起过早，造成无支撑推球

产生原因：对跳推技术概念不清；下肢没有完全形成最大用力状态便跳起离地，影响用力效果。

纠正方法：强调左侧支撑用力的重要性，明确跳离地面的时机；反复进行完整练习，推球时强调球离手时必须做出左脚前脚掌蹬伸扒地的动作。

9.完整技术的节奏不好

产生原因：不清楚滑步推铅球的技术节奏，只图动作快或者动作慢；上下肢用力动作不协调。

纠正方法：讲明推铅球技术节奏的重要性，反复练习从慢到快的节奏；采用多种方式用力的方法，提高全身用力的协调性。

五、学习评价

根据推铅球教学应达到的教学目标，推铅球学习评价包括以下几方面内容：

理论知识评价：可通过课上提问、课外作业、理论考试等形式对学生的推铅球理论知识进行评价。

技术技能评价：推铅球技能评价是推铅球教学评价的主要内容。评价标准应由田径教学单位根据学生情况、大纲规定的教学时数等内容集体制定评价标准，由教师或考核小组对所有的学生的技术技能掌握情况进行评价。

教学能力评价：在推铅球教学过程中可通过作业和提问的方式让学生做推铅球的准备活动，进行正误动作分析，讲述各部分技术动作的要领等方式培养学生讲解与示范的能力，同时对教学能力进行评价。

第三节 推铅球教学中的注意事项

在推铅球教学中，应注意主要环节的教学，让学生了解推铅球技术教学的重点和难点，并加大教学力度。注意各技术环节的衔接配合，把技术教学与提高身体素质练习结合起来；应注意抓好技术教学，把分解教学与完整教学有机结合起来。不要急于求成，忽视技术动作的掌握。推铅球要求局部用力比较大，教学中应充分做好准备活动，认真布置好投掷场地，防止伤害事故发生。

一、强化安全措施的练习

注重铅球投掷教学的安全教育，加强师生双方的互动，切实落实好安全措施与手段。杜绝教学中伤害事故的发生，是铅球教学中的首要任务。铅球教学与其他体育项目教学的不同之处在于，铅球投掷存在着许多不可预测的、潜在的安全隐患，一旦发生伤害事故，就会造成严重的后果，绝非其他球类等项目引起的损伤可比。因此，在教学中要合理安排和利用好有限的练习场地，组织好练习的队形。例如，学生站好队形，左右间隔适宜的距离，前排按照口令统一进行同一方向的投掷练习，完成练习后，后排同学上前按照口令进行下一轮投掷，最后再统一捡回铅球，杜绝因无序乱掷和争抢器械而引发的伤害事故的发生。尽量不要采用学生面对面的投掷练习，以防止伤害事故的发生；利用标志物或宽线带标出投掷的安全区，警示学生不能越过安全区而进入危险区，以防止伤害事故的发生；练习时加强学生之间的互动，即练习的同学在推球前，要注意观察落地区是否有人捡球或走动，而捡球的学生则要注意观看投掷圈内是否有人在练习，这样就可以完全避免练习时出现伤害事故。

二、选择适宜的准备活动

在推铅球练习前做好充分的准备活动是必要的。因为准备活动不充分，学生的机体未能达到良好状态，投掷时学生参与运动的肌肉、关节、韧带等部位，就极易发生拉伤和扭伤，因此充分合理的准备活动是上好铅球课的基础，它能有效提高运动中枢的兴奋性，克服机体的惰性，增强各运动器官的运动能力，使学生的机能处于最适宜进行练习的状态，这样学生既能保证练习的质量，又能有效防止运动损伤。准备活动要结合铅球教学的内容，应包括一般准备活动和专项准备活动，使准备活动的内容有明确的目的性和实效性，可采用徒手、球类和实心球相结合的练习手段，以激发学生的学习兴趣，提高练习的质量，有利于更好地掌握推铅球技术。

在教学中应注意滑步速度的发挥和滑步及最后用力节奏的稳定，提高用力的效果。在教学中，要把滑步和最后用力结合的技术作为教学的重点，注意使滑步速度适应最后用力技术，应该多做一些滑步与最后用力结合的技术练习。在最后用力的教学中，要注意掌握正确的最后用力技术，强调用力的顺序、出手角度和速度。

三、注重采用不同投掷器械和投掷标志物的练习

铅球教学的初始阶段，大多数学生喜欢比试力量，相互攀比，看谁推得远，往往忽视了对动作技术的掌握，严重影响了教学效果，而有针对性地选择不同的投掷器械和投掷标志物，则可以有效地提高学生练习的兴趣，加快对技术动作的掌握，提高教学的效果。例如，采用实心球、橡胶球和不同适宜重量的铅球练习。遵循先轻后重、先近后远的练习原则，着重对正确技术动作的掌握，在掌握技术的基础上，再追求投掷的远度。学生掌握了推铅球的正确技术，就会提高铅球成绩，练习的积极性、主动性就能最大限度地发挥出来，从而提高练习的效果，更好地完成教学任务。另外，利用投掷标志物来限制学生推球的远度和调整出手角度，不仅可以使学生集中注意力学习正确的技术动作，还可以体会和学会正确的用力顺序，掌握正确的用力顺序是提高铅球成绩和有效防止运动损伤的关键。

四、重视运用简捷的信息反馈

学生练习时，难免会出现这样或那样的错误动作和不足，如果学生得不到及时恰当的正确信息反馈，没有及时纠正错误动作，就会形成错误的技术动作概念，有碍于掌握正确的技术动作，影响教学效果。教学实践证明，学生练习时出现错误动作，教师及时地给予学生正确的信息反馈，对纠正他们的错误动作是非常有必要的，语言提示是直接而有效的。例如，采用抬头挺胸、出手要快，注意蹬转出手角度高、挺髋等，简短明确的提示，学生便于领会且容易理解，能清楚知道什么是对，什么是错，练习时应该注意什么，有利于学生根据正确指令，掌握正确的技术动作，提高教学质量。

五、合理运用技评与竞赛结合的练习

铅球投掷教学如果采用长时间单调、机械的重复练习，学生就会感到枯燥、乏味，缺乏练习的兴趣，甚至产生厌烦的情绪，不利于教学任务的完成。因此，教师应根据学生的好胜心和强烈的表现欲，将技评与竞赛合理地运用于教学。技评对于提高学生学习的积极性和主动性有较好的作用，它能使学生明白自己对技术掌握的程度，与同学之间的差距，激发学生的上进心，易于加强学生不断努力地克服缺点，提高练习的质量，争取更全面地掌握技术动作。学生较好地掌握铅球技术后，在练习中恰当地组织比赛竞争是非常重要的，比赛练习能有效地调动学生积极主动地参与竞争，全身心地进行练习，从而有效地发展学生的体力、智力、生理、心理和技术，提高他们运用技术的能力，充分发挥个人的能力，提高练习的质量，取得较好的教学效果[①]。

---

① 张国华,张春光.对推铅球技术教学中的几个重要问题的探析 [J]. 贵州体育科技,2004
（3）:76.

第十五章　铁饼训练的教与学

第一节　掷铁饼的基本知识

一、掷铁饼运动的起源

掷铁饼是古希腊民族传统的体育项目。据文献记载，在公元前 12 世纪至公元前 8 世纪的荷马时代，就出现古希腊人投掷石片的活动。公元前 708 年，古希腊五项运动中的"投盘"指的就是掷铁饼。公元前 5 世纪，古希腊的著名雕刻家米隆雕刻了一座健美刚毅的"掷铁饼者"雕像，栩栩如生地表现了古代掷铁饼运动员的英姿。这一雕像流传到今天仍然被人们当作体育运动的象征，常被复制或引用。19 世纪，在奥林匹亚遗址挖掘出的文物中，就有石制的、木制的、铁制的和青钢制的各种古代铁饼，规格和重量都不一样。铁饼表面有的刻着记事的文字，有的刻有竞技者的画像，有的铁饼装在皮鞘里，可见，在古代掷铁饼运动有过辉煌时代。

二、掷铁饼运动的发展

1896 年，第一届现代奥林匹克运动会上，掷铁饼就列为正式比赛项目。美国运动员列加特采用"自由式"投掷方法，以 20.15 米的成绩获得冠军。第 2 届奥运会上捷克运动员首次采用旋转掷铁饼技术，被称为"自由式""古希腊式"的原地投掷铁饼技术被淘汰。1912 年，国际业余田径联合会确定了铁饼投掷圈的直径为 2.50 米，铁饼重量为 2 千克。1912 年 5 月，美国运动员詹·邓肯以 47.58 米创造了第一个世界纪录。1950 年 5 月，美国运动员埃·克兰茨以 51.03 米的成绩第一个突破 50 米大关。第 14 届奥运会上意大利运动员阿道夫康索里尼第一个采用背向旋转投掷技术，以 52.78 米获得冠军。他先后 3 次刷新世界纪录，最好成绩为 55.33 米。自此之后背向旋转投掷铁饼技术在世界范围得到推广。美国著名运动员阿·厄特蝉联第 16 ～ 19 届 4 届奥运会铁饼冠军，并 4 次刷新世界纪录，被人们称为"铁饼之神"。1961 年 8 月，美国运动员威尔金斯以 60.56 米的成绩第一个突破 60 米，1976 年 5 月，美国运动员威尔金斯以 70.24 米的成绩首先突破 70 米大关。目前的男子铁饼世界纪录 74.08 米是德国运动员舒尔特在 1986 年创造的。女子掷铁饼运动在 1928 年的第 9 届奥运会上才被列为正式比赛项目，当时的成绩是 39.62 米。国际田径联合会承认的第一个女子铁饼世界纪录是德国运动员吉译拉·毛厄尔迈尔在 1936 年创造的 48.31 米。苏联运动员尼·杜姆巴节在 1948 年以 53.25 米第一个突破 50 米，1952 年，她曾创造 57.04 米的世界纪录震撼了整个国际田坛。1967 年，第一个突破 60 米的是联邦德国女选手利·维斯特曼，成绩是 61.26 米。苏联运动员法·麦尔尼克先后 11 次刷新世界纪录，并于 1975 年 8 月以 70.20 米的成绩第一个突破 70 米大关。

三、掷铁饼技术的发展

掷铁饼运动技术的演变和发展，经历了原地投掷、上步投掷、侧向旋转投掷以及背向旋转投掷技术等几个阶段，这几个阶段的发展过程，逐步加大了施力于铁饼的工作距离，并充分利用了人体旋转的动能。背向旋转投掷铁饼技术又经历了"波浪式"和"起跑式"技术，从美国优秀运动员阿·厄特的低重心、低腾空、背饼式投掷技术到杰·西尔维斯特的宽站立、大幅度旋转技术，逐步形成了现代掷铁饼技术的特点。

20 世纪 50 年代中期，铁饼投掷圈内的地面改为混凝土之后，运动员加强了转动因素和旋转的速度，20 世纪六七十年代中国、日本、德国等国家的运动员尝试用超背向旋转或两圈旋法技术。这种尝试虽然取得了可喜的成绩，但由于旋转速度的利用和最后用力的结合效益没有取得突破性的进展，因此没有被广泛采用。另外，苏联著名选手麦尔尼克采用左脚链球式旋转技术和瑞典的布鲁克采用旋转右腿甩小腿的技术动作，虽然也曾经多次打破了世界纪录，但因为这两种技术与掷铁饼的整体技术要求（动作连贯、大幅、速度快）有一定的差别，以后也很少有人再采用。以成尔金斯、施米特、舒尔特和奥皮茨（女）等世界级优秀运动员为代表的技术派，既注重旋转的速度，又重视旋转的幅度，并逐渐完善和改进了背向旋转掷铁饼的整体技术，使每个技术环节与整体技术动作效果相适应，他们的技术得到公认后被普遍采用。

近十几年来，随着生物力学的科学研究在掷铁饼技术分析方面的应用，不断揭示了掷铁饼技术各环节的动作结构和速度变化的规律，使人们对掷铁饼技术的实质认识逐步加深，针对运动员的个人技术特点，选择适合个人特点的技术理论更加趋于合理，使掷铁饼技术又得到了新的发展。综合概括现代掷铁饼技术的特征是旋转平稳，动作舒展，重心起伏小，腾空时间短，各技术环节结构之间转换合理，衔接紧密，动作加速节奏好，用力幅度大，出手速度快。由于世界优秀运动员的个体特点差异，他们在技术类型、技术风格和技术细节都存在个体特征。技术的核心是提高出手速度，关键是各技术环节要形成最佳衔接，能够最大限度地发挥出整体技术的综合效益。目前，现代掷铁饼技术最后用力时两腿支撑的技术动作有两种方式，一种为"支撑掷"，一种为"跳掷"。"支撑掷"是在左脚支撑的情况下使铁饼出手；"跳掷"则是在铁饼出手的一刹那时左脚已经离地。国外女运动员大多采用"支撑掷"技术，男运动员多采用"跳掷"技术。中国的男女运动员大多采用"跳掷"技术。世界纪录保持者舒尔特，原采用"支撑掷"技术，后改为"跳掷"技术，打破了世界纪录，以后又改用"支撑掷"技术。"支撑掷"技术有利于充分发挥运动员的腰部力量，用力幅度大，技术的稳定性好；"跳掷"能够发挥全身快速用力的能力。但是"跳掷"时不宜过早跳起，要把握住跳起的时机和动作的准确性，技术难度较大。因此，少年运动员在初学掷铁饼技术时，最好以学习"支撑掷"为主，以有利于将来达到高水平阶段对不同技术方式的选择。

四、掷铁饼运动的发展趋势

（一）专项技术

掷铁饼技术将以提高出手初速度为核心，加大支撑转动的能力和速度，探索适合个人特点的技术。讲究动作简单实效、舒展流畅、幅度大、速度快，使各技术环节形成最佳的结合，最大限度地发挥整体技术的综合效益。从宏观上看，动作幅度的增加是有一定限度的，而动作速度的提高却是无限的。

（二）形态选材

掷铁饼运动员的肩宽臂长是影响铁饼运行距离的重要因素之一，在其他条件相同时，肩宽臂长的运动员有利于加大掷铁饼的加速距离，提高铁饼出手初速度。当前世界级的优秀铁饼运动员男子大多数身高在 1.95 米以上，臂展 2 米以上；女子大多数身高在 1.80 米以上，臂展 1.85 米以上。

（三）专项训练

继续研究探索优秀运动员各项身体素质、专项投掷能力、专项技术和成绩等诸多因素的相关因素，选择评价指标建立训练模式，使运动员的综合素质能够更加协调发展。重视掷铁饼专项能力的训练，选择投掷各种不同重量的器械组合练习，提高运动员的专项力量和专项速度，并针对不同的运动员个体，不同的时期，在手段的选择、组合、负荷量方面更加科学化。重视青少年运动员的早期训练，特别是早期的技术训练和素质敏感期的素质训练，使之符合身体生长发育规律和训练学理论，着眼于运动员成长的全过程，减少训练的盲目性，提高青少年运动员的成材率。

五、现代铁饼技术的要点

完整的掷铁饼技术是由握饼、预备姿势、预摆、旋转、最后用力和出手后的平衡组成。为了方便分析把旋转和最后用力分为 6 个技术环节：双腿支撑起转、单腿支撑旋转、腾空旋转、衔接阶段、最后用力初加速阶段和最后用力的最后加速阶段。在运动的实践中运动员应根据自己的特点形成自己的技术风格，以便利用个人的优势取得优秀成绩。

（一）双腿支撑起旋阶段的技术要点

双腿支撑起动进入旋转是重要技术环节之一，因为它直接影响到以后一系列的动作结构和节奏，要重视这一环节的动作质量。

（1）预摆结束后，投掷臂放松留在身后，随着双腿屈膝支撑转动髋部带动上体起动旋转，身体重心由右逐渐向左边屈边转动，左腿左膝积极外转，左臂自然伸展，两肩平衡，保持收腹，左肩经左脚上方沿大弧线向投掷方向转动，左腿和左肩协调配合，形成一体动作。

（2）左腿转动领先于左肩10度左右，双腿支撑起动要平稳，不要突然加速，特别要防止突然用左臂拉左肩，控制好肩轴转动的角速度。

（3）在转动中，身体要逐渐向投掷圈圆心倾斜，左脚尖转至与投掷方向成45度时，右大腿内侧肌肉群处于适当拉长状态，为右腿的摆动和落地积极转动创造条件。

（二）单腿支撑旋转阶段技术要点

（1）右脚离地后，右腿微屈，并按弧线的路线大幅度地向投掷圈中心摆动，左腿屈膝支撑继续向投掷方向转蹬。身体重心投影点远离支撑点向投掷圈中心移动，左臂协同控制方向和维持身体平衡，使身体平稳地在转动过程中向前转动右髋，右腿摆向投掷圈中心时要低平下扣，右腿摆扣和左腿转蹬相结合，这是形成超越器械和获得旋转转动动能及水平速度的关键。

（2）在双支撑起转和左腿单支撑旋转阶段，要适当加大转动半径以增加转动惯量，因此在这个阶段，要做好身体重心移动，左臂伸展转动，右腿弧形摆动。右腿摆动时大腿高度不超过水平线，左腿保持约130度的弯曲，蹬地角36～42度。

（三）腾空阶段技术要领

（1）由于左腿支撑转动阶段动作合理，决定了腾空时间短，重心起伏小的正确技术，这是当代掷铁饼技术特点之一，这一阶段的动作主要是左踝的蹬伸，因为左脚要穿越整个投掷圈，完成这个穿越所费的时间越短，躯干扭紧得越好，在投掷前右腿的肌肉就拉得越紧。优秀运动员腾空时间一般是0.1秒，占完成动作时间的42%左右。在极短的时间内完成腾空动作，要求左腿积极向右腿靠拢，减少下肢转动半径，加大下肢转动的角速度，为完成超越肩轴和右脚着地不停顿转动以及左腿积极后摆落地创造条件。

（2）在整个动作过程中，要尽量缩短腾空时间，尽早进入支撑，才能获得动量的来源。

（3）重心不宜起伏过大，这样会影响人体水平方向的转动速度。

（四）衔接阶段技术要点

（1）右脚着地至左脚着地是旋转和最后用力的衔接阶段，或叫转换阶段，是承上启下的重要技术环节。完成好这一技术有利于减少转动速度的损耗，有利于提高旋转速度的利用率，有利于进行大幅度双腿支撑最后用力动作。右脚以前脚掌落于投掷圈中心的附近，右脚着地脚尖应指向投掷反方向偏左45度左右，投掷臂指向投掷方向略偏右。身体重量大部分落在右腿上，微收腹，上体前倾45度左右。髋轴超越肩轴约45度，左臂伸展扣紧，左肩大于右膝上方，躯干形成扭紧状态，持饼臂伸展放松与肩轴形成拉引角。右脚着地后，保持上述身体位置不变的情况下，右腿不停顿、积极地屈膝转动，同时左脚靠近地面快速摆向落地点。右脚转动90度左右，脚尖指向投掷反方向偏右约45度时，左脚落地。由于上下肢的积极转动，使髋轴进一步超越肩轴，形成腰肩臂铁饼再度扭转拉紧，使下肢以转动的作用力开始作用于器械上。

（2）衔接技术的好坏的关键取决于运动员在旋转中右腿是否积极工作，左脚主动快落，做好进入最后用力的衔接动作。左脚落地的一刹那，整个身体要形成半蹲、微收腹和大幅度扭转拉紧状态。如果这时从运动员投掷方向的右侧观察，应能看到位于运动员身后的铁饼。

（五）最后用力初始加速阶段技术要点

（1）从左脚着地至铁饼运行到最低点是最后用力的前半部分，为最后用力的初始加速阶段。此阶段要充分发挥腿、腰转动用力的能力，在左脚牢固支撑的情况下，右腿右髋积极转动用力，投掷臂不急于主动加速，随着腿腰的转动加速。同时，左臂适时向投掷方向摆动，使胸部肌肉形成预先适宜伸展拉长，为以胸带动投掷臂加速用力做好准备。

（2）在这一阶段，铁饼从高点运动到最低点，投掷臂由指向投掷方向偏左约45度到指向投掷反方向。因此，要特别控制好上体的转动，不要前引或上拉，从而获得较大的转动半径，使铁饼沿着较大弧线加速运行，加大铁饼最后用力的工作距离。

（六）最后用力的最后加速阶段技术要领

（1）从投掷臂指向投掷反方向，铁饼运行到最低点约与髋同高到铁饼出手，是最后用力的最后加速阶段。在下肢和躯干持续向投掷方向转动用力的基础上，通过左腿支撑用力和左臂、左腿及时的制动，以胸带臂急速用力"鞭打"出手，出手点的高度约与肩同高，出手角度约为 35 度。

（2）最后用力两脚的距离要适当，以便于水平方向用力加速为佳，因此，两脚的距离应取决于运动员的身高腿长、腿部力量、技术水平和技术类型。

（3）最后用力开始时，身体重心位于两脚之间，靠近弯曲的右腿，处于较低的位置。用力过程中，身体重心由靠近右腿逐渐向左腿推移，充分发挥下肢及腰部力量的加大转动向前用力的距离。

（4）从左脚落地到器械出手，左侧支撑必须稳固。左侧支撑用力，是指从左肩、左臂，以及整个身体左侧的工作过程。在最后用力过程中，起到积极的支撑制动、用力和转动轴的作用，使人体重心和铁饼几何中心的连线达到最长。器械出手时要根据不同的风向、风速和自己的投掷特点，控制好出手角度和铁饼的倾斜角度，以减少空气的阻力，充分利用空气的上升力，增加铁饼飞行的远度。

（5）最后用力是投掷铁饼的最后加速阶段，它对出手速度的贡献最大，其任务是在旋转的基础上给铁饼再加速，以最快的出手初速度和适宜的出手角度把铁饼掷出，这是决定投掷远度的技术关键。优秀运动员最后用力作用时间约为 0.2 秒，完成大幅度的转动和向前用力动作。各用力环节既要有先后顺序，又要有相互衔接用力过程，还要有及时制动身体某部位，使动量传递以加快其他部位和器械的运行。只有各环节紧密衔接，才能连续地增强作用于器械的力量，使器械获得大幅度持续加速的程度，达到最大的出手初速度。

第二节　掷铁饼的教学设计

一、教学目标

（一）认识目标

（1）了解掷铁饼运动的文化。

（2）了解掷铁饼的场地、器械、规则的变更。

（3）了解掷铁饼技术的发展。

（4）掌握掷铁饼的概念、技术组成、技术动作要领及影响运动场地的因素。

（5）理解掷铁饼的教学设计。

（二）技能目标

（1）能够完成示范合理的旋转掷铁饼技术组成部分的动作。

（2）能够精炼地对技术动作进行讲解。

（3）能够分析技术中存在的问题，给出解决的手段。

（4）能够运用教学设计的内容组织中小学掷铁饼课教学。

（三）情感目标

（1）培养学生组织纪律性，注意安全，养成严格的遵守投掷铁饼常规的习惯。

（2）培养学生在练习中不怕脏、不怕累、克服困难的品质，塑造良好的教学风范。

（3）培养学生相互帮助、相互指导的互助精神，建立良好的人际关系。

（4）培养学生超越自我的良好品质，增强学生的自我效能感。

二、学习者分析

体育教育专业的本科学生都是经过训练考入大学的，对于掷铁饼并不陌生。对于掷铁饼的场地、规则、器械的规格等有一定的认识。部分学生基本上掌握了掷铁饼技术，并取得了一定的成绩。

三、教学内容分析

（一）掷铁饼项目的特点与价值

掷铁饼是田径教学大纲规定的项目之一，是体育教育专业教学的重点内容。掷铁饼为持器械项目，教学过程中的安全要求较高，有利于培养学生的安全意识。掷铁饼能够很好地发展学生的身体协调性、力量等素质，为其他项目的学习提供身体条件，并对其他理论知识的学习与应用有较好的促进作用。

（二）影响掷铁饼成绩的主要因素

从技术角度和心理学、生理学角度分析影响掷铁饼成绩的主要因素有旋转与最后用力的衔接、出手速度、出手高度和铁饼的倾斜角度以及心理应激和生理机能状态。

四、教学策略

（一）准备活动

掷铁饼项目因其技术性较强，为了充分利用课堂教学时间，促进学生尽快掌握技术，在课堂准备活动中除了采用常规的活动内容以外，建议多采用专项练习进行准备活动。

利用教材、网络资源创编相关内容，采用讲解、示范等方法组织学生进行身体各部位的活动练习：

（1）上肢活动内容：按照掷铁饼最后用力时挥臂和拨手指的技术要求进行内容设计。

（2）躯干活动内容：以躯干转动、挺胸等练习内容为主，符合旋转掷铁饼技术不同阶段的要求。

（3）下肢活动内容以旋转练习为主。

（二）技术教学

1.建立完整掷铁饼技术的概念

教学手段：

（1）观看技术挂图，教师完整技术示范。

（2）讲解掷铁饼的技术结构，介绍优秀运动员的技术特点。

教学提示：

（1）讲解要简要，突出重点。

（2）强调安全要求与措施。

2.学习原地掷铁饼技术（以右手为例）

教学手段：

（1）学习握饼技术。

（2）学习摆饼技术。

（3）学习拨饼和滚饼。

（4）学习原地正面投掷铁饼。

（5）学习原地侧向投掷铁饼。

（6）学习原地背向投掷铁饼。

教学提示：

（1）初学者在用力时往往是注意了蹬地而忽视了转体，因此，要强调右腿右髋的转动，体会下肢首先用力的肌肉感觉。

（2）出手角度的大小主要是两腿工作，特别是左腿支撑用力的作用，胸带臂主要是平打，防止有任何提肩的动作出现。

3.学习正面旋转掷铁饼技术

教学手段：

（1）左手扶低单杠做正面旋转练习。

（2）持辅助器械做正面旋转练习。

（3）正面旋转投掷铁饼练习。

教学提示：

正面旋转投掷铁饼是一个过渡环节，主要目的是体会旋转后形成大幅度的用力姿势，体会在转动中衔接最后用力的肌肉感觉。

4.学习背向旋转投掷铁饼技术

教学手段：

（1）徒手双腿支撑起动做旋转练习。

（2）在徒手练习的基础上，右脚离地做单支撑转动至右脚落地练习。

（3）徒手做背向旋转成双支撑最后用力前预备姿势。

（4）背向旋转投掷辅助器械。

（5）背向旋转投掷铁饼。

教学提示：

（1）初学者在旋转过程中保持半蹲、收腹、扭转。

（2）完整练习时根据学生练习情况及时提出安全要求。

（3）以中等练习强度为主，强调技术动作的连贯协调。

5. 改进和提高掷铁饼完整技术

教学手段：

（1）在投掷圈内多做完整技术练习。

（2）根据学生的练习情况，必要时穿插一些技术环节的专门性练习，以便掌握完整技术。

（3）有针对性地投掷不同重量的铁饼，以改进技术和提高专项能力。

（4）掌握技术后，通过测量原地投掷和背向投掷的成绩进行比较评定。

教学提示：

（1）针对学生练习出现的技术差异，重新设计练习手段帮助学生掌握技术。

（2）掌握完整技术后注意及时提出加大动作幅度和旋转速度的要求。

（三）掷铁饼教学学生常出现错误动作的原因及纠正方法 [①]

1. 旋转启动阶段身体过早倒向投掷方向

产生原因：旋转启动时，身体重心没有充分移到左腿上；左脚和左膝没有充分外转引导身体转动。

纠正方法：左脚尖和左膝在转动过程中的位置要始终领先于左臂和左肩；徒手反复进行重心压在左腿上的转动练习。

2. 旋转过程中身体不向前运动

产生原因：旋转过程中没有形成以身体左侧为转动轴；旋转时左腿后蹬和右腿向前摆扣的力量不足。

纠正方法：旋转启动后左手尽可能触摸身体左侧远处的标志物；在身后右脚踝关节处系橡皮带，原地扶肋木做进入旋转动作练习，加强下肢动作力量；进入旋转后右脚落在前方的标志上，并逐步前移标志。

3. 旋转后左脚落地位置过于偏左或偏右

产生原因：左脚落地时间偏早或偏晚；双腿动作配合不协调。

纠正方法：在投掷圈或地面标出正确的双脚落地位置，在练习中树立双脚落地的空间位置感；以掷铁饼技术的步法连续快速旋转 4～5 周，反复练习加强下肢蹬摆的协调性。

4. 旋转过程中身体难以形成超越姿势

产生原因：旋转过程中左肩没有"封住"，身体左转甚至后仰；右脚摆

---

① 刘立国. 掷铁饼教学中常见错误动作产生的原因及纠正方法 [J]. 田径,2013（9）:7.

扣落地后身体重心不能落在右腿上。

纠正方法：肩负木棍，双臂搭在上面进行背向旋转模仿练习，体会左肩的"封扣"；双手扶栏杆反复做进入旋转和双脚落地动作，在形成最后用力姿势时重心充分落在右腿上。

5.最后用力过程中只用投掷臂投饼

产生原因：身体环节用力的顺序不正确；下肢、髋部和腰部力量不足。

纠正方法：建立正确的最后用力技术概念；通过原地投轻、重器械来反复体验用力顺序；采用用力顺序与技术要求相近的素质练习（如立定跳远、后抛铅球和抓举等）来加强力量。

6.最后用力过程中上体前倾或臀部后坐

产生原因：右腿和右髋的发力动作不够积极主动；身体左侧支撑不稳固；左腿和左髋在制动支撑时蹬伸过早，造成向后的分力过大。

纠正方法：通过持小竹条鞭打、拉固定物或橡皮带练习反复体会右腿和右髋的发力动作；由同伴扶住双肩或髋部体会背部肌肉收紧的"满弓"鞭打姿势和左侧支撑；模仿练习，体会左腿和左髋制动支撑动作与投掷臂鞭打出手动作的配合时机。

7.最后用力过程中身体左倒

产生原因：最后用力过程中左腿、左髋制动支撑无力，左脚尖外转；头部向左侧转动幅度过大，左肩制动不及时。

纠正方法：左脚放在立柱旁做最后用力徒手模仿动作，完成动作时，将左肩和左臂绕到立柱前面；徒手做最后用力动作练习时，左脚踩在砖或低台阶上，完成动作时蹬上高处，并以固定的左脚支持体重；铁饼出手后将视线盯住铁饼片刻。

五、掷铁饼的学习评价

根据掷铁饼教学应达到的教学目标，掷铁饼学习评价包括以下几方面内容：

（一）理论知识评价

可通过课上提问、课外作业、理论考试等形式对学生掷铁饼理论知识进行评价。

（二）技术技能评价

掷铁饼技能评价是掷铁饼教学评价的主要内容。评价标准应由田径教学单位根据学生情况，大纲规定的教学时数等内容集体制定评价标准，由教师或考核小组对所有的学生的技术技能掌握情况进行评价。

（三）教学能力评价

在掷铁饼教学过程中，可通过作业和提问的方式让学生做掷铁饼的准备活动，进行正误动作分析，讲述各部分技术动作的要领等方式，培养学生讲解与示范的能力，同时对学生教学能力进行评价。

第三节　掷铁饼教学中的注意事项

在掷铁饼教学中，应注意教学的主要环节的教学，让学生了解掷铁饼技术教学的重点和难点，并加大教学力度。注意各技术环节的衔接配合，把技术教学与提高身体素质练习结合起来。应注意抓好技术教学，使分解教学与完整教学有机结合起来。不要急于求成，忽视技术动作的掌握。掷铁饼要求局部用力比较大，教学中应充分做好准备活动，认真布置好投掷场地，防止伤害事故发生。

在教学中，应注意旋转速度的发挥和旋转衔接最后用力节奏的稳定，提高用力的效果。要把旋转和最后用力结合的技术作为教学的重点，注意旋转速度适应最后用力技术，应该多做一些旋转与最后用力衔接的技术练习。在最后用力的教学中，要注意掌握正确的最后用力技术，强调用力的顺序、出手角度和速度。所以，在掷铁饼的教学中，要特别注意结合力学特性。

一、快速完成旋转技术动作的前提是保持身体姿势的平衡

保持掷铁饼技术动作的平衡是在动态过程中完成的，在"旋转向前"的过程中，人—饼系统必须以整体系统的动作结构平衡和整体的运动功效为前提来发挥运动员的机体能力，运动员各环节，尤其是双支撑腿、头、躯干、肩和手等环节的运动必须满足重心稳定的规定，各环节之间须相互约束，彼此协调地共同作用。为了达到快速旋转时身体姿势的平衡和为最后用力形成

一个稳定的支撑姿势，运动员必须注重以下技术动作环节：预摆时保持右脚与地面完全接触；开始旋转时，重心向左脚移，左臂与肩主动制动，右腿与臂积极转动并带动身体转动，左腿不应完全伸直，这样可避免重心起伏过大、过早转高和重心快速地移到左腿上，左脚蹬离地面瞬间，重心的垂直投影点距投掷方向线越近越好，第 1 次双脚支撑与单脚支撑阶段，人—饼系统的重心均应落在左脚上；旋转向前时，右脚在投掷圆心附近落地可使身体重心位于投掷圈中心附近，身体重心不可落在前面一条腿上而使上体前冲，此刻左臂与投掷臂（右臂）应伸展成 180 度并位于躯干前，这样可使右臂处于一个平衡状态，并尽量落后于身体的转动。重新建立双支撑时，右腿开始旋转的时机是当左脚后撤到圆的后半圆，脚前掌着地时开始的，此刻重心应落在弯曲的右腿之上，髋轴侧对投掷方向，两腿之间的位置应是左脚掌与右脚跟或右脚弓在一个指向投掷方向的连线上。总之，投掷运动员落在一个理想的投掷位置并形成一定的速度基础和最有效投掷姿势是旋转的最主要任务。为保持平衡，运动员在整个旋转过程中还应保持胸部挺直，头直立。铁饼出手后，可通过降低重心，腿弯曲并向左转体来维持身体的平衡。

二、掷铁饼时肌力和旋转力矩的产生与传递

掷铁饼肌力的产生是各环节肌肉收缩的结果，各环节肌肉是按照一定顺序和适当的时机收缩发力的。在掷铁饼的开始阶段，躯干和大腿的肌肉首先收缩，上肢和脚只起力的传递作用，速度快，肌力小的环节（臂、手、小腿、脚）是在铁饼获得一定速度之后才开始发挥其作用的。众所周知，人体的肌力是通过杠杆（围绕各关节转动的骨）系统来作用的，在掷铁饼时，由于肌力最终作用点位于运动员支点（轴）和阻力（铁饼）两者之间，阻力臂大于力臂且随着身体的动作的变化而变化。所以，即使铁饼远比运动员体重轻，而运动员也必须付出相当大的力才能将铁饼掷远。为了把身体的各环节的肌力最大效率地作用于铁饼，运动员须利用身体姿势的变化和肌肉发力特性最大程度地动员更多的肌肉按顺序适时地产生出最大的肌力矩来加速末端环节（铁饼）的运行速度。大体上，铁饼运动员可以以如下一些方式获得力和旋转力矩：下肢肌肉发力，支撑反作用力对重心旋转轴形成力矩；骨盆先于躯干挺出去，在腰部和肩部形成一个旋转力矩；以左脚为轴向投掷方向旋转，一旦右脚蹬离地面，则人—饼系统产生一个重力矩，这个重力矩等于重力乘以人—饼系统重心的垂直投影点到左脚支撑点的距离，它能使运动员以

左侧为轴进行侧向旋转；旋转前半段摆动腿甩开，让腰和腿保持一定的动量矩，旋转的后半段，摆动腿稍靠近身体，就可以加大转动力矩，从而使髋轴与肩轴更加扭紧；旋转结束时，下肢前脚制动，可加大上体的转动力矩。运动员利用转动力矩时，左手的动作尤为重要，左手应屈在胸前，有意识地控制住上体，防止肩过早转动。

从施力顺序上讲，运动员右腿肌肉首先开始蹬转用力，接着髋部、躯干肌肉发力，然后传递至上肢，最后把力传递至铁饼，为了使铁饼运行速度加快，运动员可采用如下方法：使铁饼最大限度地远离身体，加大铁饼的运行路线；在保持下肢与上体之间的转动力矩不损失的基础上，加大人—饼系统的"向前"的速度，从而增加铁饼的运行速度；运动员一旦熟练掌握旋转技术之后，在旋转时可通过摆动腿折叠，膝关节内扣来加快旋转速度。

三、铁饼运行轨迹和运动员旋力的时机

优秀运动员持饼在第一圈旋转时铁饼的运行轨迹较低，据资料表明大约占身高的 49%，当铁饼运行到投掷圈中部时位置较高（高点），左脚着地，开始全身爆发式施力之前较低（低点），铁饼出手时位置最高（比第一圈的高度高 40%）。运动员摆臂时不能拉臂，切忌在旋转过程中间过早地施力，这样会缩短铁饼的运行路线，破坏最后用力的动作结构和有效施力的条件。在左脚落地之前，铁饼一直处于高位置，左脚落地，髋轴开始旋转时，持饼的高度才开始下降，运动员须待铁饼达到低点时才开始全身协调和爆发式地施力。合理的技术是运动员在最后用力阶段向下倾斜时使铁饼适当加速，这样可使身体在最后用力的向上倾斜阶段获得最大的加速并力求发挥出最大速度力量。

四、有效施力姿势的形成和增加投掷力效果的方法

施力姿势的形成是从左脚着地，身体成第二次双支撑时开始的，此刻左腿膝部稍弯曲，身体重心仍在弯曲的右腿上，在右腿蹬伸转髋的基础上，身体逐渐过渡到从左脚为主要支撑点的左侧支撑。与此同时，右髋积极蹬转向上并带着肩轴转动。随着左髋的蹬伸转动，左髋左肩快速制动，形成能将全身力量传递至铁饼的有利姿势。为了增加投掷力的效果，运动员应注意如下几个问题：铁饼、手臂和躯干最有利的位置是使肩和躯干肌肉拉紧不松弛，并使铁饼处于高位置；肩关节在肩平面和额状面外转对投掷效果有非常重

要的意义；运动员在铁饼出手前始终保持脚与地面的接触，这样才能最大限度地将力传递给铁饼，增加投掷力的效率；两腿蹬地时间越长则获得的支撑反作用力越大；身体右侧的快速积极的向上蹬转同制动身体左侧部分的意义一样重要，效果一样好；身体的摆动，起伏，前倾，均会影响铁饼的运行轨迹，破坏身体稳固的平衡姿势，从而导致全身肌肉收缩发力的效率下降；铁饼离手的瞬间，两脚同时离地并转换，能增加作用力的工作距离和冲击力，从而增加铁饼出手的速度。

第十六章　运动员体能训练的教与学

从训练学角度出发，体能训练是运动训练的重要内容。任何运动都需要体能支持，任何训练都离不开体能训练。体能训练是顺利完成各项运动训练的基础，没有高效的体能训练，体育运动竞技能力的提高就难以保证。首先，现代竞技运动的一个重要特征就是要求运动员不断掌握最先进的技能战术，而作为运动能力主要因素的力量、速度、耐力、灵敏、柔韧等各项的发展水平，对此起着决定性作用。其次，现代竞技运动的比赛量和训练负荷与日俱增，对体能的挑战更大。最后，现代竞技运动的高强度增加了运动员身心疲劳以致伤病，如果有良好的体能做保证，运动员可以有效地减少运动损伤，延长运动生涯。总之，现代体育的发展将体能训练在竞技运动训练的地位日益突出。重视体能训练将是提高运动水平最经济有效的方法。

第一节　运动员速度素质训练

一、速度素质的释义

速度素质是指人在神经系统支配下，以高能物质 ATP、CP 为主要能量，用最短时间完成技术动作或比赛的能力。速度素质在田径个人运动项目中都占有十分重要的地位。速度素质的高度发展能更好地完善技术，形成以速度为核心的技术风格，特别是短跑、跨栏跑、跳远和三级跳远项目，速度素质的好坏对取得优异成绩起到至关重要的作用①。

二、速度素质的分类

速度素质一般分为反应速度、位移速度、动作速度、速度耐力。反应速度是指运动员对外界信号刺激所做出的应答能力。它反映了神经冲动在神经系统中的传导速度。位移速度是指单位时间内运动员身体移动距离长短的能力或身体通过一定距离所需时间的长短能力，通常以一定距离的时间或单位时间内通过的距离来表示。动作速度是指运动员完成单个动作的快速能力，反映运动员机体完成动作的整体快速能力。速度耐力是指运动员维持最高速度运动状态的能力，反映了运动员在最高速度状态的持久力。各项速度素质都有各自的独特性，通常是互为独立的，但它们的关系在训练实践中是紧密相连的，在田径运动中，速度素质的表现正是这四种速度素质的综合反映。

三、速度素质的基础

速度素质的基础主要是指影响速度发展的主要因素，制约速度发展的主要因素如下：

（一）神经过程的灵活性

神经过程兴奋与抑制转换速度是速度素质的神经基础，是速度发展的一个最基本的前提条件。它直接影响到肌肉收缩与舒张交替过程的快慢，而这一交替过程又由神经系统支配。所以，改善神经系统兴奋与抑制过程的功能和神经肌肉的协调性，是提高速度素质的首要任务。虽然人体神经过程兴奋与抑制转换能力很大程度上取决于遗传因素，但是在儿童少年早期阶段，神经过程的灵活性还具有一定的可塑性。

（二）快肌纤维的比例

快肌纤维与慢肌纤维的比例，肌肉的弹性，肌肉的伸展性，肌组织内的协调性和肌肉与肌肉之间的协调水平影响速度的表现程度。尤其是肌肉纤维的类型对速度素质影响较大。快肌纤维是速度素质的肌细胞基础。速度素质

---

① 朱波涌，周家金.田径运动教学与训练实践研究 [M].成都：西南交通大学出版社，2016：167.

与人体骨骼肌中的快肌纤维的总数和体积相关。科学的训练能改善快肌纤维的质量，增强肌纤维内 ATP、CP 能源物质的含量和细胞酶的活性，提高速度素质。虽然快肌纤维的数量受遗传因素的影响，但肌纤维的质量是能够改善的。因此，通过训练改善肌纤维的质量对提高速度素质有着重要的意义。

（三）高能物质的储备量

速度素质主要依赖的能源物质是三磷酸腺苷（ATP）、磷酸肌酸（CP）和无氧状态下的肌糖原有的代谢能力。其中，存储在肌纤维内的 ATP、CP 的分解释放能量只能使人体维持激烈的活动 7～8 秒，然后，由肌糖原在无氧的状况下分解释放能量维持人体快速运动。可见，提高肌纤维内的 ATP、CP 的储备量和肌糖原的无氧代谢能力是提高速度素质的有效途径。

（四）肌纤维的特性

肌纤维的特性主要是指物理性，表现在肌肉的弹性、伸展性、黏性和松弛性等方面。肌肉的弹性越大，越能产生较快的收缩速度；肌肉的伸展性越好，越能增大动作的幅度；肌肉的黏性适宜就能减少肌肉之间的摩擦力；肌肉越松弛，越能配合主动肌的快速收缩提高速度素质。因此，速度素质训练的主要任务就是提高肌肉的弹性、伸展性、放松能力和减少肌肉的黏性。

（五）速度心理感知能力

速度心理感知能力是影响速度素质发挥的重要心理能力，主要影响运动员正确支配技术动作。运动员的速度感知能力强，所做的技术动作就会更协调、准确、迅速，并能根据需要调节动作节奏，更好地协调肌肉的收缩与放松活动，有效地提高速度素质。

四、影响速度素质训练的主要因素

（一）练习强度

速度练习强度的选择与安排必须能引起运动员机体产生适应性的变化，即提高速度能力。练习强度越合理，越有助于速度能力产生适应性变化。采用最大强度和次最大强度的练习是有效提高速度能力的主要途径。运动员以最大运动能力90%～100%的强度完成较短时间的运动，更有利于提高速度能力。进行高强度或极限强度的速度训练，应选择运动员熟练掌握的动作，使运动员的注意力集中在完成动作的速度上，避免运动员把注意力集中在完成动作的过程上影响速度练习的效果。

（二）练习的持续时间和练习量

反应速度的练习在持续时间上不必做出硬性的规定，只要运动员还处于适宜的兴奋状态都可以进行练习。对于动作速度和动作频率的训练，理论上保持最大速度能力的理想持续时间为6～20秒，但在实践中，30～50秒的局部速度性的练习，运动员也能较好地保持极限强度和最大强度的工作状态。练习量的控制以运动员能保持最大速度能力为准。一旦出现疲劳应立即停止速度练习或改换其他练习，以确保最大速度训练的效果。

（三）组间休息时间

通常高强度、多次重复的单个练习、成套练习和综合速度能力训练以组数练习的方式进行，在每组练习之间安排充分的休息，保证运动员得到较完全的恢复，确保下一组的练习效果。根据练习的目的和训练的强度，组间休息一般为2～3分钟，如果休息时间过长将导致中枢神经系统兴奋性降低，反而影响速度训练的效果。

五、速度训练的方法

（一）常规训练法

常规训练法作为通常被采用的手段发展局部速度能力（如反应速度、动作速度、动作频率）和发展综合速度能力。

1.发展基本速度素质的方法

基本速度素质包括反应速度、动作速度和动作频率，这些简单速度素质是各项目都应具备的。主要采用一般训练、辅助性练习和专项性练习来发展这些速度素质。

（1）发展反应速度。在田径项目比赛中，运动员需要对听觉的刺激做出反应。例如，听枪声起跑就是简单反应。发展反应速度，一方面，改善简单反应，让运动员的视觉或听觉接收信号刺激，并规定运动员做出相应的应答动作。另一方面，改善复杂的预测反应的能力，应根据项目的要求，设计特定的环境，培养运动员快速训练完全相等的应答动作。

（2）发展动作速度。根据项目比赛中速度表现的结构和特点来安排，选择专项所特有的，对速度有很高要求的各种各样的动作作为练习手段。例如，采用顺风跑、下坡跑；先用增加重量的铅球练习后，再用标准重量的铅球进行练习；再如，先上坡跑，再平跑，然后是下坡跑；通过加大以最快速度完成动作的难度来提高训练的效果。例如，在训练中缩短跑的距离，只安排近似于比赛的距离。

（3）发展动作频率。根据在单位时间内完成规定次数为出发点，选用发挥最大动作频率的局部练习或整体练习。发展动作频率的练习手段有一般性和专项性。一般性练习主要是建立条件反射，以便向专项良好性转移。例如，采用快速摆臂、快速高抬腿。专项性练习主要采用与专项相似或专项动作作为发展动作频率的练习手段。例如，行进间 30 米跑。

2.发展综合速度能力的方法

发展综合速度能力就是把提高各种速度要素发展的局部速度能力相应联系和统一起来，并联合成完整的专项动作，体现出专项比赛中所表现的速度能力，如跨栏跑。发展综合速度能力尽量考虑选择速度在比赛中各种可能的表现形式为联系手段，发展专项速度。例如，蹲踞式跑 100 米。

（二）力量训练法

由于速度素质的生物学基础与力量素质的生物学基础同类，快肌纤维和高能物质的功效两者也相类似。因此，某些力量训练方法对发展速度素质有直接作用，值得借鉴。例如，轻杠铃的快速挺举、抓举、半蹲、负重跳跃等练习方法。

（三）外力训练法

外力训练法是指在速度训练中，运动员借助风力、重力、牵引力等进行运动的练习方法。通常在速度训练中长期使用一种或几种训练手段，运动员机体已经习惯了这些刺激，很难引起运动员速度素质的提高，速度能力趋于稳定状态。因此，需要寻求新的训练方法和手段来进一步发展速度素质。外力训练法有利于提高动作幅度和频率，并使神经肌肉系统形成快速运动的能力定型；有利于在心理上形成较好的运动速度感，更主动地强化速度训练中快速运动的动作意识；有利于克服"速度障碍"，使运动员能较快地度过速度训练中所出现的"高原期"；有利于体会到快速运动中肌肉收缩与放松交替进行的感受，以便神经系统更精细地支配有关肌肉群。

（四）比赛训练法

比赛训练法是指运动员在竞赛的气氛和环境条件下，以模拟对象的方式进行的对抗训练方法。主要是通过充分调动运动员的心理能量和生理能量进行速度训练。比赛训练法能以最大限度地动员运动员的生理和心理能量，使机体处于高度应激准备状态，能够充分发挥体能作用；能使神经系统处于高度的兴奋状态，有利于发挥神经过程兴奋与抑制的交替能力；能使机体形成与竞赛环境相适应的内环境状态，从而在训练中产生与之相适应的深刻反应。比赛训练法的主要练习形式有局部动作或速度要素的比赛练习，如起跑30米对抗练习、全程比赛练习，如100米、200米赛跑等。

六、速度训练的负荷

速度素质的发展与速度能力组成部分的负荷量密切相关，主要与练习强度、练习持续时间、间歇时间以及重复次数密切相关。

（一）练习强度

速度训练的效果在很大程度上取决于练习的强度。运动员在训练中如果能以极限或接近极限的强度完成速度训练，就有可能不断地提高个人运动成绩。所以，运动负荷的主要因素就是提高运动员快速能力的主要刺激因素。

在速度训练负荷强度的安排上，极限强度是速度训练的主要负荷强度。在训练中，采用极限强度或接近极限强度进行练习，对运动员的有机体有良好的促进作用，决定速度能力的各种因素发生改变。运动员应高度集中注意力，最大限度调动运动系统，使动作反应更快、频率更快、幅度更大，力求达到最高的速度水平。

速度训练不应限于采用极限强度或接近极限强度的练习，交替采用85%～90%强度的练习，有助于提高速度能力，促进其组成因素的发展。

过多或单一安排极限强度或接近极限强度的练习，会产生不良的后果，导致速度障碍的出现。同样，长期或单调进行偏低强度的速度训练，也不利于速度素质的发展。低强度的练习严重地阻碍了运动员速度能力的提高，限制运动员快速能力的发展，使运动员的快速能力低于能够达到的水平，也会导致速度障碍的出现。所以，以极限强度为主，85% ~ 90% 的强度为辅是提高速度能力水平和预防速度障碍出现的有效途径。

（二）持续时间

速度练习时间是很短的。单个动作的持续时间不足 1 秒，在发展动作速度和动作频率的练习过程中，动作持续时间应在 10 ~ 15 秒。发展综合速度能力，练习时间也不长于 15 秒。提高位移速度能力练习时间通常不超过 30 秒。

（三）间歇时间

确定速度练习的间歇时间，应该以强度工作后恢复的规律为依据，即在进行下一个练习开始时，中枢神经系统的兴奋性仍较高，而机体的生理变化，在很大程度上已趋于平衡。如果休息时间过短，运动员机体分解的产物会很快堆积起来，降低继续完成高强度工作的心理准备和身体准备水平，从而导致下一个练习时工作能力下降。

根据速度练习的目的，练习强度、练习持续时间和间歇时间均有所不同。非周期性练习可安排 5 ~ 6 次 × 5 ~ 10 秒,3 ~ 4 次 × 15 ~ 20 秒,2 ~ 3 次 × 25 ~ 30 秒，各次练习之间休息 10 ~ 30 秒，组间休息 2 ~ 5 分钟。周期性项目的练习持续时间为 10 ~ 15 秒，各次练习间休息 2 ~ 5 分钟，组间休息 10 ~ 15 分钟。

（四）重复次数和组数

以大强度多次完成速度练习，即使间歇时间安排得很合理，也会造成运动员机体生理变化的积累，逐渐降低高强度的工作能力。因此，必须控制速度练习的负荷量，寻求最适宜的条件下的重复次数和组数。速度练习的重复次数和组数，应根据运动员的训练水平、个人特点以及采用的速度练习性质、强度和持续时间、训练课的特点来确定，其基本条件是要保持相对工作能力，防止过度疲劳而影响训练。

（1）以改善技术，动作达到轻松不紧张，提高中枢神经系统的机能，提高肌肉的力量、弹性和关节的灵活性，开始发展快速动作耐力，保持训练水平为目的的速度训练。主要采用接近极限的速度重复完成的练习，训练强度控制在 70% ～ 90%，训练量大或很大，安排在准备期或比赛初期，每周安排 4 ～ 5 次。

（2）以达到动作轻松、动作自动化提高决定极限速度的中枢神经系统的机能，提高肌肉力量、弹性和关节灵活性，发展专项耐力为目的的速度训练，采用极限速度重复完成的练习，训练的强度为 100%，训练量要求小或中等，安排在比赛期，每周安排 1 ～ 2 次。

（3）以提高神经系统机能完善运动素质，培养运动员心理品质，在新的水平上巩固运动技能的训练，采用超过极限速度重复完成的练习，训练强度为 100%，训练量要求小或中等，安排在比赛期或准备期，每周安排 1 ～ 8 次。

（4）以培养意志品质和在快速练习中集中注意力为目的的训练，采用在加大难度的条件下重复完成练习，训练强度为 100%，训练量要小，安排在准备期或比赛期，每周安排 1 ～ 2 次。

七、速度训练的要求

速度素质在不同的田径项目中都有各自不同的要求，速度在各个项目的具体表现形式也有区别。但速度素质的生理学基础决定了发展速度的方法上有共同要求。

（一）全面发展速度素质

从速度素质的生理学基础来理解，速度素质取决于反应时完成单个动作的速度和动作频率的发展水平，以及这些基本形式以各种不同的组合形式表现出来的综合能力。因此，必须全面发展速度素质，既要注意单个地提高速度能力的某一个组成部分，又要注意这些素质是一个互相结合的整体。在训练实践中，人们在提高速度能力时，往往注重提高绝对速度，而忽视提高速度能力的其他组成部分，致使在比赛中未能表现出高水平的综合速度能力。偏重提高主要速度能力，并不是对其他速度能力发展的忽略。应全面考虑、整体计划、突出重点、协调发展。

（二）速度训练手段必须与专项相结合

速度训练手段必须与专项动作的结构相一致，能使专项在比赛中表现出其速度素质的特点。如果速度训练采用的手段与专项动作结构不相同，所获得的速度能力并不一定能在专项中很好地表现出来。如有的短跑运动员做快速摆臂和原地快速高抬腿的练习中达到很高水平的指标，但在短跑比赛中却不能表现出很高的速度水平。这就说明快速动作只是提高速度素质的基础条件，快速动作还需要通过专门的训练，使快速动作的能力与具体项目所特有的运动性和植物性功能有机结合起来，根据项目特点和技术动作的要求，加强感受器官与运动器官一致性的训练，才能提高专项所需要的速度素质。

（三）速度训练要突出"快速"特征

发展速度素质的一切练习，都要建立在"快"的基础上，这是田径竞赛决定了的，提高速度的目的就是在比赛中创造优异成绩。径赛都是比谁用的时间短，谁用的时间短谁就获胜。田赛虽然以远度或高度来计算成绩，但速度能力也是取胜的保证。这就要求所有的速度练习都应该尽量表现出最高的水平，要求动作反应快，以最快的速度和最高的频率完成练习动作。

（四）科学安排速度训练的顺序和时间

身体素质与运动能力之间是相互联系、相互促进和制约的关系，在发展某种身体素质或某种运动能力时，总会或多或少的直接或间接地影响其他素质或运动能力的变化。因此，在发展速度素质和快速能力时要从整体出发，认真处理好与其他素质之间的关系，科学安排训练的时间和顺序，使各种素质和运动能力协调发展，避免身体素质之间相互干扰产生不良的影响。

身体素质的发展具有年龄特征，10～12岁少年儿童的神经系统的灵活性特别高，是发展速度素质的"敏感期"，因此，要充分利用这个时期通过发展高频率和协调性来提高速度素质。速度素质的训练时间不宜过长，练习时宁可少做几次，距离总量少些，但一定要快速地练习，一旦速度下降应立刻停止速度训练。发展速度素质的练习最好安排在小强度训练或调整训练后的第一天进行。在一天或一次训练课中，最好安排在运动员身心最佳、精力充沛时进行。速度训练应安排在力量训练之前，因为力量素质要求神经过程的强度大，肌肉收缩用力大，而速度素质要求神经过程的灵活性高，兴奋与抑制转换快，肌肉收缩轻松协调，两者存在着相互制约的关系。

八、发展专项速度素质的常用手段

（一）短跑项目

（1）摆臂练习。双腿前后站立摆臂，肘关节弯曲约90度，双手自然放松，前摆时手摆到约肩部高度，后摆时手摆到臀部之后。

（2）原地快速高抬腿。以短跑摆臂动作进行原地快速高抬腿，肘关节约90度，前摆时手摆到约肩部高度，后摆时手摆到臀部之后，大腿摆到与地面平行位置。

（3）踝关节小步跑。采用很小的步子跑，强调脚底肌群的蹬地和踝关节屈伸动作，以前脚掌蹬离地面。

（4）直腿跑。脚尖翘起，膝关节伸直跑进。

（5）后踢腿跑。从慢跑开始，使摆动腿脚跟拍击臀部，膝关节在弯曲过程中向前摆动。

（6）折叠腿跑。从慢跑开始，后退折叠前摆跑进。

（7）高抬腿伸膝关节跑。以短跑的身体姿势和摆臂动作，摆动腿高抬并充分屈膝，脚靠近臀部时小腿向前上方伸膝跑进。

（8）支撑拉胶带高抬腿。在两个踝关节上绑上胶带，胶带的另一端固定在地面，双手支撑在肋木或其他物体上做高抬腿练习。

（9）拖轮胎跑。腰部系绳索，拖汽车轮胎跑进。

（10）上坡跑。在比较缓的坡道上跑进。

（11）沙滩跑。在比较松散的沙滩上跑进。

（12）下坡跑。在坡跑道上快速跑进。

（13）顺风跑。借助风力快速跑进。

（14）短距离的起跑或行进间计时跑。

（二）跳跃项目

（1）立定跳远。面对沙坑或垫子，双脚与肩同宽左右站立，下蹲后双腿迅速用力蹬伸向前上方跳起，双臂向上用力摆动并充分伸展身体，在腾空后收腹、屈髋，双脚落在沙坑或垫子上。

（2）立定三级跳。预备姿势和立定跳远相同，双脚起跳后以单脚落地接跨步跳，另一脚落地后再做跳跃动作，然后双脚落到沙坑。

（3）跨步跳。双脚交替起跳和落地的练习。

（4）单脚跳。单脚重复起跳和落地的练习。

（5）连续蛙跳。双脚重复起跳和落地的练习。起跳和腾空动作和立定跳远相同。

（6）直腿跳深。采用 8～10 个 20～30 厘米高度的跳箱，间距约 50 厘米依次排列。练习者直腿从跳箱上跳下，再直腿迅速跳上下一个箱，连续练习。要求只用踝关节快速完成练习。

（7）跳深。采用 8～10 个高 60～80 厘米的跳箱，间距 1 米依次排列。练习者从箱上跳下，再迅速跳上下一个箱，连续练习。要求下肢各个关节快速完成动作，尽量缩短与地面接触时间。

（8）跳栏架。采用 8～10 个高 40～60 厘米的栏架，栏间距 1 米依次排列。练习者双脚依次跳跃栏架。要求下肢各个关节快速完成动作，尽量缩短与地面接触时间。

（9）双腿起跳背越过杆。背对海绵包和横杆，双脚与肩同宽左右站立，下蹲后双腿迅速用力蹬地向前上方跳起，双臂向后上方摆动，腾空后仰头成背弓越过横杆。

（三）投掷项目

1.前抛实心球

面对投掷方向，双脚左右自然站立，直臂双手持实心球举过头顶。团身下摆实心球至两小腿间并接近地面，然后迅速蹬腿、挺身、挥臂将实心球向身体前上方抛出。要求身体用力顺序自下而上，迅速完成动作。

2.后抛实心球

背对抛掷方向，双脚左右自然站立，直臂双手持实心球举过头顶，团身下摆实心球至两小腿之间并接近地面，然后两腿迅速用力蹬地、挺身、挥臂将实心球向身体后上抛出。要求身体用力顺序自下而上，迅速完成动作。

3.双手接实心球后做头上抛掷练习

面对抛掷方向，双脚前后自然站立，直臂双手举过头顶接同伴传来的实心球，接球后顺势形成"满弓"姿势，然后双腿迅速用力蹬地、挺身、挥臂将实心球向身体前上方抛给同伴。

4. 双手接实心球后从体侧做抛掷练习

面对抛掷方向，双腿前后自然站立，后胸前接同伴传来的实心球，接球后顺势下蹲，并向体侧转体，身体形成扭紧状态，然后向前蹬腿、送髋、转体挥臂将实心球向身体前上方抛给同伴。

5. 双手接推实心球练习

面对抛掷方向，双腿前后自然站立，双手胸前接同伴传来的实心球，接球后顺势下蹲，后移身体重心，并把实心球引到接近胸部，然后向前蹬地，双手将实心球向身体前上方推给同伴。

6. 连续交叉步练习

双臂侧平举，双腿左右自然站立以前脚掌支撑身体，身体快速侧向移动。右腿通过左腿前方向身体左侧移动落地，恢复开始姿势，重复练习。

7. 俯卧撑起击掌练习

双手撑地，双脚触地，身体成一条线。向身体下方屈肘，然后快速撑起身体并击掌，恢复到开始姿势，重复做练习。

第二节　运动员力量素质训练

一、力量素质的释义

力量素质是指肌肉在工作时克服内外阻力的能力。力量素质是一种重要的运动素质之一，它与其他身体素质有着密切的联系。发展力量素质除对提高力量性项目的专项运动成绩具有直接的作用外，对其他运动项目的短时耐力、速度素质以及某些综合素质也有重要作用。力量素质的提高有助于提高短时耐力、速度素质和某些复合素质的水平，同时对于防止肌肉拉伤和意外事故的发生都有积极的作用。力量素质对取得优异的运动成绩具有非常突出的作用。从力量表现形式可以把力量素质一般分为最大力量、速度力量和力量耐力三种。

二、力量素质的基础

力量素质的基础主要是指影响力量发展的因素。力量素质的发展主要受肌肉的横断面积、单位横断面积肌纤维的密度、收缩肌纤维的数量和速度、肌纤维兴奋的同步化效率、神经肌纤维的传导速度、不同类型肌纤维协作的效率以及肌肉收缩前的肌纤维的初长度等因素的影响。

（一）神经过程强度与效率

肌肉活动受神经系统的支配。每一块肌肉都具有一定数量的由神经纤维末梢与肌纤维相连并组成的运动单位。通常，肌肉中的运动单位不是全部同时导致肌肉收缩，而是在神经系统的支配下，部分、有序地调节肌肉活动。但是，在运动训练和比赛中，肌力能随着神经过程强度的加大而提高。这时神经强度越高，神经系统向肌肉发放的神经冲动和频率越强，肌肉中被动用的运动单位数量就越大，所产生的收缩力就越大。

（二）肌纤维的类型

肌纤维一般划分为快肌、慢肌和中间肌纤维三大类。快肌纤维具有收缩速度快、收缩力量强的特点，是力量素质表现的主要物质基础。快肌纤维数量多、直径大，往往表现出的力量素质水平较高。快肌纤维的数量多少受遗传因素的影响。但是，通过适宜的力量训练可以引起肌纤维选择性肥大，从而提高力量素质。

（三）肌纤维初长度效应

在适宜范围内，肌肉收缩前伸展到一定长度后迅速发生缩短收缩，有助于收缩时产生较大的肌力，这是肌肉的初长度对收缩力的效应影响。在一定范围内，肌肉收缩张力的峰值随着初长度的增加而达到最高值时，此时肌肉的初长度可谓是最佳适宜长度，而肌肉一旦被拉到这一最适宜长度时，肌肉转入收缩的过程越快，那么产生的收缩力就越强。

三、力量训练方法

（一）等长力量训练法

运动员以等长收缩的形式保持某一特定位置或对抗固定不动的阻力的练习，是应用极限用力的一种特殊方式。主要用于快速发展最大力量。训练的强度为最大肌肉力量的 40% 以上，持续时间为最大持续时间的 20% 以上，练习次数为每周 5 次。

应用这个方法时要注意：优秀运动员的训练强度为 80% ～ 100%，以采用最大限度的用力为主，有一定训练的运动员以较小的强度进行训练；为防止肌肉拉伤，不应在收缩一开始就达到最大限度，而是逐渐加大用力，在第 3 秒才达到最大用力限度，然后保持 2 ～ 3 秒；一次静力性力量训练课的总时间不超过 25 秒。

（二）等张力量训练法

肌肉以等张收缩的形式进行负重或不负重的动力性抗阻练习，称为等张力量训练法。等张力量训练法单位时间内的练习次数多，刺激的频率高，强度大，通过强度的不断积累能有效提高最大力量和爆发力。这些训练方法对提高动作速度，肌肉的收缩与放松能力有直接的影响。毛纳尔认为，采用 5RM（RM 表示相对重量）的重量能使肌肉变粗大，并使力量和速度得到发展，适用于投掷运动员。采用 6 ～ 8RM 和 5RM 的效果相似，但对力量耐力有影响，适用于 100 米、200 米和跳跃运动员。采用 10 ～ 15RM 的重量的练习对肌肉增大不明显，但能有效提高速度和力量耐力，适用于 400 米和 800 米跑的运动员。30RM 的重量练习适用于中长跑运动员。

（三）等动力量训练法

等动力量训练法是指借助于专门的等动训练器械，在动力状态下完成练习的方法。这种练习速度相对稳定，机体产生的反应强度保持恒定，运动员的动作在任何一个过程都表现出最大用力或恒定用力，有利于提高绝对力量。但等动力量训练法是在损失动作速度的前提下，通过承受最大力量用力过程来提高力量素质，阻碍了动作速度的提高。因此，跑和跳跃的运动员不宜采用等动力量训练法。

（四）退让性力量训练法

退让性力量训练法是指使肌肉产生离心收缩的练习方法。退让性练习对神经系统产生超量负荷，而且练习过程时间长，能明显提高肌肉力量，特别是最大力量。普拉托诺夫认为，运用退让方式练习的负荷的重量大于等张性练习的负荷重量，通常超出克制性工作负荷重量的 10%～30%。退让性力量训练法与等张性和静力性练习相比，大强度的退让性练习更容易使肌肉疼痛的时间延长。因此，为了取得更好的力量训练效果，在训练实践中，应将等张性练习与退让性练习结合运用。

（五）超等长力量训练法

超等长力量训练法是指肌肉先被迫快速地做离心收缩，紧接着做向心收缩的力量练习方法。超等长力量训练法能强烈地刺激肌肉，更好地提高肌肉的抗拉力水平，有利于发展爆发力，对发展跳跃项目的弹跳力有独特的价值。

四、最大力量训练

（一）最大力量取决因素

运动员最大力量能力主要受到肌肉的体积、支配肌肉的意志能力、肌肉内部和肌肉之间的协调性影响。只有具备一定的肌肉体积，才能有效快速挖掘力量的潜力。肌肉的体积通过有针对性的练习手段进行训练，快肌纤维和慢肌纤维的横断面都能得到增长；一般人用意志可以调节自己最大力量的40% 左右，经过新系统力量训练的运动员，在有压力的前提下比没有压力的前提下多产生 10% 的力量。改善运动员用意志调节肌肉活动能力对提高运动成绩有重要意义，特别是以相对力量决定成绩的跳高项目更为重要。普拉托诺夫认为，通过改进肌肉内部和肌肉之间的协调性来发展最大力量，与肌肉体积的增大没有关系。因此，可以采用以动力性为主的专门练习手段提高肌纤维同步工作的效率，改善参与工作的肌肉协调性。

（二）发展最大力量的要素

1.肌肉的工作方式

运动员在发展最大力量时，一般采用肌肉克制性和退让性的动力性工作方式为主，以等长收缩的静力性工作方式为辅。

2.阻力的大小

克服较大阻力是提高最大力量的主要途径。通过增大肌肉的体积来发展肌肉的最大力量时，采用的练习强度为极限重量的 50% ～ 80%。通过提高用意志支配肌肉活动能力来发展肌肉的最大力量时，采用的练习强度为极限重量的 85% ～ 100%。通过改善肌肉内部和肌肉之间协调性来发展肌肉的最大力量，负重的范围比较大，改善肌肉内部的协调性采用的练习强度为极限重量或次极限重量，改善肌肉之间协调性的练习强度为极限重量的50% ～ 70%。

3.练习的动作速度

不管采用何种方式发展最大力量，都应该采用中等或偏慢的动作速度进行练习。练习的动作速度过快会使练习的效果朝速度力量发展。通过改善神经调节机制来发展肌肉最大力量，每个动作的时间为 1.5 ～ 2.5 秒的练习效果最佳。

4.完成每组训练的时间

通过改善肌肉内部协调性来发展肌肉的最大力量训练，每组练习的重复次数为 2 ～ 6 次，每组的练习时间为 3 ～ 15 秒。通过改善肌肉之间协调性来发展肌肉的最大力量训练，每组重复次数为 15 ～ 20 次，每组练习时间为30 ～ 50 秒。通过增大肌肉体积来发展肌肉的最大力量训练，每组重复次数为 8 ～ 12 次，每组练习时间为 25 ～ 40 秒。

5.组间休息时间

不管采用何种方式发展肌肉最大力量，都应该保证运动员非乳酸能源和机体工作能力得到充分恢复。发展最大力量训练组间的休息时间一般为3 ～ 5 分钟。

6.练习的组数

发展最大力量的练习组数应根据练习的性质和方法来定。一般来说，通过改善肌肉内部协调性和肌肉之间协调性来发展最大力量的练习，重复的练习组数为 3 ～ 6 组。通过增大肌肉体积来发展最大力量的练习组数为5 ～ 8 组。

（三）发展最大力量的方法

1.重复法

重复法适用于各个训练时期，主要任务是加强新陈代谢，活跃营养过程，改善协调性，提高肌肉力量。它的特点是负重的大小随着肌肉力量的增加而逐渐增加。重复的次数范围在刚好还能坚持最后一次重复。

2. 强度法

强度法用于提高用意志调节肌肉活动能力来发展最大力量。主要特点是负荷大，练习时逐渐达到极限用力，然后继续使用相对体力而言的中上强度的负荷量，直到肌肉对这种刺激产生劣性反应为止。

3. 保加利亚训练法

保加利亚训练法强调突出强度，每次训练都要求达到、接近甚至超过本人最高水平。从 85% ～ 90% 的强度开始逐渐增加重量，直到当天最大重量，然后减少 10 千克做 2 组，再减少 10 千克做 2 组。

4. 极限法

极限法主要用于通过改善神经肌肉协调性和增大肌肉体积来发展最大力量。一次训练课的力量强度为 50% ～ 75%，每组重复次数为 10 ～ 12 次，完成 3 ～ 5 组，组间休息 3 ～ 5 分钟。

5. 静力性训练法

静力性训练法是一种对运动员进行全面、迅速增大肌肉提高力量素质的好方法。静力性力量练习可以发展静力性最大力量和静力性耐力，对提高最大力量有积极的作用。

五、速度力量训练

（一）速度力量取决的因素

运动员速度力量水平主要受最大力量和肌肉收缩的速度影响。所以，运动员的速度力量能力取决于最大力量能力和肌肉快速收缩的能力。

（二）速度力量训练的基础

1. 肌肉的工作方式

发展速度力量主要采用动力性的工作方式，包括克制性、退让性的等张和超长的工作方式。

2. 阻力的大小

练习的阻力根据练习的性质而定，可以在较大的范围内波动。对于提高克服大阻力运动项目所需的速度力量，一般采用最大力量的 50% ～ 80% 的负荷；对于提高克服较小阻力的运动项目所需的速度力量，一般采用最大力量的 25% ～ 40% 的负荷。

3. 练习的动作速度

用于提高克服较小阻力运动项目所需的速度力量，一般采用极限速度进行练习；用于发展克服较大阻力运动项目所需的爆发力，一般采用此极限速度。

4. 完成动作的时间

每个练习持续的时间应在不降低动作速度或不出现疲劳状态下完成练习，具体持续时间的长短主要取决于练习的性质，阻力的大小，运动员已有的训练水平和练习的结构。

5. 练习的组数

一次训练课练习的组数应根据练习的性质和阻力的大小来定。普拉托诺夫认为，一次训练课的练习组数为 3 ～ 6 组。

6. 组间休息时间

组间休息时间以保证运动员机体工作能力的恢复和非乳酸性氧债的清除。局部肌群短时性（3 ～ 5 秒）的练习，组间休息时间为 30 ～ 40 秒，全身性肌群或单个动作长时间的练习，组间休息时间为 3 分钟以内。

（三）速度力量训练的方法

1. 马丁法

强度为 35% ～ 50%，每组重复次数为 7 次，一次训练课练习 3 组，动作速度要求接近极限。

2. 比勒法

强度为 30% ～ 50%，每组重复次数为 7 次，一次训练课练习 5 组，组间休息 3 ～ 5 分钟，动作要求爆发用力。

3. 塔式法

采用高强度练习，在高度的次极限和极限收缩后，肌肉达到精疲力竭，下一组练习随重复次数增加而减少负荷量。

六、力量耐力训练

（一）力量耐力取决因素

专项运动员力量耐力主要受机体对比赛的运动强度和运动持续时间的适应影响。发展力量耐力必须创造与专项比赛活动特点相适应的条件，采用的练习必须在机体活动性质和运动形式及动作结构上尽可能与比赛活动相同或相近，并力求体现出明显的专项力量特征。运动员的力量耐力水平主要取决于：运动员最大力量水平，能量供应系统的强度、容量、灵活性和节省化，肌肉抗疲劳能力。

（二）力量耐力训练的基础

1. 肌肉工作形式

主要选择以动力性练习为主，以静力性为辅的训练方式。

2. 肌肉工作阻力

发展最大力量耐力，采用 60%～80% 的负荷重量；发展速度力量耐力，采用 30%～50% 的负荷重量；发展专项力量耐力，采用略超出比赛活动阻力的 5%～10% 的负荷。

3. 练习的持续时间

根据练习的功能性质、动作的速度和负重量的大小，练习时间在 0.5～3 分钟。每组练习的次数或持续时间以运动员机体出现较大疲劳为好。

4. 练习的速率

发展一般性肌肉力量耐力负重练习时，完成动作的速率要适中，如果过分追求动作速率将会导致动作速率下降影响训练效果。发展专项肌肉力量耐力练习时，动作速率应尽可能与比赛活动的速率一致。

5. 练习的间歇时间

组与组之间的休息时间的长短主要取决于练习的性质，负重的大小，练习时间的长短以及肌肉参与工作的数量。例如，练习的时间较短（30～60秒），需要通过数组练习才能达到极限疲劳，休息应选择在身体未完全恢复状况下进行下一组练习，一般情况下休息时间短于练习时间 5～10 秒。

6.重复的次数和组数

发展最大力量耐力的重复总次数可达到 60～100 次，练习 3～5 组。发展速度力量耐力的重复总次数可达到 100～200 次，练习 4～6 组。

（三）发展力量耐力的训练方法

发展力量耐力要根据专项特点认真分析需要什么样的力量耐力，然后选择训练方法，确定训练负荷量。发展力量耐力的方法主要有持续训练法、间歇训练法和循环训练法。

七、力量训练的要求

（1）采用抗阻力练习手段进行练习时，要注意练习手段对各部肌肉的影响。抗阻力动作要符合专项技术要求，使力量训练的结果能在技术的动作上反映出来。

（2）要认真分析各种力量训练方法的作用，以便根据训练的目的有效地采用不同的训练方法。例如，以提高最大力量为目的，可采用等动、等速和等长力量训练方法。以提高爆发力量为目的，可采用等速、超长收缩力量训练方法为主，其他方法为辅的原则进行训练。

（3）要注意全面协调地发展力量素质。在力量训练中，既要重视发展大肌肉群力量素质，又要重视发展小肌肉群的力量素质。既要重视发展专项力量素质，又要注重发展基本力量素质。

（4）要重视力量训练前后的准备和放松活动。准备活动中，首先要使运动员神经与肌肉做好承受极限负荷的准备。训练后，要充分进行放松，重点采用拉长放松和抖动放松，使肌肉恢复到训练前的初始状态。

第三节　运动员耐力素质训练

一、耐力素质的释义

耐力素质是指运动员在一定负荷的条件下保持长时间运动的能力及疲劳后迅速恢复的能力。耐力是一种重要的基本运动素质，它对竞技运动的影响十分明显，在训练或比赛中，运动员抵抗疲劳的能力愈强，保持高强度的运动时间愈长，说明其耐力素质水平愈高。发展耐力素质对提高耐力性运动项目的专项运动成绩有直接的作用。耐力素质的训练除对运动员呼吸系统、血液循环系统的影响尤其明显，同时对提高肌肉耐力也具有极大的作用。耐力主要取决于运动员肌肉和心脏的机能水平。只有心脏具有较高的机能水平，肌肉的恢复速度才快；只有心脏对高强度运动的适应能力强，才能使心脏在重复高强度的持久运动时保持最高机能活动水平较长时间不变，才能使高强度运动重复更多的次数。

二、耐力素质的分类及其关系

由于人们对耐力素质分类依据不同，认识角度不同。因此，对耐力素质的划分种类及其含义各执所见，出现了许多耐力素质的名称。

根据机体负荷时间和强度进行分类，耐力素质可分为短时间、中等时间和长时间耐力。短时间耐力是指运动员在1分钟内以高强度负荷持续工作的能力。中等时间耐力是指运动员在1～8分钟内以较高强度负荷持续工作的能力。长时间耐力是指运动员在8分钟以上以中等强度或较低强度持续工作的能力。

根据运动过程能量代谢特征耐力素质可分为有氧耐力和无氧耐力。有氧耐力是指运动员在有氧供能的状态下持续进行一定负荷强度工作的能力。无氧耐力是指运动员在氧供应不足并产生氧债的状态下持续进行一定负荷强度工作的能力。

根据耐力素质与专项运动的关系可分为一般耐力和专项耐力。一般耐力是指运动员长时间有效地完成非专项性工作的能力。专项耐力是指运动员在专项比赛或训练所需要的时间内坚持高强度工作的能力。

虽然耐力素质分类的依据不同，但是其隶属种类之间的关系仍具有一定的联系。例如，按时间与强度负荷来分的耐力种类和按运动专项来分的耐力种类，在能量供应方式上就有相应的特点。按工作持续时间来分的耐力与按运动机能特征来分的耐力也有密切的联系。短时间耐力与力量耐力和速度耐力的关系非常密切，中时间耐力与力量耐力和速度耐力的关系比较密切，长时间耐力与力量耐力和速度耐力的关系一般。

三、耐力素质基础

耐力基础是指影响提高耐力素质的因素。发展耐力素质主要受以下因素的影响：

（一）神经过程的稳定性

在长时间的运动中，神经过程是否稳定，决定着运动技术在这一活动过程中能否保持高度协调，而运动技术的稳定性又是确保取得优异成绩的必要条件。在比赛过程中，各种因素都可能影响运动技术的稳定性，如过分心理紧张和比赛环境等，但是在多数项目中逐渐加深的疲劳是影响运动技术稳定性的主要因素。在中长跑的比赛中，若神经过程具有长时间的稳定性，说明神经机能对疲劳具有高度的抵抗能力。

（二）肌肉的能量储备

运动员体内能源物质，尤其是糖原和游离脂肪酸的储备量，是决定中等时间和长时间耐力水平的重要因素。一般情况下，在氧供应不足的条件下，体内糖原和游离脂肪酸含量高的运动员，其在运动中所表现出来的耐力水平通常比较高。体内糖原储备量大，标志着运动员在较高强度的负荷下持续工作的潜力大。体内游离脂肪酸含量高，意味着连续工作的能力强。经过长时间系统的训练，可以有效地改善能量供应系统的调节水平。

（三）最大摄氧量的水平

最大摄氧量是反映运动员有氧耐力的主要标志，也是衡量运动员有氧耐力的客观指标。氧气是能量物质氧化释放能量过程中不可缺少的主要物质，在以耐力素质为基础的项目中，氧供应充足与否完全取决于能量物质分解释能水平的高低，而氧供应充足与否，在很大程度上取决于最大摄氧量水平。

（四）慢肌纤维及其比例

人体骨骼肌中的慢肌纤维是耐力素质的重要物质基础。慢肌纤维在结构上具有肌纤维粗、横纹少、神经末梢多的特点，在机能上具有潜伏期长、不易疲劳、持续收缩时间长、氧化能力强的功能。人体慢肌纤维的比例与最大摄氧量水平成正相关。在负荷强度要求以最大摄氧量的65%以下氧供应的运动时，慢肌纤维内的糖原随着负荷时间的延续而明显减少，而快肌纤维内糖原消耗并不明显，这就说明，在氧供应充足的情况，人体长时间持续活动主要是慢肌纤维及其内部的能力物质分解释能起的作用。因此，慢肌纤维是有氧耐力素质的物质基础。

（五）运动员负氧债能力

运动员在氧供应不足的情况下，仍然能够保持较高负荷强度的持续运动能力，这说明运动员体内抗氧债的能力强。运动员负氧债能力的高低与机体抗酸能力、糖原无氧酵解能力、氧利用能力有关。一般来说，在氧供应不足的情况下，糖原在无氧酵解释放能量越多，体内利用率越高，机体抗酸能力越强，运动员的无氧耐力水平越好。

（六）运动员的意志品质

耐力素质是克服机体疲劳的情况下表现出来的一种运动能力，耐力素质与运动员抗疲劳干扰的能力有直接的关系。克服疲劳的干扰与克服疲劳的心理意志力的大小高度相关。意志品质程度越高，克服疲劳的能力越强，机体抗疲劳性也越大。因此，在耐力训练中，要有针对性地挖掘运动员的心理潜力，提高运动员的意志品质，使运动员在比赛中能够克服由神经疲劳和肌肉疲劳产生的痛苦、烦躁、难受等心理障碍，创造更优异的成绩。

四、耐力素质训练的基本要素

（一）训练强度

发展有氧耐力的训练强度一般不超过最大速度能力的70%，运动员的心率控制在 145 ～ 170 次 / 分之间，运动心率低于 140 次 / 分的负荷刺激，不能有效地发展有氧耐力。发展无氧耐力的训练强度，通常以运动员最大速度能力的 85% ～ 95% 的强度为主，也可以采用次最大轻度或最大强度的负荷强度。要求运动心率达到 180 次 / 分以上。

（二）持续时间

有氧耐力训练的持续时间变化范围比较大，往往根据训练阶段、对象训练水平和专项需要来安排，一般不低于 20 ～ 25 分钟。高强度、高密度和短间歇的无氧耐力训练持续时间为 20 ～ 25 秒。有氧耐力训练间歇时间不宜过长，过长会引起后续训练机能能力的下降。一般用心率来控制间歇时间，当心率下降到 120 次 / 分时应开始进行下一次练习。高强度的无氧训练，在每组练习之间安排较长时间的休息，以保证因训练堆积的乳酸得到氧化，使运动员在基本恢复的状态下开始下一次练习。

五、耐力素质的训练方法

（一）持续训练法

主要用于提高最大摄氧量，提高肌肉、关节韧带等支撑运动器官对长时间负荷的承受能力，发展一般耐力和有氧耐力。持续训练法可以分为持续匀速负荷法和变速负荷法。持续匀速训练法的特征就是持续跑，主要用于基础耐力训练。变速负荷训练法是在较长的持续负荷过程中，有计划地分段分时变化负荷强度，改变能量代谢形式，从而达到提高有氧耐力强度的目的。持续训练法具有以下特点：

（1）在负荷时间超长，负荷强度较低的运动项目中，运用持续负荷法训练时，机体主要以脂肪代谢为主，糖原代谢为辅。长期坚持训练，可提高机体内游离脂肪酸储备水平，有助于提高体内有氧代谢能量物质的含量。

（2）在负荷时间为长时耐力一、二级（负荷持续时间 8 ～ 15 分钟为长时一级耐力，负荷持续时间 15 ～ 30 分钟为长时二级耐力）范围内，安排心率为 165 次 / 分钟的负荷强度进行练习，对于提高糖原代谢水平和提高糖原储备量都具有实际的价值，同时对提高心血管系统功能也有帮助。

（3）在负荷时间为长时耐力三级时（负荷持续时间 30 ～ 90 分钟以上为三级耐力），安排心率 150 次 / 分钟的负荷强度进行练习，对改善运动员心血管系统机能及提高脂肪代谢水平具有功效。

（二）间歇训练法

主要用于发展糖酵解代谢能力，提高中时耐力水平。间歇训练法的变化形式主要有发展性间歇、强化性间歇和高强度间歇训练三种形式。发展性间歇训练的持续负荷时间相对较长，负荷强度相对较低，主要用于发展糖原有氧分解能力和有氧工作能力。强化性间歇训练的持续负荷时间相对较短，负荷强度相对较高，主要用于发展无氧耐力或混合供能形式的耐力素质。高强度间歇训练的持续负荷时间短，负荷强度高，主要用于发展无氧耐力素质。间歇时间以运动员练习后心率恢复到 120 ～ 130 次 / 分为确定休息时间。

（三）重复训练法

重复训练法主要用于发展速度耐力和无氧耐力，提高以无氧代谢能力为主的短时能力或以混合代谢供能中偏于无氧代谢的中时耐力。反复跑是重复训练法的典型练习方法，以间歇训练法为基础，进行多次反复的短距离跑，以高强度的跑速来发展速度耐力。重复训练法的特点：

（1）多次重复训练负荷强度的平均水平最大，负荷强度都在无氧代谢阈值以上，即心率在 180 次 / 分以上。每次重复练习的负荷时间不长，休息时间要求不严格，一般以不影响下一次练习的强度为原则。

（2）对于提高肌肉中的能量物质，尤其是 ATP、CP 和肌糖原的含量更有效，能明显取得超量恢复的效果。

（四）比赛训练法

比赛训练法主要用于改善专项所需的能量代谢系统，发展专项耐力。它的主要特点：

（1）工作强度与比赛强度相当，甚至稍高于比赛强度，能有效地提高抗疲劳的心理稳定性。

（2）比赛性练习模拟比赛活动的全过程，促使运动员更深刻地动员机能系统的能力，留下的训练"痕迹"更深，获得的超量恢复更明显。

（3）运动员承受比赛的负荷强度，有利于形成比赛技术，培养运动性机能和植物性机能的协调能力，提高专项耐力。

（4）更好地培养运动员专项比赛的意志品质。

六、有氧与无氧耐力训练的途径和手段

（一）有氧耐力训练的途径和手段

1. 有氧耐力训练的基本途径

运动员有氧耐力水平主要取决于机体有氧供能能力，体内能源物质的储备，运动器官承受长时间负荷能力和对疲劳的耐受程度。因此，提高运动员的摄氧能力，保持运动员体内适宜的能源物质的储备量，提高运动器官承受长时间的负荷能力和改进运动员在疲劳状态下充分发挥机体潜力，坚持继续工作的能力是发展有氧耐力的基本途径。

长时间的单一练习，如跑步，既能发展运动员机体有氧代谢能力，又能发展肌群、关节和韧带的工作能力。长时间变换内容的练习，可以减轻局部肌肉的负荷，全面发展运动员的有氧代谢能力。如果进行长时间的练习，应该采用强度较小负荷进行练习。

2. 有氧耐力训练的手段

发展有氧耐力主要是通过持续练习和间歇练习。负荷的安排要求负荷量大，负荷强度相对较小。采用间歇练习心率控制在 170 ～ 180 次 / 分，分段练习的工作时间不超过 1 ～ 2 分钟，组间休息时间以机体还没有完全恢复状态下进行下一组练习而定，整个练习应该持续在 30 分钟以上。采用持续练习心率控制在 150 ～ 170 次 / 分，持续时间根据运动员的训练水平而定，高水平的运动员持续时间长达 2 小时，一般持续时间也应在 20 分钟以上。

3. 发展一般耐力常用手段举例

（1）长时间单一运动项目的练习。例如，越野跑 20 ～ 120 分钟。

（2）多种变换和组合的耐力练习。例如，"法特莱克"跑和循环练习。

（3）在各种器械上完成耐力练习。例如，在跑台上跑 10 ～ 30 分钟。

（4）各种形式的长跑。

（5）反复做克服自身体重的练习，坚持较长时间的克服阻力的练习。

4. 有氧耐力训练的要求

有氧耐力训练的强度应随运动员训练水平的提高而提高；根据运动项目的需要针对性地发展有氧耐力；有氧耐力训练内容单一，应集体进行练习，避免练习过于单调和枯燥；野外练习要注意安全。

（二）无氧耐力训练的途径和手段

1.无氧耐力训练的基本途径

运动员的无氧耐力主要取决于 ATP 和 CP 的储备量，无氧代谢供能的能力，运动器官承受大强度工作的能力以及运动员对疲劳的心理耐受程度。因此，提高运动员的无氧代谢供能能力，保持运动员体内 ATP、CP 的储备量，提高运动器官承受大强度的负荷能力和改进运动员在疲劳状态下继续大强度工作的能力是发展无氧耐力的基本途径。

2.无氧耐力训练的手段

（1）原地做快速高抬腿练习。例如，发展非乳酸性无氧耐力，每组做 5 秒、10 秒、30 秒的快速高抬腿练习，一次训练做 6～8 组，组间间歇 2～3 分钟，强度为 90%～95%。为发展乳酸性无氧耐力，则可做 1 分钟练习，或 100～150 次为一组，6～8 组，每组间歇 2～4 分钟。强度为 80%。

（2）行进间高抬腿跑 20 米左右接加速跑 80 米。重复 5～8 次，间歇 2～4 分钟。强度为 80%～85%。

（3）反复起跑。蹲踞式起跑 30～60 米，每组 3～4 次，重复 3～4 组，每次间歇 1 分钟，组间间歇 3 分钟。

（4）反复跑。跑距为 60 米、80 米、100 米、120 米、150 米等。重复次数应根据距离的长短及运动员水平而定。一般每组 3～5 次，重复 4～6 组，间歇 3～5 分钟。

（5）间歇行进间跑 30 米、60 米、80 米、100 米等。计时进行，每组 2～3 次，重复 3～4 组，每一次间歇 2 分钟，组间间歇 3～5 分钟，强度为 80%～90%。

（6）计时跑。做短于专项距离的重复计时跑或长于专项距离的计时跑。重复次数 4～8 次（根据距离而定），间歇 3～5 分钟。强度为 70%～90%。

（7）变速跑。变速快跑与慢跑结合进行。快跑段与慢跑段距离，应根据运动员专项而定。例如，发展非乳酸性无氧耐力，则常采用 50 米快、50 米慢，100 米快、100 米慢，直道快、弯道慢或弯道快、直道慢等。为发展乳酸性无氧耐力，常采用 400 米快、200 米慢或 300 米快、200 米慢，强度为 60%～80%。

（8）结合各专项动作循环练习。以各专项的专门练习或辅助练习等组成一套练习，反复循环进行。强度为 65% 左右。

七、各种耐力训练的负荷安排

耐力训练负荷等级的划分比较复杂，一般根据耐力负荷时间、强度与能量代谢进行分类。在发展耐力素质上，根据短中时、长时耐力的划分标准直接地采用相应的某一级负荷指标，有计划有目的地进行训练。

（一）短时耐力训练的负荷安排

短时耐力的训练负荷应以体现明显的无氧供能为主，以提高糖酵解代谢水平以及机体抗氧能力为目的，练习过程要引起强烈的无氧代谢反应。

1. 负荷强度

负荷强度与负荷时能量供应的特点有关，短时耐力包括非乳酸盐和乳酸盐无氧耐力。短时耐力的负荷强度多以耐力负荷极限强度和次极限强度为主，一般采用90%以上的速度完成练习，心率达到180～200次/分，生理负荷指标突出高氧债、大乳酸量的特点。

2. 负荷时间

负荷的持续时间一般为20秒至2分钟，练习的距离是200～600米。

3. 间歇时间

各次练习的间歇时间安排按机体充分恢复或不完全恢复两种方式考虑。充分恢复的间歇时间一般为3～4分钟，或心率恢复到120～130次/分，未完全恢复的间歇时间在心率下降到比练习时的心率少10～15次/分或心率恢复到140次/分，即开始下一次的练习。

4. 重复次数

练习的重复次数由运动员的运动能力来决定。一般来说，练习总次数的确定以最后一次强度不低于平均强度的80%为依据。

（二）中时耐力训练的负荷安排

1. 负荷强度

中时耐力负荷安排相对较复杂，主要项目是比赛持续时间在2～8分钟内的中长距离跑项目。应根据有氧和无氧能量供应途径的比例关系具体安排。中时间耐力比赛负荷强度持续时间愈接近短时耐力项目的性质，训练的负荷强度性质就愈接近无氧代谢的负荷形式。例如，800米和1 500米项目，强度为最大强度的 90%。3 000 米和 3 000 米障碍项目比赛负荷接近长时耐力项目的性质,强度应为最大强度的 80%～85%。

2.负荷时间

每次练习时间为 2～5 分钟,一次训练课有效负荷时间为 20～45 分钟。

3.重复次数和组数

在发展中时耐力的一次训练课中,重复次数和组数取决于训练方法、运动员的训练水平、完成训练计划的速度、跑的段落和间歇时间。如果采用 1 分至 1 分 30 秒的负荷,每组重复 3～4 次,重复 3～4 组;如果采用 2～3 分钟的负荷,每组重复 2～3 次,重复 2～3 组。要求每次练习后机体的血乳酸达到较高值。

4.间歇时间

原则上是保持在上一次练习疲劳未完全消除的前提下进行下一次的练习。一般间歇时间为 1 分 30 秒至 3 分钟或心率降至低于练习心率 10～15 次 / 分时进行下一次练习。在发展中时耐力时,间歇训练法的运用最为广泛,练习的持续时间(距离)和间歇时间的改变,对中时耐力的提高有重要的影响。

(三)长时耐力训练的负荷安排

1.负荷强度

发展长时耐力练习的平均负荷强度以中等为主,大强度的练习,心率不超过 170 次 / 分,低强度练习时,不低于 145 次 / 分。

2.负荷时间

每次练习的总量一般不低于 12～30 分钟。

3.间歇时间

以运动员机体基本恢复为准则,一般心率下降到 120 次 / 分时开始下一次练习。

八、耐力素质训练的基本要求

(一)在耐力素质训练中要注意培养运动员良好的心理控制能力

运动员的意志品质在耐力素质训练中所起的作用非常重要,必须注意对运动员意志品质的培养，温度过高、气压过低对一个人的耐力也会产生较大的影响，抵抗这些不利因素需要运动员有坚强的意志品质。

（二）耐力素质训练中要注意提高运动员的呼吸能力

耐力训练中要充分注意呼吸这个问题。运动员坚持长时间工作所需要的氧气是通过提高呼吸频率和加深呼吸深度来吸取的。没有参加过训练的人在长时间工作过程中，主要以加大呼吸的频率摄取机体所需的氧气，高水平运动员则是以加大呼吸的深度来摄取机体所需的氧气。在训练中运动员以中等强度进行练习时，会出现每分钟耗氧量与氧供给量不一致，在大负荷时，两者之间的不一致更为明显，所以培养运动员的呼吸能力非常必要。在耐力训练中应加强运动员呼吸节奏与动作节奏协调一致的训练，呼吸节奏紊乱，就会使动作节奏遭到破坏，影响运动成绩。

（三）要根据专项的需要有针对性地发展专项耐力

不同的专项，耐力训练的要求也不同。所以，在训练中要紧密结合专项特点进行耐力训练，以满足专项耐力的要求。

（四）耐力训练应以发展有氧耐力为基础

耐力训练应以发展有氧耐力为基础，混合代谢供能能力和无氧代谢能力为训练目标，应根据负荷时间与能量消耗的关系确定训练的重点。

第四节　运动员柔韧素质训练

一、柔韧素质的释义

柔韧素质是指运动员各个关节活动范围及肌肉、韧带的伸展能力。柔韧素质是运动员必须具备的重要身体素质之一，没有适宜的柔韧素质，运动员不可能具有最佳的机能水平。优秀的运动员不仅要有一般的柔韧素质，还必须具备符合专项技术特点要求的专项柔韧素质，这是掌握专项技术和提高运动成绩不可缺少的必要条件。同时，柔韧素质与其他素质存在着相互影响的关系，柔韧素质好不仅能有效防止运动损伤，还有利于速度素质的提高。柔韧素质的提高一方面可以增大力的作用范围，增大肌肉的合力提高速度；另一方面减少肌肉的活动阻力，降低了能量的损耗，提高耐力能力。柔韧素质一般可分为一般柔韧性、专项柔韧性、积极柔韧性和消极柔韧性。

二、柔韧素质的基础

（一）解剖学的条件

运动员各个关节的骨结构，决定了关节的活动范围。例如，肩关节是多轴关系，可以做绕环运动。膝关节属于椭圆关节，只能做小腿屈伸运动。训练无法改变关节的结构，只能通过训练使柔韧水平达到关节所决定的最大活动范围。

（二）神经肌肉的生理条件

主要是指肌肉韧带的弹性、紧张度、肌肉间和肌肉内部的协调性。

（三）年龄与性别

柔韧与年龄有关，年龄越小，柔韧性越好；女子的柔韧性比男子好。

（四）外环境的影响

温度对柔韧素质的影响十分明显，白天的柔韧性比晚上的好。

三、柔韧素质训练的基本要素

（一）完成动作的强度

柔韧性训练的强度主要表现在运动员拉伸肌肉、韧带时用力的程度和负重量的大小。训练的强度应接近关节韧带最大运动幅度的拉伸，动作频率适中，不要过快。运动员根据自己能控制的量度来决定拉伸肌肉、韧带时用力的程度，当肌肉感到胀痛时可稍加用力或保持用力程度，当肌肉感到酸时可减少用力程度，当肌肉感到麻时停止训练。

（二）单个动作的持续时间

在完成各种不同练习时，单个动作的持续时间，主要取决于动作的幅度和动作的速度。练习的持续时间可从 20 秒至 3 分钟，主动积极的拉伸练习一般持续时间不长，消极被动的拉伸可以持续较长的时间。

（三）动作的速度

柔韧素质训练的拉伸练习可以用缓慢的动作进行，也可以用急速的动作进行。慢速的拉伸能有意识地放松对抗肌，很少引起牵张反射，不容易造成损伤。急速的拉伸能满足专项比赛的需要。在训练实践中，两者应有机结合，以便有针对性地提高柔韧素质，满足专项比赛对柔韧素质的要求。

（四）间歇时间和方式

应该保证运动员在完全恢复的前提下进行下一个练习。间歇时间的变化幅度比较大，一般为 10 ～ 15 秒至 2 ～ 3 分钟，主要取决于练习的性质和动作的持续时间等。在训练实践中，可根据运动员的主观感觉来决定间歇时间，当运动员自我感觉已经准备好做下一次练习时，这时的间歇时间是相对适宜的。

四、柔韧素质训练的基本方法

（一）主动拉伸

主动拉伸可分为负重和不负重拉伸两种方式。进行负重拉伸练习时，动作幅度要大，以提高柔韧性素质。

（二）被动拉伸

主要采用克服自身体重的练习，借助同伴或重物完成各种动作，通过最大限度的拉伸和保持一定姿势的静力性练习等手段来提高柔韧素质。

五、柔韧素质训练的基本要求

（1）全年系统安排柔韧素质训练。在全年训练的任何一个周期，都要安排柔韧性练习。若停止柔韧性练习，运动员的柔韧素质会很快消退到原有水平或接近原有水平，因此应每天都安排柔韧性练习。

（2）练习主动柔韧性和被动柔韧性的比例应有所变化。在开始阶段，主要练习被动柔韧性，为主动柔韧性的练习奠定基础，然后以主动柔韧性的练习为主。

（3）柔韧性练习要与力量训练相结合。主要是通过改善肌肉的转换机制，提高肌肉的协调能力，这样有利于柔韧素质的提高。

（4）在做肌肉紧张的练习后应做些放松肌肉的练习。

（5）柔韧性练习要交替进行。主动柔韧性练习占总量的80%，被动柔韧性练习一般占总量的20%。在训练实践中，一般先进行主动柔韧性练习，然后进行被动柔韧性练习。

六、走跑项目柔韧性练习

（一）脚和踝的柔韧性练习

（1）上拉脚趾练习。坐姿，将一条腿的小腿放在另一条腿的大腿上，一只手抓住踝关节，另一只手抓住脚趾和脚掌向上拉引脚趾，两脚轮换练习。

（2）脚趾下部拉伸练习。两脚前后自然开立，前腿稍屈膝，脚趾下部支撑地面，双手放在大腿上，逐渐把身体重量移到前面腿的脚掌上，并缓慢下压。两腿交换练习。

（3）脚趾下部和小腿后部拉伸练习。面对肋木（墙）两腿前后相距50厘米站立，双手扶肋木（墙），身体前倾。提起后脚跟将身体重心移到后脚上缓缓压下，两腿交换练习。

（4）跪撑后坐。跪在地面，双手撑地，双脚并拢以前脚掌撑地，向后下方移动臀部。

（5）下拉脚趾练习。坐姿，将一条腿的小腿放在另一条腿的大腿上，一只手抓住踝关节，另一只手抓住脚趾和脚掌做下拉练习。

（6）踝关节向内拉伸练习。坐姿，将一条腿放在另一条腿的大腿上，一只手抓住踝关节上部的小腿，另一只手抓住脚的外侧做向内拉伸练习，两个脚交换练习。

（二）小腿的柔韧性练习

（1）扶柱屈髋练习。双手握住柱子，双腿左右开立，两脚尽量内旋，屈髋并后移髋关节，双腿与躯干大约为45度角。

（2）跪拉脚趾练习。双腿跪在垫子（地）上，脚趾向后，坐在脚跟上，用一只手抓住脚趾前部向上拉引。

（3）单腿跪拉练习。单腿跪下，脚趾向后，坐在脚跟上，双手撑地，一只脚平放地面缓慢前移，膝关节下压并向脚趾前面移动，两腿交换练习。

（4）俯撑拉伸练习。从俯卧撑预备姿势开始，双手逐渐向双脚移动，抬起臀部与地面形成三角形，缓慢下压脚跟。

（5）扶墙拉伸练习。面对墙站立，双手扶墙支撑身体，两脚脚跟始终贴住地面，屈肘前移重心，两手前臂靠墙，身体斜靠在墙上，多次练习。

（6）坐拉脚掌练习。两腿分开坐在地面上，一条屈膝腿跟紧靠另一条腿的腹股沟，上体前倾，伸展腿同侧手抓住脚掌向躯干方向做牵拉练习。

（三）大腿后部柔韧性练习

（1）坐压腿练习。两腿分开坐在地面上，一腿屈膝，脚跟靠近伸展腿的内侧，上体前倾贴近伸展腿的大腿上部，多次练习。

（2）长凳坐压腿练习。坐在长凳上，一条腿伸直放在长凳上，另一条腿撑在地面，双手交叉抱头，上体前倾贴近伸展腿的大腿上部，多次练习。

（3）仰卧拉伸练习。仰卧屈膝，脚跟靠近臀部，一条腿向上伸膝缓慢向头部拉引，两腿交换练习。

（4）坐拉引练习。坐在地上双腿体前伸展，双手在背后撑地，一腿屈髋，同侧的手抓住踝关节，膝关节伸直做拉引练习。

（5）压腿练习。面对肋木站立，一条腿伸直膝关节放在肋木上，另一条腿支撑地面，上体前倾贴近放在肋木上的大腿上部，多次练习。

（四）大腿内侧柔韧性练习

（1）顶墙坐拉引练习。坐在地上，臀部顶墙，双腿屈膝两脚掌相对展开，双手抓住两脚掌尽量向腹股沟方向拉，上体缓缓尽量前倾，多次练习。

（2）直膝分腿坐压腿练习。双腿直膝尽量分开坐在地面上，转体上体前倾贴近一条腿上部，交换多次练习。

（3）"青蛙"式趴地练习。双腿分腿脚趾向外跪地，双手屈肘以肘关节撑地，两腿缓慢向两侧做分腿练习，同时两臂向前伸使胸和上臂贴在地上保持10秒钟，多次练习。

（4）弓步拉伸练习。成弓箭步站立，两脚间的距离约60厘米，后脚外展以脚内侧撑地，双手叉腰，前脚缓慢前移同时髋部下压，交换腿多次练习。

（五）大腿前部柔韧性练习

（1）扶墙拉伸练习。面对墙站立，一手扶墙，一条腿撑地，另一条腿屈膝脚跟靠近臀部，同侧手抓住踝关节缓缓向后上方提拉，提到最大限度保持10秒钟。

（2）垫上仰卧拉引练习。坐在垫上，脚跟在大腿两侧，脚尖向后，上体缓慢后倒直到背部平躺在垫子上，保持10秒钟，多次练习。

（六）髋部和臀部的柔韧性练习

（1）坐立反向转体练习。坐在地（垫子）上，双腿体前伸开，双手在背后撑地。一条腿与另一条腿交叉并屈膝使脚跟向臀部方向移动，同时转体使异侧的肘关节顶在屈膝腿的外侧保持10秒钟，交换多次练习。

（2）垫上前后分腿坐练习。坐在垫子上，双腿体前伸开，双手在背后撑地。右腿外展并屈膝使脚接触左腿的膝关节，左腿向身后伸展，大腿上部、膝关节和脚掌内侧接触垫子，髋部左侧下压到最大限度保持10秒钟，交换腿多次练习。

（3）身体扭转侧髋练习。直立左脚伸展、内收与右腿尽量交叉。躯干向右侧屈，双手尽量接触左腿的脚跟并保持10秒钟，交换多次练习。

（七）腰部和腹部柔韧性练习

（1）跪立背弓练习。在垫子上成跪立姿势，脚尖向后。双手扶在臀部上，头后仰成背弓，缓慢加大背弓幅度，双手逐渐移向脚跟并保持10秒钟。多次练习。

（2）俯卧背弓练习。俯卧在垫子上，双腿屈膝，脚跟向髋部移动，双手抓住踝关节缓慢用力，使膝关节和胸部离开垫子并保持10秒钟，多次练习。

（3）仰卧团身练习。仰卧在垫子上，屈膝、两脚跟移向臀部，双手抓住膝关节下部。双手缓慢向胸部和肩部拉牵双膝到最大限度保持10秒钟，多次练习。

（4）站立体前屈练习。双腿伸直并拢站立，缓慢做体前屈到最大限度保持10秒钟，多次练习。

（5）站立体侧屈练习。双腿左右开立，双手交叉伸直举过头顶。一侧的耳朵贴在肩上做体侧屈到最大限度保持10秒钟，交换多次练习。

（八）背部柔韧性练习

（1）站立伸背练习。双腿伸直站立，双手扶在肋木上，上体前倾至与地面平衡姿势，四肢保持伸直下压上体使背部下凹成背弓并保持10秒钟，多次练习。

（2）坐姿拉背练习。双膝微屈坐立，躯干贴在大腿上，双手抱腿，肘关节在膝关节下面。上体前倾，双臂从大腿上向前拉背，双脚保持与地面接触，拉至最大限度保持10秒钟，多次练习。

（九）肩部柔韧性练习

（1）背向压肩练习。背对肋木站立，向后抬起双臂与肩同宽扶在肋木上，掌心向上。屈膝缓慢降低重心到最大限度保持10秒钟，多次练习。

（2）向内拉肩练习。成站立姿势，抬起一臂并屈肘与另一臂交叉，另一臂抬起至肩部高度抓住异侧手臂的肘关节向后拉，拉到最大限度保持10秒钟，交换多次练习。

（3）向后拉肩练习。成站立姿势，双手在背后合掌，手指向下，转动手腕使手指向上，同时向上移动双手到最大限度并保持10秒钟，多次练习。

七、跳跃项目柔韧性练习

（一）脚部和踝部的柔韧性练习

同走跑项目的脚部和踝部的柔韧性练习。

（二）小腿的柔韧性练习

（1）仰卧足内翻练习。仰卧臀部顶墙，双腿向上伸展分开，将双脚内翻保持10秒钟，多次练习。

（2）体前屈足背伸练习。两腿前后开立，两脚相距30厘米，前脚背伸，脚跟支撑地面。体前屈尽量双手触摸前脚，胸部贴近大腿保持10秒钟，交换多次练习。

（3）扶肋木拉小腿练习。面对肋木两脚与肩同宽站立，双脚内旋，两手伸直扶肋木。两臂屈肘上体向肋木倾斜，头和肘接触肋木保持10秒钟，多次练习。

（三）大腿后部柔韧性练习

（1）仰卧拉伸练习。仰卧抬起一条腿，膝关节伸直，固定骨盆成水平姿势。同伴帮助固定另一条腿保持伸直，同时帮助缓慢提拉腿到最大限度保持10秒钟，交换多次练习。

（2）站立拉伸练习。背贴墙（肋木）站立，直膝抬起一条腿，同伴双手抓住踝关节帮助腿上举，抬到最大限度保持10秒钟，交换腿多次练习。

（四）大腿内侧柔韧性练习

（1）跪撑侧分腿练习。成跪撑姿势，脚趾向后，双臂伸直撑地。一条腿侧伸，双臂屈肘下降撑地腿同侧髋至地面，同时向外侧转髋保持10秒钟，交换腿多次练习。

（2）体侧屈腿练习。侧对肋木站立，一条腿放在肋木上与髋部同高，双手在头上交叉向肋木方向做体侧屈，上体侧屈到最大限度保持10秒钟，两腿交换多次练习。

（五）大腿前部柔韧性练习

（1）坐立后仰折叠腿练习。成坐立姿势，一条腿屈膝折叠，大腿和膝关节内侧接触地面，脚尖向后。上体后仰，双臂屈肘以前臂和肘关节撑地，缓慢移动双臂最后成平躺姿势并保持10秒钟，两腿交换多次练习。

（2）平躺在台上拉伸练习。平躺在台（桌）子边缘，一条腿外侧从髋关节处放下腿。手抓住外侧腿的踝关节缓慢向肩部方向拉引，拉至最大限度保持 10 秒钟，两腿交换多次练习。

（六）背部和腹部柔韧性练习

（1）上体俯卧撑起练习。成俯卧姿势，双手掌心向下、手指向前放在髋部两侧。用双臂撑起上体，头后仰形成背弓并保持 10 秒钟，多次练习。

（2）倒立屈髋练习。身体由仰卧姿势开始成垂直倒立，头部、肩部和上臂支撑体重，双手扶腰。双腿并拢、伸直，缓慢降低双脚的高度直至接触地面，保持 10 秒钟，多次练习。

八、投掷项目柔韧性练习

（一）脚部和踝部柔韧性练习

同走跑项目的脚部和踝部的柔韧性练习。

（二）小腿的柔韧性练习

（1）分腿坐拉小腿练习。直膝、分腿坐在垫子上，上体伸直前倾，双手分别抓住两个脚掌，缓慢向髋部拉脚趾，同时踝关节内翻，保持 10 秒钟，多次练习。

（2）一腿伸直一腿交叉用绳子拉引练习。右腿伸直，左腿交叉压在右腿上，双手握住缠住右脚掌绳的两端，双手用力尽量向躯干拉绳子，拉至最大限度保持 10 秒钟，两腿交换多次练习。

（三）大腿后部柔韧性练习

同走跑项目的练习。

（四）大腿内侧的柔韧性练习

（1）分腿坐体侧屈练习。直腿尽量大幅度向体侧分腿坐在垫子上，左臂贴近髋前部，右臂在头上伸直，上体尽量从髋部向左侧屈，侧屈到最大限度保持 10 秒钟，再向右侧做同样的动作，多次练习。

（2）肋木上大腿滑拉练习。双手扶住肋木，将一条腿放在肋木上与髋同高，另一条腿的脚在地上与肋木平行，缓慢将地面上的脚向远离肋木的方向滑动至最大限度，保持 10 秒钟，两腿交换多次练习。

（五）大腿前部的柔韧性练习

（1）分腿拉脚练习。两腿前后分立，右腿在前屈膝约 90 度支撑，左腿在后以膝关节支撑，右手撑地。上体前倾，左手在身后抓住左脚向臀部方向尽量拉引，保持 10 秒钟，两腿交换多次练习。

（2）跪坐压腿练习。双腿跪在垫子上，脚趾向后，坐在双腿的脚跟上保持 10 秒钟，多次练习。

（六）髋部和臀部的柔韧性练习

（1）仰卧转压腿练习。双腿伸展仰卧在垫子上，左腿膝关节提至胸部，右手扶助左腿膝外侧，左臂向左侧伸展，用右手将左膝压至身体右侧的垫子上，保持 10 秒钟，两腿交换多次练习。

（2）仰卧在垫子上交叉腿屈髋练习。仰卧在垫子上，左腿在右腿上交叉，双手在头后交叉抱头，右腿屈膝并提起脚跟缓慢向头部方向推动左腿，左腿移到最大限度保持 10 秒钟，两腿交换多次练习。

（七）腰部和腹部的柔韧性练习

（1）肋木腰部侧屈练习。双腿自然左右开立，一手臂自然下垂，另一手臂在头上屈肘，同伴一只手帮助固定髋部，另一只手抓住上举手臂的肘关节，同伴帮助向下垂臂一侧屈上体，保持 10 秒钟，交换多次练习。

（2）俯卧在桌子上转腰练习。俯卧在桌子上，上体伸到桌子边缘处于悬空状态，肩上扛一根木棍，双臂体侧展开固定木棍，缓慢尽量大幅度转动躯干，转到最大限度保持 10 秒钟，交换多次练习。

（八）肩部柔韧性练习

（1）握棍直臂绕肩练习。双腿并拢站立，双手握一根木棍或绳子在髋前，直臂从髋前部经头绕至髋后部，再绕到前部，多次练习。

（2）单臂开门拉肩练习。在一扇打开的门框内，双腿前后开立，拉伸臂的肘关节外展至肩的高度，拉伸臂前臂向上，掌心对墙，上体向对侧转动拉肩部，拉到最大限度保持 10 秒钟，交换多次练习。

第五节　运动员灵敏素质训练

一、灵敏素质释义

灵敏素质是指运动员在各种突然变换的条件下，快速、准确、协调和有效地完成技术的能力。反应迅速、判断准确和及时做出应答是灵敏素质的先决条件。灵敏素质的作用主要在于迅速、准确、熟练地完成技术动作，获得理想的技术效果，取得优异的运动成绩。

二、影响灵敏素质的因素

（一）体型和体重

不同运动项目要求不同的体型。一般情况下，中等及中等以下身高，肌肉发达和具有较强身体控制能力的运动员的灵敏性较高。过高而瘦长或过胖体型运动员的灵活性水平不高。过大体重的运动员，运动阻力增大，反应迟钝，灵活性差。

（二）感觉器官

运动分析器、运动感受器的灵活性和准确性，肌肉收缩的协调性和节奏感是影响灵敏素质的重要因素。

（三）情绪和疲劳

情绪高涨时，尤其是兴奋适度时，运动员总感到头脑清醒，身体充满力量，运动时身体较轻快、灵活，灵敏素质表现出较高水平。情绪低落时，灵敏性会明显下降。疲劳会降低神经中枢的灵活性和机体的活动能力，出现反应迟钝、肌力下降、动作不协调的现象，导致灵敏性下降。

（四）训练水平

学习和掌握运动技术和技能越多，运动技术和运动技能的"储备"越丰富，越能在复杂的条件下灵活地完成技术动作，表现出较高的灵敏素质水平。灵敏素质是运动员力量、速度、耐力、柔韧性等能力的综合表现，任何一方面运动素质的发展跟不上都会影响运动员的灵活性。

三、灵敏素质的训练方法

发展灵敏素质应尽可能采取逐渐增加复杂程度的练习方式，或通过改变练习条件，增加练习的复杂性和难度，注重提高运动员掌握动作的能力、反应能力、判断能力和节奏感。主要的训练方法有徒手练习法、器械练习法、组合练习法和游戏法。

四、灵敏素质的训练手段

（1）在跑、跳中迅速完成改变动作方向的躲闪、急停、转体和变向跑等练习。

（2）非常规的练习。

（3）反向完成动作。

（4）各种调整身体姿势或身体方位的练习。

（5）限制完成动作的时间和空间。

（6）改变习惯性的动作速度的练习。

（7）利用各种条件完成复杂多变的练习。

（8）做各种变换方向的追逐性游戏或对不同信号做出快速反应的游戏练习。

五、灵敏素质训练的要求

（一）训练手段多样化

灵敏素质的提高取决于与各种分析器和运动器官机能的改善，一旦某个练习动作已经非常熟练，再用来发展灵敏素质，就没有多大效果。因此，灵敏素质练习的手段应多样化，并经常改变练习的条件有助于掌握更多的运动技能和提高运动员感觉器官和运动器官的功能，促进灵敏素质的发展。

（二）尽可能多掌握运动技能，提高各种运动技能

运动技能掌握的数量越多，动作越熟练，运动员的灵活性越强。由于灵敏素质是运动员综合运动能力的表现，灵敏性训练应从培养运动员的各种运动能力入手。

（三）合理安排训练时间

在训练的全过程都要适当地安排灵敏素质的训练。训练的时间不宜过长，疲劳状态下的练习会降低练习的速度和力量，破坏动作的节奏，降低协调性和平衡性，从而妨碍了灵敏素质的发展。灵敏素质训练过程中应有足够的间歇时间，练习时间和休息时间控制在 1：3 的比例，以便保证灵敏素质的训练效果。

（四）消除运动员的紧张情绪

复杂多变的灵敏素质训练可能使运动员产生紧张的心理，导致肌肉紧张、反应迟钝、动作协调性下降，影响训练效果。教练员应采用各种有效方法和手段，调节情绪，消除运动员紧张的情绪。

第十七章 田径运动训练团队

第一节 田径运动训练团队构建

一、构建依据

（一）遵从管理学群体理论构建高效团队的基本理论要求

斯蒂芬·P.罗宾斯在2009年出版的《管理学》中对一支高效的团队应当具有的特征进行了表述，包括明晰的目标、相关的技能、相互的信任、统一的承诺、良好的沟通、谈判的技能、恰当的领导以及内部和外部的支持八个特征。

清晰的目标：高效团队拥有非常明确的目标。团队成员清楚地知道团队希望自己干什么，成员为团队目标奉献各自的力量，并且通过成员间的相互合作以实现最终目标。

相关的技能：高效团队由一群能力很强的个体组成。他们具备实现理想、目标所必需的知识与技术能力，以及相互之间能够良好合作的个性品质。

相互的信任：成员之间相互信任是高效团队的显著特征，也就是说每个成员对其他人的品行和能力都深信不疑。但从日常的人际关系中都能体会到，信任这种东西是相当脆弱的，维持群体内的相互信任需要引起管理层足够的重视。

统一的承诺：高效团队成员对团队表现出高度的忠诚和承诺，为了使群体获得成功，他们愿意去做任何事情。换句话说，统一的承诺表现为对群体目标的奉献精神，愿意为实现这一目标而调动和发展自己的最大潜能。

良好的沟通：良好的沟通不仅表现在各种言语和非言语信息，还表现在管理者与团队成员之间的信息反馈上，这种反馈有助于管理者对团队成员的指导，以及消除彼此之间的误解。

谈判的技能：对高效团队而言，谁做什么事通常十分灵活，总在不断地进行调整。这种灵活性就需要团队成员具备谈判技能。团队中的问题和关系随时发生变化，成员必须能够应对和处理这些情况。

恰当的领导：成功的领导者能够激励团队跟随自己共渡难关。领导为团队指明前进的方向，他们帮助成员了解自己的潜力所在。越来越多的高效团队的领导扮演着多种角色，他们为团队提供指导和支持，但并不控制团队。

内部和外部的支持：从内部条件来看，团队应拥有一个合理的基础结构，这包括适当的培训，一套清晰而合理的测量系统用以评估总体绩效水平，一个报酬分配方案以认可和奖励团队的活动，一个具有支持作用的人力资源系统。恰当的基础结构应能支持团队成员，并强化那些取得高绩效水平的行为。从外部条件来看，管理层应该给团队提供完成工作所必需的各种资源。

拥有以上特征是各种高效团队的追求。实际上，这些特征是通过对大量的高效团队进行细致的研究，对高效团队所具有的特征的综合。并不意味着所有的高效团队同时具有这些特征。因为每个团队都有其特定的目标与任务，这种目标与任务的特殊性决定了每一个高效团队都会有自身不同于其他团队的特征。同样，作为一个特殊的运动训练组织，高水平田径运动训练团队在拥有共同基本特征的同时应具有其自身特征。

（二）符合科学训练实践操作要求

科学训练是指在科学的理论指导之下，遵循着科学原理，运用科学的技术和手段，所进行的以取得理想训练效果为目的的实践过程。一个完整的有价值的运动训练过程是由运动状态的诊断（观察）、训练目标的设定和训练计划的制订（假设）、训练实施（实验）和训练效果的检查或比赛的验证（推论）四个阶段组成。我们在运动训练实践活动中必须牢固树立科学的态度，充分利用科学的知识和方法，才能够取得理想的训练效果，并在比赛中获得优异的运动成绩。

这四个阶段构成了一个闭合的运动训练控制系统。根据闭合控制系统的反馈理论构建了科学训练的实践模型,以科学理论、技术、方法为建立理想目标与模型的基础,以目标或模型为理想值,通过分析运动训练的实践结果与目标的差距,进而实行必要的调节,使运动训练效果逐渐接近理想值,通过反馈控制实现科学训练。这四个阶段渗透到了科学训练的每一次课、训练小周期、训练大周期乃至多年的训练周期当中。在具体的训练实施过程中也分四个步骤。

第一步,训练实施者依据科学的理论、技术、方法和手段,对运动员进行科学的诊断。其中包括了运动员身体机能、技术状况、心理状态、伤病的状况等方面的诊断,依据诊断的结果制订切实可行的训练目标。

第二步,训练实施者依据诊断的结果制订合理的训练计划,指导运动员进行训练,并对训练过程进行科学的控制,得到训练的实践结果。

第三步,把得到的结果与目标进行对照分析,找出偏差并分析原因。

第四步,将诊断结果及时地反馈给运动员和训练的实施者,对训练计划进行相应的调整与修正,组织实施新的训练过程。

为保证训练的科学性,在运动训练的实施过程中,常常要涉及身体机能的检测、运动技术的诊断与改进、疲劳的消除与恢复、伤病的治疗与预防、心理状态调节以及训练方法的改进等具体内容,以便对训练过程进行监控。这些方面的工作是保证日常训练科学性的必要条件,单靠教练员个体的力量已不能满足科学训练的需要。

(三)符合现代田径运动训练的专业化发展要求

运动训练的科学化发展要求运动训练的专业化程度不断提高。运动训练专业化程度的提高是运动训练科学化水平提高的重要体现,运动训练专业化程度提高的目的在于使运动训练更加科学化。运动训练专业化是实现运动训练科学化的重要途径。运动训练专业化指的是运动训练实践活动的组织以及运动训练实施者个体和群体的专业水平不断提高的过程。前者是指运动训练实践活动的专业化,后者指的是专业人员的专业化。两者共同构成了运动训练的专业化。其中很重要的一点是,专业的运动训练实践活动必须由专业的人员来完成。所谓"专业",往往指的是实践主体对实践客体的认识更加准确而清晰。只有专业人员才最了解自己所从事的专业工作,知道如何去更有效地完成它，专业人员是高效率、高质量完成专业运动训练活动的最基本保证。在协调好影响运动训练团队高效运行的各种因素的情况下，由专业人员组成的专业运动训练团队不仅能够将各专业人员的才能发挥得淋漓尽致，还能够取得最大的团队工作绩效，从而进一步提高运动训练的科学化水平，获得更佳的训练效果。

因此，在构建运动训练团队时，应当按照严格的选拔程序来选拔专业人员，尽可能地引进专业水平高的优秀人才。高质量的专业人员是建设高效专业训练团队的最重要条件之一。在构建高水平田径运动训练团队时，要符合现代田径运动训练的专业化发展要求。

二、团队构建及其结构特征

团队是由人来组成的，这是真理。但是由什么样的人来构成，由多少人来构成，分别扮演什么样的角色，处于什么样的地位，这是学问，是建立各种各样的团队时都要仔细斟酌的问题。这要涉及团队成员的组成、团队的规模、团队成员在团队中所起到的作用等问题。只有解决好这些问题，才能通过要素之间的相互作用，使整个团队得以正常运行，以利于团队发挥出应有的整体功效。只是各种团队工作目的和性质的特殊性，会在这些因素的表现上具有自身团队的特殊性。构建高水平田径运动训练团队的目的在于满足日常高水平田径运动训练科学化的需要。

（一）我国高水平田径运动训练团队的成员构成

日常的科学训练过程涉及多方面的具体工作，包括身体机能的检测，运动技术的诊断，心理状态的调节与训练，疲劳的诊断、消除与恢复，运动损伤的预防、治疗与康复，营养的补充以及兴奋剂的监测等。教练员则依据来自各方的信息制订合理的工作计划，以实现对运动训练过程的科学监控，从而保证训练的效果，提高运动员的竞技能力。

科学训练过程所涉及的这些具体工作都有特定的专业要求，并且是保证日常训练工作科学化的核心工作环节，只有专业的人员才能更有效地完成。因此，科学训练所涉及的这些专业工作就要求相应的专业人员与教练员一起组成一个专业的训练团队来保证日常训练的科学化水平。

科学训练所涉及的这些工作是由于运动训练实践活动的专业化发展而形成的新的分工，新的分工的出现必然要求出现与之相对应的专业化人员。从运动训练的具体实施的角度来看，上面所提到的这些专业工作是保证日常运动训练科学化所必需的，必然要求相应的专业人员来予以操作与实施，从而满足运动训练的整体需要。因此，运动训练团队应当由以下几种专业人员来组成：主教练、运动训练的生理生化监控人员、运动技术监控人员、运动心理监控人员、运动医务人员，以及满足特殊训练要求的训练师。

训练师是现代运动训练科学化和专业化的产物。他们往往精于影响竞技能力的某一方面因素的训练。训练师在现在的集体项目和技能主导类项目中经常看到。比如，当年姚明的体能训练师法尔松就专门针对姚明的体能进行训练，使姚明的力量得到显著提高，得以在身体对抗激烈的篮球赛场上纵横驰骋。田径属于体能主导类的项目，田径项目的主教练往往都是体能训练的行家里手，许多的体能教练都出自田径运动员或田径教练员。比如，我国著名的体能教练王卫星就是一个比较典型的实例。有的体能训练师精于力量的训练，有的则擅长功能性训练，有的则以康复训练为自己的拿手好戏。这些能力有时可能是主教练所欠缺的。因此，主教练可以从自身能力、项目的特征以及运动员的具体情况出发来选用训练团队需要的训练师，从而弥补训练的不足，更加有效地提高运动员的整体竞技能力。可以说，在构建高水平田径运动训练团队时，训练师是一个依据训练的实际需要来灵活选择的角色。

（二）训练团队的组织结构及其特征

一般来讲，组织结构是指组织内部各组成要素相互作用的联系方式。本章所提出的高水平田径运动训练团队是按照现代田径运动训练的专业化要求以及满足高水平田径运动科学训练的日常需求来构建的，以保证科学训练的常态化。高水平田径运动训练团队作为一种特殊的组织形式，有着自身特定的各组成成分以及特定的各部分之间的关系。通过各要素之间的相互作用使整个团队发挥出特定的整体功效。

高水平田径运动训练团队是一个以主教练为核心，以其他成员为助力的显性的、正式的、实体性的、集"科、训、医"为一体的运动训练团队。主教练在训练团队中的核心、主导地位是由运动训练实践活动的客观要求所决定的，不是以人们的主观意志来决定的。当然，主教练的这种核心作用并不意味着其他成员只起到"保姆"的作用，而是以教练员为核心，充分发挥各成员的才能，将所有成员凝聚成一个整体，从而发挥出团队的"1+1>2"的合力作用。训练团队应具有以下特征：

1. 凸显了高水平田径运动训练的专业性

主教练不仅懂"狭义的训练"，还要掌握大量的运动训练科学知识，具有很高的科学素养。其他成员不仅要掌握扎实的相关学科的知识与技能，还要对田径运动训练有深入的了解。这样才能满足田径运动训练这一高度专业化实践活动的需要。

2. 体现了团队构成的异质性

这种异质性体现在团队成员所掌握专业知识与技能的互补上，有利于团队工作的明确分工。原本由教练员一个人承担的各种工作有序地分解到各成员身上，主教练则将精力集中于训练。其他成员各自完成本专业领域的工作，很少兼职其他领域的工作。明确的分工不但可以提高个体工作的效率，而且进一步强调了团队成员间相互依存、密切配合的关系，实现了"分"与"合"的辩证统一。

3. 满足了日常高水平田径运动训练科学化的需要

由于训练团队的构建是基于日常高水平田径运动训练所要涉及的具体的、核心的工作环节来进行的，团队成员的选择具有很强的针对性。运动训练的需求决定了训练团队的工作内容与方向，进而决定了团队成员的知识结构和技能结构。因此，这样构建起来的训练团队更加贴近运动训练实践的实际需求，有利于保证科学训练的常态化。

4. 加入了训练师这一重要而灵活的团队成员

目前，我国的高水平田径训练正式的和非正式的各种形式的团队中都没有训练师这一角色。训练师是现代运动训练科学化和专业化的重要标志之一。主教练若能将训练师这一角色运用得好，他将成为主教练在日常训练中最得力的助手。

训练师的出现并不意味着主教练作用的下降，更不能说训练师可以代替主教练。主教练与训练师的关系可以说是整体与部分之间的关系。主教练对所训练的项目认识更加全面、更加深刻，可以说，在训练中主教练不仅要在训练过程中亲力亲为，还要以战略指挥家的眼光从整体上把控训练的发展方向。训练师所负责的只是影响运动员竞技能力的某方面重要因素的训练工作，他的工作是对主教练工作的弥补与支持。每个主教练在训练中都有自己的特长，同时他在有些重要方面的训练存在着缺失，精于某一方面训练的训练师可以弥补主教练的缺陷。主教练与训练师之间强强联合，能够使训练的整体效果得到进一步的提升，从而使运动员的整体竞技能力得到提高。在对教练员的访谈过程中，对于在高水平田径训练团队中是否应包含训练师这一问题，为数不少的教练员希望在训练团队中拥有这一角色。在现在某些田径项目的运动团队中有助理教练，但是现有的助理教练并不具有训练师的作用。相反，训练师则可以替代助理教练，在队伍中可以起到更加重要的作用。总之，随着运动训练的专业化发展，使得现代的高水平田径运动训练需要训练师这一角色。

（三）团队规模

团队规模合理与否对团队绩效会产生重要的影响。因此，团队规模是高水平田径运动训练团队的构建过程中必须仔细斟酌的问题。

1. 确定高水平田径运动训练团队规模的理论依据

德国心理学家瑞格尔曼通过拉绳实验比较了个人绩效和团队绩效。他预想的结果是，团队绩效应当等于个人绩效的总和。但是实验的结果显示，3人团队产生的拉力只有单个人的2.5倍，而不是3倍；8人团队的拉力更不是单个人的8倍，还达不到个人拉力的4倍。实验的结果与他的预测出现了较大的差距。之所以出现这样的结果，是因为团队规模不合理。斯蒂芬·P.罗宾斯曾提到，确定团队的规模时所应遵循的一个重要原则是"在能够完成任务的前提下应该使用最少的人。团队的人数过多时，就会在绩效的评估上出现模糊，利益分配上出现不公平，以及成员间的沟通不畅等多方面的问题，致使团队的相互信任和内聚力下降，社会惰化现象会增加，越来越多的人所做的工作越来越少。因此，在设计高效团队时尽量使人数不超过10人。[①] 规模过小无法满足完成工作的需要也不符合团队设计的要求。

2. 确定高水平田径运动训练团队规模的实践依据

从本研究所提出的高水平田径运动训练团队的组织结构来看，训练团队的成员包括了主教练、运动训练的生理生化监控人员、运动技术监控人员、运动心理监控人员、运动医务人员和训练师。这是日常科学训练所涉及的具体工作应当需要专业人员的种类，而不是指具体的人数。但是，它是确定高水平田径运动训练团队的基本依据。因为这是依据田径项目的日常科学训练需要而确定出来的。这6种专业人员中，除了训练师作为一个灵活掌握的成员以外，每个项目的训练团队中至少应包含5名团队成员。

所调查的几个训练团队与本章节所构建的训练团队相比较，在成员的构

---

① 斯蒂芬·P.罗宾斯.组织行为学[M].中国人民大学出版社，2006:128.

成上有所不同。几个项目的训练团队中都有领队，领队在训练团队中的主要职能体现在队伍的管理和训练团队的后勤保障等方面。因此，从训练活动的具体实施的角度出发，本章节并未将领队纳入训练团队中来。

从训练团队成员组成来看，这些团队中都没有设立心理监控人员和训练师。要想在大赛中取得优异的运动成绩，运动员除了具有强大的体能、技战术实力以外，心理素质也是非常重要的。对于高水平田径运动员的训练，心理训练是绝不应当忽视的重要因素。把心理训练渗透到日常的训练中是保证科学训练的重要因素。因此，缺乏心理监控人员是这几个训练团队中的重大缺陷。

在对国家竞走队的调查中了解到，这个队伍是我国田径项目在世界大赛上争夺金牌的最重要的集团力量。队伍中运动员水平普遍处于世界领先行列。因此，队伍中的运动员数量相对较多，并且有 3～4 名的队员具有在世界田径大赛上争夺金牌的实力。为了使运动员得到良好的恢复，特配置了 3 名队医。其他的队伍则只有 1 名重点队员，所以训练团队的规模相对较小。

3. 训练团队规模的确定

通过以上调查与理论分析，本研究认为，高水平田径运动训练团队适当的规模应该在 5～7 人，5 人是下限。因为这是实现田径各项科学训练的基本保证。如果需要在此基础上进行扩大也不应超过 10 人。一般来讲，5～7人的训练团队规模不仅符合高水平田径运动训练的要求，还符合设计高效团队的理论要求。

三、注意事项

（一）建立利益共享、责任共担的激励与保障制度

利益在本质上属于社会关系范畴。基于生产关系体系中的地位而形成的对物质产品的占有关系是物质利益，也称为经济利益。除此之外，还有政治利益和精神生活方面的利益。通常讲的利益主要指物质利益。马克思主义认为，人们奋斗所争取的一切都同他们的利益有关。对利益的追求成为推动人们活动的动因。物质利益不仅是人们发展生产力的刺激因素，还是推动人们改造社会、改革同生产力发展要求不相适应的社会制度的直接动因。

目标一致和责任共担是高水平田径运动训练团队区别于其他群体的显著特征，离开了这一特征就难以称之为团队。但是要做到目标一致和责任共担，必须具有相应的激励和保障制度来作为保证。首先，要做到保证利益

共享，当团队取得一定的成绩时，要在公平、公正的前提下，使团队的成员得到应得利益分配。这不仅是团队成员个人价值的体现，更是团队成员努力为团队工作的重要动力。利益不仅指物质这一重要的因素，还包含了未来的发展机会、荣誉等精神方面的因素，让团队成员时刻感受到"团队兴、我受益，团队衰、我无利"的团队归属感。如果团队不能成为一个团队成员生存、情感和利益的共同体，团队成员的利益无法得到保证，讲求责任共担就变得极为不现实，那么团队工作目标的一致性就成了空谈，训练团队在运行中就难以产生所期望得到的合力，此时团队就变成了"有形无实"。

因此，要保证我国高水平田径运动训练团队的运行能够满足日常科学化训练的需要，就要求在进行团队构建时要有合理的激励和保障制度，做到利益共享、责任共担，最大限度地调动团队成员的积极性和创造性，为实现团队的共同目标而倾尽全力。

（二）充分考虑主教练的能力和要求

我国高水平田径运动训练团队是一个以主教练为主导，以其他成员为助力的集"科、训、医"为一体的运动训练团队。在进行高水平田径运动训练团队的构建时，应充分考虑到主教练的能力，因为主教练是对项目最了解的人，是对自身能力最了解的人。依据主教练需要，选择成员组建团队才更具有针对性，不但可以使主教练能力得到充分发挥，减少人力资源浪费，而且有利于团队将来的运行，从而提高运动训练工作的科学化水平。

（三）建立规范的专业人员选拔程序

由于专业人员所组成的高水平田径训练团队是一个专业团队，所从事的是高度专业化的高水平田径训练活动。团队成员个体专业化程度决定着训练团队整体的专业化水平。只有保证了训练团队的整体专业化水平，才能满足运动训练的专业化要求，才能保证专业运动训练的顺利实施。因此，在团队专业成员选拔上应有一套规范的选拔程序，尽可能地将专业水平符合专业工作岗位需要的专业人员选拔入队，以保证专业人员的质量，进而保证整个训练团队的专业水平。

我国田径领域存在着专业人才储备不足等问题，因此构建我国高水平田径运动训练团队时，应在现有资源的基础上，建立一套规范的专业人员选拔程序，保证我国高水平田径运动训练团队的专业化水平。

第二节　田径运动训练团队运行

一、训练团队设置

（一）国家队层面

我国国家田径集训队的设置紧紧围绕着奥运战略这一中心展开各项工作。国家体育总局田径运动管理中心依据世界田径项目的格局，从中国田径项目发展的历史与现实出发，将能够在奥运会和世界田径大赛上实现突破并实现争金夺银任务的项目确定为重点项目。在每一个奥运会的备战周期，管理中心都会做出战略选择，确定相应的具体重点项目。

在调查和访谈过程中发现，我国田径项目训练团队的设置与我国田径项目的发展战略有着密切的关系。在重点项目中基本上都配备有训练团队。

相比重点项目，代表我国参加世界田径大赛的次重点项目，由于没有承担重要的比赛任务，这些项目的训练通常都分散在各省市和地区。由于运动员达到参加国际田径大赛的标准，有资格代表国家参加世界田径大赛，此时国家体育总局田径运动管理中心则提供相应的政策与资金支持，但是并不负责为其配备相应的训练团队。这类项目参加世界大赛具有临时性的特征。

（二）地方队层面

与国家集训队的奥运战略相得益彰，各省市田径项目的发展则以全运战略为中心。除了被国家体育总局田径运动管理中心列为重点的项目在各自的省市依然占有重要地位以外，为了在全运会上取得好的成绩，争金夺银，各省市的田径运动管理中心根据自身的现实状况同样确定了自己的重点项目。各省市依靠着地方体科所的科研力量，围绕着重点项目建立了相应的训练团队，以保证重点项目训练的科学性。在过去的几届全运会上，各地方重点项目所取得的成绩也驱使着他们不断加强重点项目训练团队的建设。在团队的设置与服务上，对某省田管中心的负责人访谈中，在了解其他省市的训练团队建设状况的基础上，这位负责人曾做出了一个简要而明晰的概括，那就是

"全面服务，重点突出"，以保证全运会比赛任务的完成。

另外，在对地方队教练员的访谈中，他们还提到，在团队的设置与服务方面，存在着重点项目与非重点项目的冰火两重天的现象。出现了哪里有望夺金牌，哪里就有训练团队的现象，而对于相对落后的项目则无人问津。重点项目不断地在国内保持优势，而所谓的非重点项目要想取得突破与进展却是举步维艰。有些地方队的训练团队，其存在不具常态化，从而难以保证日常训练科学化水平的不断提高。

总之，无论从国家队层面还是地方队层面，训练团队的设置都与田径项目的发展战略选择有着密切的关系。集中优势兵力，确定重点项目实现突破，并完成争金夺银的比赛任务，这种策略的实施有其一定的合理性，同时彰显出运动训练团队在保证和提高运动训练效果上所起到的重要作用。

二、训练团队构建动力

在前面的研究中，从理论上对建立田径运动训练团队的必要性和重要性进行了阐述，认识到田径运动训练团队是现代运动训练科学化、专业化发展的必然产物。目前，在我国的高水平田径运动训练中，无论是国家队层面，还是地方省市队层面，在各自的重点项目上都不同程度地建立了田径运动训练团队。为了了解这些训练团队成员对构建运动训练团队的动力或动机的看法，对一些田径训练团队的成员进行了调查。结果如表 17-1 所示。

表17-1　构建田径训练团队的动力调查统计

题　　项	样本量	最大值	最小值	均数	标准差
A_1 提高训练效果和运动成绩的需要	57	5	4	4.68	0.540
A_2 运动训练科学化、专业化发展的要求	57	5	4	4.60	0.563
A_3 仅依靠教练员个体力量已无法满足高水平运动训练的需要	57	5	1	4.42	0.844
A_4 依靠团队力量是当前运动训练发展趋势	57	5	2	4.49	0.759
A_5 训练管理部门的行政要求	57	5	1	3.07	1.237

从表 17-1 的统计结果来看，运动训练团队的成员认为构建运动训练团队的动力或动机呈现出多元性的特征，即运动训练团队的构建是由多方面原因所促成的，各种原因都对运动训练团队的建立有不同程度的影响。

提高运动训练效果和运动成绩是促使建立运动训练团队的最主要动力，分值达到了 4.68。其次，A_2 运动训练科学化、专业化发展的要求、A_3 仅依靠教练员个体力量已无法满足高水平运动训练的需要、A_4 依靠团队力量是当前运动训练的发展趋势这三个题项上的得分分别达到了 4.60、4.42 和 4.49。这说明在这三个方面训练团队成员在认识上具有高度的一致性，这三方面的因素是促使构建运动训练团队的重要动机。

此外，A_5 题项的均值为 3.07，标准差比较大，说明训练行政管理部门的要求虽然不是促使构建田径运动训练团队的重要动力，团队成员对这一因素的作用在认识上存在一定的分歧，但是它对运动训练团队的构建也起着一定的作用。

三、团队成员的专业化程度

田径运动训练这一专业实践活动是由专业人员构成的专业群体——运动训练团队来组织实施的。运动训练的成效在很大程度上取决于运动训练团队的专业化水平。运动训练团队的专业化水平则主要通过团队成员的专业化程度的高低来体现。因此，本研究通过调查训练团队成员的专业化发展状况，了解目前我国高水平田径运动训练团队的专业化发展状况，发现在田径运动训练团队的专业化建设中所取得的进展以及存在的不足之处，为进一步提高田径运动训练团队整体的专业化水平提供努力的方向，同时为构建更加符合现代田径运动科学化训练要求的高效运动训练团队提供现实依据。

通过调查与访谈，我们可以了解到，在专业知识和技能方面，我国高水平田径运动训练团队成员的专业化程度距离各自所从事的专业性工作的要求还存在一定的差距，主要体现在以下几个方面。

（一）从事运动训练工作的经验方面

经验是人们在实践中通过自身的亲身经历所获得的知识和技能。对训练团队成员从事运动训练工作的经验进行调查，在一定程度上可以反映出训练团队成员的专业化程度。科研人员认为缺乏从事田径运动训练工作的经验阻碍了他们在训练团队中的工作。可以说由于缺乏经验，医务和科研人员难以将自己母学科的知识有效地融入田径运动训练活动中去，从而表现出了专业知识结构的缺失，造成了医务、科研人员的专业化程度不高。

（二）敬业精神方面

大部分团队成员在工作中都表现出了良好的敬业精神，但是也存在着少部分的团队成员在工作中欠缺敬业精神，敬业精神的欠缺除了个人的因素以外，也与目前田径运动训练团队的构建方式和存在形式有很大的关系。目前的田径运动训练团队中缺乏使团队成员同舟共济的运行机制。

（三）入职前的培养与培训方面

从事高度专业化工作的专业人员的培养绝非一日之功。是否具有系统而规范的专业人员培养体系，专业人员在入职前是否经过了长期的专业培养过程，以及对即将从事的专业工作是否进行了有针对性的严格的培训，这些都对专业人员的专业化水平有着重要的影响。相比而言，经过了多年的发展与完善，目前的田径教练员的培养与培训体系已经相对比较系统和规范。

（四）不断学习进修的机会方面

不断学习进修机会的缺乏不利于专业人员专业化水平的不断提高。在现今竞技体育飞速发展的时代，新的训练理念、新的技术、新的方法不断涌现，在漫长的职业生涯中，只有不断地学习进修，才能够实现知识的不断更新，才能跟上竞技体育前进的步伐，从而促进运动训练的专业发展。不断学习进修是衡量专业化程度的标准之一。从目前的情况看，在我国的高水平田径运动训练团队建设中，在这一方面还显得较为薄弱。

总之，无论从专业化理论的标准上，还是从运动训练活动的实践要求上，目前我国高水平田径运动训练团队成员的专业化程度还有待于从各方面予以进一步提升。田径运动训练团队的建立标志着我国高水平田径运动训练在专业化和科学化的道路上迈出了可喜的一步。但是，在今后进行田径运动训练团队的构建中，团队成员的专业化程度是必须要高度重视的问题，要依据现实的条件尽可能地将专业化水平较高的专业人员吸纳入队，以保证整个训练团队的专业水平，从而尽可能地满足现代高度专业化发展的高水平田径运动训练活动的需要，保证田径运动训练的科学化。

参考文献

[1] 尹军 . 田径运动训练过程控制理论 [M]. 北京 : 北京体育大学出版社 , 2005.

[2] 关吉臣 , 李伟 , 张元锋 . 田径运动教学与训练理论 [M]. 哈尔滨 : 东北林业大学出版社 , 2007.

[3] 张振 . 田径运动教学与训练发展趋势 [M]. 北京 : 中国科学技术出版社 , 2009.

[4] 王晓红 , 于秋生 , 王东升 . 现代田径运动教学与训练 [M]. 西安 : 西安地图出版社 , 2009.

[5] 朱波涌 , 周家金 . 田径运动教学与训练实践研究 [M]. 成都 : 西南交通大学出版社 , 2016.

[6] 李爱国 . 田径运动教学研究 [M]. 武汉 : 武汉大学出版社 , 2017.

[7] 王林 . 现代竞走技术与训练 [M]. 北京 : 北京体育大学出版社 , 2010.

[8] 敬龙军 . 中国优秀竞走运动员训练内容体系研究 [M]. 北京 : 北京理工大学出版社 , 2013.

[9] 谭志刚 . 现代中长跑运动 [M]. 长沙 : 湖南大学出版社 , 2005.

[10] 陈兴胜 . 青少年中长跑科学化训练 [M]. 武汉 : 华中师范大学出版社 , 2011.

[11] 冯树勇 . 中国高水平跳远运动员训练内容体系的研究 [M]. 北京 : 北京体育大学出版社 , 2006.

[12] 徐晓剑 , 王晓磊 , 张楠 . 校园体育 : 标枪 铁饼 铅球 飞镖 [M]. 长春 : 吉林出版集团有限责任公司 , 2011.

[13] 张大均 , 郭成 . 教学心理学纲要 [M]. 北京 : 人民教育出版社 , 2006.

[14] 韩晓燕, 王群龙, 魏文. 关于田径类课程内容构建的思考 [J]. 教育与职业, 2013（9）: 125–127.

[15] 朱鹏翔. 素质教育背景下高考体育田径训练的教学实践 [J]. 田径, 2016(12): 6–7.

[16] 周颖宙. 对高中田径教学中的问题与对策研究 [J]. 当代体育科技, 2014, 4（32）: 43–44.

[17] 张瑜, 郑旗. 浅谈初中田径教学改革及对策研究 [J]. 体育科技文献通报, 2019, 27（1）: 91–92.

[18] 刘立国. 掷铁饼教学中常见错误动作产生的原因及纠正方法 [J]. 田径, 2013（9）: 7–8.

[19] 何冠年. 全民健身背景下的高校田径教学改革研究 [J]. 体育世界（学术版）, 2019（2）: 154.

[20] 郭林昊. 高校体育田径教学中体能训练的重要性及对策 [J]. 当代体育科技, 2019, 9（15）: 105, 107.

[21] 王国民, 张建萍. 中学田径教学现状分析及对教学内容改革的对策 [J]. 山东体育科技, 2005（4）: 92–95.

[22] 陈瑞玉, 韦春晖. 高校田径教学面临困境的原因及对策研究 [J]. 南方论刊, 2008（4）: 105–107.

[23] 方春龙, 方春露, 周亮, 等. 中长跑运动的体能与营养 [J]. 湖北体育科技, 2016, 35（6）: 503–508.

[24] 毕红星. 对我国中长跑训练特征的研究 [J]. 四川体育科学, 2006（1）: 84–86.

[25] 叶国鸿, 潘月顺, 罗旭. 优秀中长跑运动员赛前训练运动负荷敏感指标特征分析 [J]. 北京体育大学学报, 2005（1）: 122–123, 133.

[26] 曹子毅. 中长跑训练方法及其演变规律研究 [J]. 成都体育学院学报, 2005（1）: 87–88.

[27] 覃巾毓. 田径体能竞速类项目竞赛与年龄特征的研究 [J]. 三峡大学学报（人文社会科学版）, 2011, 33（S2）: 196–197.

[28] 李秀霞. 中长跑训练中耐力素质训练的有效策略 [J]. 中小企业管理与科技（上旬刊）, 2018（12）: 113–114.

[29] 邱爱华, 杨姝燕. 中长跑运动员体能特征及其运动素质训练方法 [J]. 湖北体育科技, 2009, 28（6）: 676–677.

[30] 马明生 . 中学生田径体能训练的方法 [J]. 运动 , 2015（6）: 112–113.

[31] 林中豪 . 基于可持续发展的田径运动员体能训练研究 [J]. 当代体育科技 , 2014,
      4（24）: 27, 29.

[32] 贾锦山 . 田径教学在高校中面临的困境和教学创新对策分析 [J]. 青少年体育 ,
      2017（11）: 86–87.

[33] 黄武胜 . 普通高校田径教学的问题与对策 [J]. 合肥师范学院学报 , 2018, 36（4）: 116–
      119.

[34] 乌卫星 . 新时期高校体育教育专业田径课程教学改革的研究 [J]. 山西财经大学
      学报 , 2015, 37（S1）: 158–159.

[35] 黄春秀 , 谢慧松 , 瞿阳坚 . 我国田径竞技水平发展的战略选择 [J]. 首都体育学
      院学报 , 2015, 27（4）: 359–363.

[36] 孙有平 , 张磊 . 范式、根源与出路: 田径课程的"兴趣问题"[J]. 成都体育学
      院学报 , 2015, 41（4）: 45–50.

[37] 郝家春 , 董顺波 . 我国田径文化的缺失与唤醒——从刘翔现象谈起 [J]. 体育学
      刊 , 2012, 19（2）: 35–39.

[38] 陆国田 , 王林 . 中国田径竞技后备人才培养路径研究 [J]. 体育文化导刊 , 2016
      （10）: 78–81.

[39] 郭建龙 , 苏明理 , 许崇高 . 21 世纪我国田径课程改革现状与发展方向 [J]. 广州
      体育学院学报 , 2007（5）: 108–111.

[40] 张磊 , 孙有平 . 逃离与整合: 田径课程可持续发展的广义进化论思考 [J]. 武汉
      体育学院学报 , 2013, 47（5）: 85–90.

[41] 顾大成 , 钟宇 . 我国小学田径运动开展现状调查与分析 [J]. 体育科技 , 2014, 35
      （2）: 151–154.

[42] 魏玉林 . 浅析现代田径运动训练的特征与发展趋势 [J]. 当代体育科技 , 2015, 5
      （11）: 41–42.

[43] 李艳富 , 梁兆风 . 竞走技术教学动作分析 [J]. 民营科技 , 2014（11）: 258.

[44] 徐爱忠 . 中学体育短跑训练过程中应注意的若干因素分析 [J]. 当代体育科技 ,
      2015, 5（6）: 43.

[45] 文谦 . 寒冷地区冬季中长跑教学注意事项 [J]. 田径 , 2002（6）: 28–29.

[46] 应再飞 , 应兴达 . 接力跑技术的教学步骤及其纠错 [J]. 湖州师范学院学报 ,

2000（S1）：170–171.

[47] 方惠础 . 小学跨越式跳高教学注意事项 [J]. 学校体育 , 1982（5）：31.

[48] 贾三刚，张泽宇 . 跳远运动员专项速度和力量素质的特征与训练 [J]. 体育研究
与教育 , 2018, 33（3）：77–80.

[49] 马东升 . 三级跳远技术动作训练的方法及注意事项 [J]. 甘肃教育 , 2014（15）：
70.

[50] 张国华，张春光 . 对推铅球技术教学中的几个重要问题的探析 [J]. 贵州体育科
技 , 2004（3）：75–76.